KNUT DIERS
Wer mordet
schon auf Sylt?

SCHAURIG-SCHÖNES SYLT Feinde hatte der »Schnösel aus Hamburg« genug auf Sylt, doch als der junge Immobilienhändler Heiko von Ludendorff auf seiner Jacht, die im Watt vor dem Rantumer Hafen feststeckte, tot aufgefunden wird, sind die Spuren verwischt. Chefermittler Henry Hansen, auch »der Leuchtturm« genannt, muss sein ganzes Feingespür aufbringen, seine ausgefeilte Fragetechnik einsetzen und ist auf das Feuerwerk an Hinweisen seiner jungen Kollegin Merle Petersen angewiesen, um diese Untiefe auszuloten. Zehn weitere Fälle liegen vor ihm. Dabei sitzt ihm zwar der garstige Polizeioberrat Dr. Sattler aus Kiel im Nacken, aber Kommissar Hansen setzt auf seine charmant-kecken Assistentinnen. Doch gibt es da nicht ein Techtelmechtel mit der Sylter Bürgermeisterin? Ermittelt wird jedenfalls Tag und Nacht, ob es um die Lister Austernbänke geht, den Tod im Hörnumer Leuchtturm, im Waterküken von Kampen oder beim Westerländer Biikebrennen im Februar.

Knut Diers, geboren 1959 in Hannover, verbrachte Teile seiner Kindheit auf der Nordseeinsel Sylt und ist seitdem häufig dort. Diese Insel betört ihn, fesselt ihn und gibt ihm das Gefühl, hier eine lebenslange Freundschaft gefunden zu haben. Der Journalist und Buchautor studierte zunächst Geografie in Gießen, reiste um die Welt, arbeitete mehr als 20 Jahre als Redakteur bei der Hannoverschen Allgemeinen Zeitung und schrieb viele Reisereportagen. Seit 2007 ist er mit seinem Redaktionsbüro Buenos Diers Media selbstständig und schreibt Reiseführer und Reiseerzählungen. Ihn fasziniert es, in eine Region einzutauchen, die Lebensart der Menschen zu erspüren, mit ihnen zu leben – und das hautnah, faktenreich und höchst originell zu beschreiben.

Bisherige Veröffentlichungen im Gmeiner-Verlag:
Harz, aber herzlich (2016)
Weserbergland wachgeküsst (2013)
Ostfriesland – Tiefsee, Torf und Tee (2012)

KNUT DIERS

Wer mordet schon auf Sylt?

11 Krimis und 125 Freizeittipps

Danke

GMEINER SPANNUNG

Personen und Handlung sind frei erfunden.
Ähnlichkeiten mit lebenden oder toten Personen
sind rein zufällig und nicht beabsichtigt.

Besuchen Sie uns im Internet:
www.gmeiner-verlag.de

© 2016 – Gmeiner-Verlag GmbH
Im Ehnried 5, 88605 Meßkirch
Telefon 07575 / 2095 - 0
info@gmeiner-verlag.de
Alle Rechte vorbehalten
1. Auflage 2016

Lektorat: Claudia Senghaas, Kirchardt
Herstellung: Mirjam Hecht
Umschlaggestaltung: U.O.R.G. Lutz Eberle, Stuttgart
unter Verwendung eines Fotos von: © refresh(PIX) – Fotolia.com
und © ryszard filipowicz – Fotolia.com
Druck: GGP Media GmbH, Pößneck
Printed in Germany
ISBN 978-3-8392-1863-1

INHALT

1. ATEMLOS IM KLAPPHOLTTAL

Mörderische Energie entlädt sich zwischen Kampen und List

Anna von Grüning hat sich aus ihrer Penthousewohnung am Alsterufer geschlichen und die erste Bahn an diesem Samstagmorgen in Hamburg-Altona in letzter Minute erreicht. Drei Stunden bis zum Bahnhof in Westerland – drei Stunden, um ihre wirren Gedanken zu sortieren, ihr Leben zu ordnen.

Sie war sich so sicher: Von Thomas scheiden lassen, ihm das am Freitagabend sagen, Samstag nach Sylt fahren und endlich den Traum ihres Lebens leben. Mit Florian ganz neu anfangen. Irgendwo. Keine Lügen mehr. Nicht Thomas gegenüber, aber erst recht nicht sich selbst gegenüber. Lange genug hat sie sich selbst etwas vorgemacht und versucht, in der Hamburger High Society glücklich zu werden. Und jetzt das.

Sie schaltet ihr Smartphone ein. Es zeigt sofort eine neue Kurznachricht an. ›Anna, du bist und bleibst meine große Liebe. Dass du seit fünf Jahren ein Verhältnis hast, wie gesagt, ich weiß es schon lange. Es hat mich erst sehr gekränkt, aber wir waren doch trotzdem glücklich zusammen. Und als ich dann in deinen E-Mails und SMS an ihn las, dass du mich ja auch weiterhin liebst, habe ich mich damit abgefunden. Glaube mir, jedes Mal, wenn du nach Sylt fuhrst, brach mir das Herz. Und jedes Mal, wenn du wieder da warst, war ich so erleichtert, dich wiederzuhaben. Die Angst, du könntest eines Tages bei dem Surfer bleiben, stieg jedes Mal zu dir mit in den Zug. Bitte, lass uns doch so weitermachen. Ich bin mit allem einverstanden. Nur bitte, verlass mich nicht! Dein Thomas‹

Anna drückt auf ›antworten‹. Tränen laufen ihr über die Wangen, während sie hastig tippt: ›Brauche jetzt Zeit. Melde mich. Es tut mir alles so leid. Deine Anna.‹ Sie öffnet WhatsApp. Florian war zuletzt um 4.41 Uhr online. Immer dieses sinnlose ›Durch-die-Clubs-Ziehen‹, denkt sich Anna und schreibt: ›Ich lasse mich scheiden. Thomas weiß von uns seit Jahren. Lass uns irgendwo neu anfangen. Bin schon um 9.35 Uhr auf der Insel. Holst du mich ausnahmsweise ab?‹ Nur ein paar Sekunden später sieht Anna, dass Florian ihre Nachricht liest, aber, ohne zu antworten, wieder offline geht.

Erst als der Zug auf den Hindenburgdamm gleitet, löst sich ihr starrer Blick vom Telefon, schweift über das Wasser und weiter bis zur Insel. Das Meer, der Strand, die Insel – Sehnsuchtsorte. Die Balance von Ebbe und Flut, sie möge in mein Leben zurückkommen. Ja, denkt sie bei sich, das ist ein passender Wunsch für meine Yoga-Woche und einen Neuanfang mit Florian.

Tief enttäuscht, dass Florian nicht am Bahnhof ist und sich noch nicht einmal gemeldet hat, steigt Anna in den Bus der Linie 1. Kurz bevor sie an der Kampener Vogelkoje **1** aussteigt und das »Tal der Ahnungslosen« erreicht, wie sie das Klappholttal ohne Handyempfang immer nennt, vibriert ihr Smartphone.

›Bist du wahnsinnig? Wenn du dich scheiden lässt, kriegst du doch keinen Cent von ihm. Wovon sollten wir dann leben! Dein mickriges Budget vom Hotel reicht doch hinten und vorne nicht!!! Und wie gering meine Einnahmen aus den Surf- und Yogakursen sind, weißt du doch selber!!! Ohne sein Geld geht mit uns gar nichts!!! Mach doch nicht alles kaputt. Ich bin um 16.00 Uhr im Westwind.‹

Beim Lesen der Kurznachricht kann Anna Florians Wut und Schreien förmlich hören. Enttäuscht, entsetzt, entmutigt steigt sie aus und geht die letzten 800 Meter bis zur Volkshochschule Klappholttal **2** zu Fuß. Ging es ihm also doch nur um ihr oder besser gesagt um das Geld von Thomas? Das hat ihr Mann ja gestern Abend auch behauptet.

»Moin, Anna, du bist aber heute früh hier. Du musst ja mitten in der Nacht aufgebrochen sein. Aber du hast Glück, deine Hütte *Westwind* ist schon gereinigt. Hier ist der Schlüssel.« Die Mitarbeiterin an der Rezeption schiebt ihr Schlüssel und Kurkarte über den Tresen und schaut ihr in die Augen. »Oder willst du dich erst einmal setzen und einen stärkenden Tee trinken? Sieht aus, als könntest du den gebrauchen.«

»Ach, Enna, du bist ein Schatz. Aber ich möchte lieber alleine sein. Ein Gang am Strand und der Wind bläst meinen Kummer bestimmt schnell zum Festland zurück«, antwortet Anna und glaubt davon selber kein Wort.

Schleppend quält sie sich die letzten Meter zu ihrer kleinen Holzhütte. Westwind liegt romantisch etwas abseits in den Dünen. Sie hört dort das Meer beständig rauschen, kann die Sonne vom Bett aus aufgehen sehen und ist in weniger als zwei Minuten am Strand. Besser kann man auf Sylt nicht wohnen!, denkt sie sich jedes Mal, wenn sie hier ankommt. Gut, die so genannten Hamburger Freunde sehen das anders. Das Wasser im Waschbecken ist kalt, Dusche und Toilette sind draußen und müssen auch mit anderen geteilt werden. Handyempfang, mobiles Internet, Wellness, sogar Heizung – alles Fehlanzeige. Aber gerade das macht für Anna den Reiz aus. Nicht erreichbar. Stille. Abschalten. Neue Eindrücke und Einsichten gewinnen. Obwohl sie auch zum Arbeiten hier ist, liegt ihr Ziel doch ganz klar auf »Downshifting«: Raus aus dem Hamsterrad, rein ins Leben.

»Los, bewegen und durchatmen, das tut dir jetzt gut«, motiviert sie sich selber und schnappt sich die Nordic-Walking-Stöcke. Zeilen eines Gedichts von Erich Fried kommen ihr am Dünenaufgang in den Sinn: »Wenn man ans Meer kommt, soll man zu schweigen beginnen, bei den letzten Grashalmen soll man den Faden verlieren und den Salzschaum und das scharfe Zischen des Windes einatmen und ausatmen und wieder einatmen.« Anna atmet tatsächlich tief durch und überlegt, wie das Gedicht weitergeht. »Dann soll man aufhören zu sollen und nichts mehr wollen wollen, nur Meer.«

Der Nachrichtensignalton ihres Telefons katapultiert sie zurück in die Realität. ›Liebe Anna, es gibt etwas, was du über Florian wissen solltest, bevor du weitere Entscheidungen triffst. Ich bin auf dem Weg zu dir. Heute Abend 20.00 Uhr in deiner Hütte? In Liebe, Thomas.‹ Der Mobilfunkempfang zwischen Klappholttal und Kampen glückt nur an wenigen Stellen, und dann auch nur direkt am Wasser. Ein Blick aufs Telefon zeigt ihr die Empfangsstärke: ein Balken. Sie schreibt zurück: ›Keine gute Idee. Lass mir Zeit. ICH MELDE MICH!‹

Anna dreht um, vorbei mit Ein- und Ausatmen, vorbei mit ihrer Zuversicht. Gedankenblitze explodieren. Sie beginnt zu grübeln: Was soll das bedeuten – es gibt etwas, das du über Florian wissen solltest? Thomas ist kein Bluffer. Er kann zwar geschickt verhandeln, weiß seine Vorteile zu nutzen und ist vielleicht auch in seinen Insolvenzverwaltungen nicht immer ganz ehrlich, aber falsche Behauptungen? Nein, das passt ganz und gar nicht zu ihm. Anna überlegt weiter: Sollte ich Thomas doch anrufen oder erst mit Florian sprechen?

Ein Paar, das so laut streitet, dass Anna sogar einige Wortfetzen davon mitbekommt, erweckt ihre Aufmerksamkeit. Sie ist sich sicher, dass sie dieses ungleiche Paar auf ihrem Hinweg am Strand noch sehr geschmeidige Tai-Chi-Bewegungen hat ausführen sehen. Und jetzt scheinen sie sich über Geld zu streiten. Die große Frau macht dem kleinen Mann ganz offensichtlich und wild gestikulierend Vorwürfe. So ist das wohl, denkt Anna auch gleich wieder an ihren eigenen Stress. Die besten Entspannungstechniken taugen nichts, wenn es im Leben zu stürmisch wird.

»Atemlos durch die Nacht«, dröhnt es über die Kopfhörer in seinen Ohren, seine Gedanken sind noch beim gestrigen Abend. Ja, das war wirklich großes Kino beim Fackelumzug in Hörnum. Besser hätte er sein erstes Date nicht planen können und heute Abend würden sie sich schon wieder treffen, zur Mittsommernachtsparty an der Buhne 16 3. Schade, dass ich so früh gehen musste, geht es ihm passend zum Lied durch den Kopf, während er Ausschau nach seinem Hund Armani hält. Er ruft und ruft, aber sein Jack-Russel-Terrier ist nirgends zu sehen. Ungewöhnlich, hört der doch sonst aufs Wort. Eimo Ott stoppt, stellt die Musik auf seinem Smartphone aus. Armanis Bellen ist jetzt nicht mehr zu überhören. Eimo läuft in die Richtung des kläffenden Hundes, den er schon von Weitem vor einem Strandkorb stehen sieht, starr, mit aufgestellten Nackenhaaren. Eimo schwant Böses, er beginnt zu rennen. Atemlos kommt er am Strandkorb an. Armani hört auf zu bellen, Eimo stockt der Atem. Leblos sitzt dort ein Mann, blauviolette Flecken im Gesicht, geronnenes Blut am linken Mundwinkel. Eimo berührt den Mann kurz. »Oh je, Armani, der ist mausetot. Da rufen wir am besten gleich mal die Polizei.« Reflexartig zieht er sein Smartphone aus der Armmanschette. Kein Empfang. Er rennt zum Wasser, Armani rührt sich nicht vom Fleck. Und er hat Glück: Ein Balken zeigt die Empfangsstärke.

Schlaftrunken tastet sich die Hand von Henry Hansen, dem Chef der Kriminalpolizei in Westerland, zum Ausstellknopf des Weckers. Doch das Ding hört nicht auf zu klingeln. »Mist!«, entfährt es ihm. »Das ist das Diensthandy, und das um 6.30 Uhr.« Hellwach rennt er ins Wohnzimmer, greift zum Telefon und hört: »Chef, es gibt einen Toten, am Strand vor Buhne 16. Ich bin schon auf dem Weg. Soll ich Wienke auch anrufen?« Es ist seine junge, smarte Kollegin Merle Petersen. Die 25-jährige Polizeimeisterin hatte Rufbereitschaft und war zuerst vom Notruf erreicht worden. Wienke Sondermann ist die ehrgeizige 32-jährige Kollegin der beiden.

»Wienke?«, Henry überlegt kurz. »Ach, Clock acht, Dach erwacht! (Wecker acht Uhr in der Früh, Zeit zum Aufstehen) Die lass doch ruhig ausschlafen.«

»Na, da wird Wienke aber ›not amused‹ sein, Chef«, versucht Merle, ihren Chef umzustimmen. »Sie wissen doch, dass sie sich schnell zurückgesetzt fühlt, wenn sie nicht sofort informiert wird.«

»Laat man loopen, Merle. Wir sehen uns in 15 Minuten am Strand!«, kontert Henry und legt auf.

Als Hansen gegen 7.00 Uhr am Strand eintrifft, kommt Merle ihm schon entgegen. Die Kollegen der Spurensicherung sind ebenfalls gerade gekommen. »Moin, Chef, Sie sind ja fix hier, alle Achtung, so früh am Morgen. Also, der Tote heißt Thomas Huber, ist 60 Jahre alt, wohnt in Hamburg. Ist scheinbar in der Strandperle in Kampen abgestiegen. Zumindest habe ich eine Visitenkarte der Touristinformation mit dem Namen und der Telefonnummer des Hotels bei ihm gefunden. Ich tippe mal, dass der schon mehr als acht Stunden tot ist. Totenflecken und Leichenstarre lassen das vermuten. Und sieht ganz so aus, als sei der nicht so ganz auf natürlichem Wege von uns gegangen ...«

Hansen erfährt weiter von Merle: »Sein Handy ist noch an, das ist noch so ein altes Nokia-Ding, wie ich es mal vor fünf Jahren hatte. Aber das müsste bald geladen werden, sonst verabschiedet es sich und wir müssen aufwändig das Passwort rausfinden oder auf die lahmen Kollegen warten. Chef, soll ich es mal in eine Plastiktüte packen und mitnehmen?« Hansen spürt die enorme Energie seiner Ermittlerkollegin. »Ich habe bestimmt zu Hause noch das Ladekabel dazu rumliegen«, sprüht es aus Merle heraus.

»Gar nicht schlecht«, sagt Hansen zufrieden. »Sei aber vorsichtig, dass du nichts verwischst. Fahr am besten gleich zurück und guck mal, was du alles aus dem Ding da rausholen kannst. Ich horche mich im Anschluss in der Strandperle um und wir treffen uns dann im Büro.«

»Ach, und Merle«, hängt Henry noch dran, »ruf Wienke dann langsam mal an und sag ihr, dass ich ihren Schönheitsschlaf nicht stören wollte und sie doch sicher erst ihre beiden Prinzessinnen zur Schule bringen musste.«

Kriminalmeisterin Wienke Sondermann, alleinerziehende Mutter der beiden Töchter Nele (sechs Jahre) und Nora (acht Jahre), die sie »meine Prinzessinnen« nennt, tobt innerlich, als sie von Merle erfährt, dass der Chef sie nicht am Tatort haben wollte. Sie versucht aber, sich nichts anmerken zu lassen. Der nutzt ja jede Gelegenheit, mich außen vor zu lassen. Aber meine Zeit wird schon noch kommen, denkt sie und wendet sich an ihre junge Kollegin. »Merle, ich kümmere mich um das Telefon, durchforste du mal das Netz nach dem Toten.«

Gegen 9.00 Uhr betritt Hansen fröhlich pfeifend das Büro. »Na, Mädels, was habt ihr Neues zu berichten? Kommt doch gleich mal mit Tee in mein Büro zur kleinen Lagebesprechung.« »Ach, soll ich etwa auch dabei sein?«, fragt Wienke eine Spur zu schnippisch.

»Ach Wienke, all up Stee (alles in Ordnung), krieg dich mal wieder ein«, wiegelt Hansen die Anspielung seiner Mitarbeiterin ab. Die norddeutsche Variante einer Mischung aus Robert Redford und Derrick, wegen seiner Größe von 1,93 Meter auch »der Leuchtturm« genannt, baut gern sylterfriesische Redewendungen in seine Sätze ein. Dabei ist er ein »Zugereister« und beherrscht das Sölring gar nicht richtig. In Büsum an der schleswig-holsteinischen Westküste aufgewachsen, lebt der 49-Jährige jetzt aber schon seit mehr als zehn Jahren auf Sylt.

»Also«, beginnt Hansen seine Erklärungen, »der Tote, Thomas Huber, hat gestern um 14.05 Uhr in der Strandperle eingecheckt. Danach ist er gleich mit dem Auto weitergefahren. Er war sehr wortkarg, fragte nur, ob die Surfschule in Munkmarsch immer besetzt sei. Auf die Mitarbeiter an der Rezeption machte er einen verwirrten Eindruck. Gebucht hatte die Touristinformation in Kampen das Zimmer für ihn. Den Mitarbeiter dort konnte ich aber noch nicht befragen. Der hat heute Spätschicht, da fahre ich dann heute Mittag gleich noch mal hin. Die Spurensicherung kümmert sich schon um das Zimmer.« Er blickt zu Merle und Wienke. »Und was habt ihr schon?«

»Also, Chef«, berichtet Merle, »das Telefon des Toten hat Wienke durchsucht, ich war derweil im Netz unterwegs. Der 60-Jährige war Insolvenzverwalter, scheinbar einer der größten in Hamburg. Der hat im Moment fünf Fälle in der Mache. Auf der Internetseite rühmt er sich damit, dass, wartet mal, das muss ich ablesen, also, dass ›Sanierung vor Zerschlagung geht, um die bestmögliche Erhaltung von Arbeitsplätzen zu garantieren‹. Was immer das bedeutet. Außerdem war er Mitglied im Lions Club, spielte Tennis im Club an der Alster und ist Mitglied im RothenbaumClub, so einem Business-Netzwerk auf exklusivem Niveau. Aber er ist auch im Vorstand der Obdachlosenhilfe in Hamburg. Steht alles auf seiner Internetseite und bei XING.«

Jetzt genießt Wienke ihren Auftritt: »Er ist verheiratet mit Anna von Grüning. Die beiden hatten gestern regen Verkehr, allerdings nur per SMS. Ich hab die Ehefrau mal schnell gegoogelt, sie ist 20 Jahre jünger als er, freiberuflich als Mediendesignerin tätig, wollte sich wegen eines Surflehrers, der Florian heißt, von ihm trennen. In der Surfschule in Munkmarsch arbeitet übrigens ein Florian. Meine Prinzessinnen lernen bei dem. Ich kenne ihn aber nicht weiter.«

»Stopp mal, Wienke, den kenne ich doch«, versucht Merle, den Redefluss ihrer Kollegin zu unterbrechen.

»Lass mich doch erst mal ausreden, Merle«, entgegnet Wienke und doziert weiter. »Unser Toter wusste von der Affäre, hatte sich damit sogar schon seit Jahren abgefunden. Wenn ich mal mutmaßen darf: Der ist entweder blind vor Liebe oder will den schönen Schein in der Hamburger High Society wahren. In der letzten SMS schreibt er, dass er auf dem Weg nach Sylt ist und seine Anna um 20.00 Uhr in, wie er schreibt, ›ihrer Hütte‹ treffen will. Angeblich weiß er etwas über den Lover, das er ihr unbedingt persönlich sagen will. Sie antwortete da nur kurz und knapp mit: ›Keine gute Idee. Lass mir Zeit. ICH MELDE MICH!‹ Das war gestern Mittag um 12.45 Uhr. Danach gibt es keine weiteren Nachrichten. So, und wenn ich jetzt noch mal scharf nachdenke, dann muss er die Nachricht vom Autozug aus gesendet haben. Vom Bahnhof ist er dann zur Touristinformation, von dort zur Strandperle und anschließend, nehme ich mal an, hat er dem Surflehrer Florian einen Besuch abgestattet. Also, Merle, was ist das für 'n Typ?«

»Na ja, ein cooler, etwas älter als ich, vielleicht so Ende zwanzig. Der ist nicht nur Surflehrer, der gibt auch Yogakurse am Strand und neuerdings auf Surfbrettern. ›SUP-Yoga‹ nennt er das. Angeblich der neueste Trend. In Hamburg sollen die Frauen darauf total abfahren. Die fahren allerdings auch auf ihn ab. Hein Ingwersen, ihr wisst schon, mein Kumpel, der hat doch neulich sein Burger-Mobil gestartet. Das ist der letzte Schrei in den USA – Food Truck. Ein schickes Fahrzeug, dieses fahrbare Restaurant, sage ich euch. Er wechselt mehrmals am Tag seinen Standort. Hier auf der App kannst du sehen, wo er gerade ist. So, mein Hein hat mir mal erzählt, dass der Florian seit Jahren was mit 'ner reichen älteren Frau aus Hamburg haben soll. Ich weiß das nicht. Ich sehe den immer nur alleine oder in Gesellschaft von so Geleckten, diesen ›Von-Beruf-Sohn-Typen‹.«

Langsam gelingt es Hansen, sich in das Gespräch wieder einzumischen. »Klasse, Mädels, das sieht doch schon richtig gut aus. Wienke, wir beide statten dem Florian mal einen Besuch ab.«

»Der müsste in einer halben Stunde mit seiner Yogastunde am Strand in Hörnum fertig sein«, unterbricht Merle ihren Chef. »Ich habe mir auf seiner Internetseite gerade seine aktuellen Kurse angesehen. Und übrigens: Im Impressum steht: ›Verantwortlich im Sinne von irgendeinem Paragrafen: Mediendesign Andersartig, Inhaberin Anna von Grüning‹.«

»Na dann, schwing deine Hufe, Wienke. Ich fahre«, freut sich Hansen über seinen kleinen Seitenhieb Richtung Wienke, die in seinen Augen ja nicht gerade die Schnellste ist. »Merle, fahr du nach Kampen in die Touristinformation und befrage den Mitarbeiter, der unseren Toten gestern in der Strandperle eingebucht hat. Der Mitarbeiter heißt Tjark Tietgen. Und frage ihn, ob ihm irgendwas Besonderes aufgefallen ist an dem Gast.«

»Ist schon klar, Chef«, antwortet Merle genervt. »Ich bin ja keine Anfängerin! Wartet aber noch mal kurz!«, ruft Merle ihre beiden Kollegen zurück. »Diese Anna von Grüning hat auf ihrer Seite *andersartig.com* genau drei Kunden als Referenz genannt: *FloYo-Sylt*, das ist unser Florian, mit Nachnamen übrigens van Buren, dann *Soziale*

Sanierung Huber mit Sitz in Hamburg und München sowie das *Hotel Fährmann* in Munkmarsch.«

»Gar nicht schlecht, Merle«, äfft Wienke ihren Chef nach. »Da können wir ja auch gleich im Fährmann noch nach der von Grüning fragen. Vielleicht wissen die ja, wo die Villa der Ehefrau ist. Ihr Telefon ist nämlich seit Stunden nicht erreichbar. Da meldet sich noch nicht mal die Mailbox.«

Hansen parkt das Auto gegenüber dem Hotel Fährmann am Yachthafen in Munkmarsch.

»Ich war ja ewig nicht mehr hier. Seit wann ist denn hier Sandstrand, Wienke?«, ist Hansen überrascht, als sie in der kleinen, ruhigen Bucht ankommen.

»Ach Chef, das stand doch andauernd in den Sylter Nachrichten. Den haben sie aufgeschüttet, damit man auch hier am Watt mal die Füße in den Sand halten kann.«

An der Surfschule Munkmarsch **4** ist nicht viel los. Drei Steh-Paddler mühen sich auf dem Wattenmeer ab, am Strand entdeckt Hansen einen jungen, durchtrainierten Typen. »Moin, Moin, wir suchen Florian van Buren«, spricht Hansen den Surfer an. »Können Sie uns weiterhelfen?«

»Ja klar, das bin ich. Was kann ich für Sie tun?«, antwortet der junge Mann fröhlich.

»Wir sind von der Polizei und müssen dringend mit Ihnen sprechen, Herr van Buren. Mein Name ist Henry Hansen und das ist meine Kollegin Wienke Sondermann«, stellt Hansen sich und seine Kollegin vor.

Beim Wort »Polizei« meint Wienke ein leichtes Zucken im Gesicht des Mannes bemerkt zu haben.

»Und was wollen Sie von mir? Ich habe nicht viel Zeit«, entgegnet der Surfer schon nicht mehr ganz so fröhlich.

»Kennen Sie einen Thomas Huber?«, fragt Hansen bohrenden Blickes.

»Na ja, kennen ist zu viel gesagt. Ich weiß, wer er ist«, antwortet Florian knapp und setzt ein »Warum fragen Sie?« hinterher.

»Die Fragen stelle ich hier, junger Mann. Also, was wissen Sie über Thomas Huber?«, stellt Hansen die Machtverhältnisse klar.

Florian überlegt verdächtig lange, bevor er schließlich sagt: »Er ist der Mann einer Bekannten von mir, Anna von Grüning. Die beiden wohnen in Hamburg. Er ist Rechtsanwalt. Den Typ selber habe ich noch nie gesehen. Angeblich mag er Sylt nicht.« Florian schließt bewusst teilnahmslos seinen Neoprenanzug. Jetzt will er zum Surfkursus.

»Und Anna von Grüning, was können Sie uns über die erzählen?«, geht Wienke dazwischen.

»Anna betreut meine Internet- und Facebook-Seite. Die ist super kreativ. Ihre Ideen sind für mich Gold wert. Ohne sie hätte ich mich vor sieben Jahren nie selbstständig gemacht. Wir lernten uns kennen, als ich noch halbtags im Fährmann arbeitete, für das sie damals die Internetseiten neu gestaltet hat. Das muss so vor acht Jahren gewesen sein. Wir waren uns gleich sympathisch. Sie kommt seit Jahren so alle zwei Monate jeweils für eine Woche auf die Insel, ›um sich von ihren Champagner-Freunden zu erholen‹, wie sie immer zu sagen pflegt. Und, ähm, also«, druckst Florian herum, »wir verbringen dann auch viel Zeit zusammen, na ja, also, wie soll ich es sagen, eher die Nächte.«

»Und in welcher Villa durften Sie diese Nächte genießen, Herr van Buren? Oder anders: Wo können wir Frau von Grüning jetzt finden? Wir würden ihr nämlich gerne vom Tod ihres Ehemannes berichten, können sie aber nicht erreichen«, setzt Wienke jetzt zum Angriff an und überrascht damit auch ihren Chef.

Dem Surfer entgleiten nicht nur die Gesichtszüge. Während Hansen sich noch fragt, ob dieses übertrieben wirkende Schockiertsein gespielt oder echt ist, nuschelt Florian betroffen: »Was? Tot? Der? Neeee! Wie ist er denn gestorben?«

»Dazu können wir Ihnen jetzt noch nichts sagen.« Hansen sieht kurz und bestimmt zu seiner jungen Kollegin, um sie von weiteren Äußerungen abzuhalten. »Wo können wir Frau von Grüning denn nun finden?«

»Anna ist im Klappholttal, Akademie am Meer, Hütte Westwind, direkt am Strandübergang«, antwortet Florian.

»Vielen Dank, Herr van Buren. Sie haben uns sehr geholfen«, lobt Hansen ihn. »Eine Frage hätte ich noch. Wo waren Sie, na, sagen wir, gestern zwischen 15.00 Uhr und 5.30 Uhr heute morgen? Reine Routine.«

Florian überlegt für Wienke wieder eine Spur zu lang, und antwortet dann:

»Um 15.00 Uhr endete meine Surfstunde für Kids hier in der Bucht. Bis die alle ihr Zeug zusammengerafft hatten und ich zuschließen konnte, war es so 15.45 Uhr. Um 16.00 Uhr war ich mit Anna in ihrer Hütte verabredet. Ich war ein paar Minuten zu spät bei ihr, aber dann haben wir den ganzen Nachmittag, den Abend und die Nacht zusammen verbracht. Wir haben um 9.00 Uhr noch im Uthland, dem Speisesaal der Akademie, zusammen gefrühstückt. Danach bin ich in meine Wohnung gefahren«, berichtet Florian und scheint erfreut zu sein, den geforderten Zeitraum lückenlos belegen zu können.

»Danke, Herr van Buren«, mischt sich Wienke jetzt wieder ein. »Wo können wir Sie denn heute Nachmittag erreichen, wenn wir noch Fragen haben sollten?«

»Ich werde bis 15.00 Uhr wohl hier sein, danach am Strand von Hörnum, anschließend bin ich zu Hause. Rufen Sie mich einfach an«, schießt es aus Florian heraus, der froh zu sein scheint, die beiden nun endlich los zu sein.

»Die Villa ist 'ne Holzhütte«, amüsiert sich Hansen im Auto. »Ich fasse es nicht. Da könnte die sich wohl in jede Suite auf der Insel einmieten – wahrscheinlich hätte der liebende, gehörnte Ehemann ihr sogar 'ne Villa in Kampen gekauft – und die übernachtet so spartanisch. Ich dachte bisher, ins Klappholttal zieht es nur Spinner oder Menschen, die sich nichts anderes leisten können. Unglaublich.«

»Ach, Chef, Sie haben echt keine Ahnung. Vom Leben nicht und von Frauen ja erst recht nicht«, freut sich Wienke über ihren zweiten Punktgewinn heute gegen Hansen. »Es gibt Menschen, für die ist eine Woche dort der reinste Luxus. ›Analog‹ ist das neue ›Bio‹, schon gehört? ›Achtsamkeit‹ heißt das neue Schlagwort. Zu sich finden, das geht doch da wohl am besten. Alles Neuland für Sie, Chef?«, macht sich Wienke jetzt ein wenig lustig über Hansen, der das geflissentlich überhört und ein neues Thema beginnt.

»Wenn wir die von Grüning in ihrer Hüttenvilla antreffen, Wienke, dann erzählst *du* ihr am besten vom Tod ihres Mannes. So von Frau zu Frau. Okay?« Es ärgert Wienke zwar, dass Hansen sich vor schwierigen Gesprächen drückt, aber ein wenig freut es sie auch, sich wieder beweisen zu können. Wienke versäumt es dann auch nie, dem »lieben Roman im Landeskriminalamt in Kiel« von ihren Fähigkeiten und so nebenbei auch von Hansens Unzulänglichkeiten zu erzählen. Mit dem Polizeioberrat Doktor Roman Sattler, dem von Hansen wegen seiner in den Befehlston abgleitenden Launen so verabscheuten Vorgesetzten, verbindet Wienke eine gewisse Vertrautheit, seit sie eine Bildungsurlaubswoche »Yoga im Polizeialltag« zusammen belegt haben. Er ist wie Hansen 49 Jahre alt, wirkt aber sehr förmlich.

An der Rezeption der Akademie am Meer herrscht großer Trubel. »Pardon, aber heute ist großer Anreisetag. 150 Ornithologen flattern ein«, entschuldigt sich Enna in vertrautem Ton bei der ihr vertrauten Wienke. »Also, nicht dass wir 150 ankommende Gäste nicht bewältigen würden, ganz im Gegenteil. Aber – O r n i t h o l o g e n.« Enna scheint das Wort zu buchstabieren. »Die sind schon etwas besonders. Aber alle auf ihre Art auch wieder total liebenswert«, ergänzt Enna schnell. »Also, was kann ich für euch tun?«, flötet sie beschwingt.

»Wir würden gern mit Anna von Grüning sprechen. Sie ist doch euer Gast, oder?«, fragt Wienke bewusst neutral. »Ach, die Anna, die Arme. Dass ihr jetzt nach ihr fragt, verheißt ja auch nichts Gutes«, fährt es aus Enna heraus. Wienke legt ihre Hand auf Ennas Schulter und flüstert: »Na, Enna, dann erzähl doch mal.«

»Seit bestimmt zehn Jahren kommt sie zu uns, so alle zwei bis drei Monate. Sie sucht sich immer irgendwelche Yoga- und Meditationskurse aus. Manchmal auch Mal- oder Singworkshops. Als Alibi hat sie ihre Arbeit. Sie macht was mit Internet für das Hotel Fährmann. Aber das könnte sie bestimmt auch von zu Hause aus. Sie bucht immer ein Doppelzimmer, und sobald wir ab April unsere Hütten in den Dünen vermieten, nimmt sie die Westwind-Hütte. Die Nächte verbringt sie meistens mit ihrem Florian, einem Surflehrer aus Munkmarsch. Wir wissen hier alle, dass sie verheiratet ist, aber wir machen da weiter kein Buhei von. Das ist einfach so. Seit Jahren. Seit gestern ist sie wieder hier.« Enna unterbricht ihren Redefluss kurz und seufzt. »Da machte sie mir gar keinen guten Eindruck. Jetzt habe ich so viel gequasselt, weshalb seid ihr eigentlich hier?«

»Das können wir dir noch nicht verraten, Enna. Aber zeig uns doch erst mal, wo wir ihre Hütte finden«, antwortet Wienke.

»Ich bring euch schnell hin. So viel Zeit muss sein«, sagt Enna.

Anna von Grüning sitzt im Sonnenschein vor ihrer kleinen Holzhütte. Sie umklammert einen leeren Becher mit beiden Händen und blickt gedankenverloren in die Dünen. Enna räuspert sich. »Anna, du hast Besuch. Hier sind zwei …« Wienke unterbricht sie.

»Guten Tag, Frau von Grüning. Ich bin Wienke Sondermann, das hier ist mein Kollege Henry Hansen. Wir sind von der Polizei und würden gerne mit Ihnen reden. Dürfen wir uns kurz zu Ihnen setzen?«

Anna starrt Wienke entsetzt an. »Ähm, ja natürlich.«

Wienke atmet tief, wendet sich Anna direkt zu und beginnt:

»Frau von Grüning, wir haben eine schlimme Nachricht für Sie. Ihr Mann ist tot. Ein Jogger fand ihn heute Morgen um 6.05 Uhr in einem Strandkorb nahe der Buhne 16. Mehr wissen wir zum jetzigen Zeitpunkt noch nicht.«

Anna sackt in sich zusammen. »Hat er sich umgebracht?«, flüstert sie kaum hörbar.

»Es tut uns leid, Frau von Grüning, aber zu den Umständen wissen wir noch gar nichts. Aber darf ich fragen, wie Sie auf den Gedanken kommen?«

Schluchzend beginnt Anna zu erzählen: »Ich bin schuld. Oh mein Gott, wie konnte ich nur so egoistisch sein. Ich ...«, stockt sie kurz, »ich betrüge meinen Mann seit Jahren. Freitagabend habe ich es ihm endlich gestanden, ich sprach von Scheidung. Samstag bin ich dann früh zum Bahnhof. Ich dachte, eine Woche, in der jeder in Ruhe nachdenken kann, würde ...« Tränen überströmen Annas Gesicht, der Satz bleibt unvollendet.

Wienke legt mitfühlend eine Hand auf Annas Schulter. »Ja, lassen Sie Ihre Tränen ruhig laufen, Frau von Grüning. Aber machen Sie sich keine Vorwürfe. Noch wissen wir ja gar nichts.«

In dem Moment kommt Enna um die Ecke. »Eure Kollegin Merle rief in der Rezeption an. Eure Handys haben hier ja keinen Empfang. Sie sagt, ihr sollt möglichst schnell in die Strandperle kommen.«

Hansen überlegt kurz und wendet sich zu Wienke.

»Bleib du doch noch hier und kümmere dich um Frau von Grüning, ich fahre zu Merle.«

Aufgeregt empfängt Merle ihren Chef im weitläufigen Foyer der Strandperle. »Die Spurensicherung ist im Zimmer des Opfers oben fertig. Ich muss Ihnen da was zeigen«, sprudelt es aus ihr heraus.

»Thomas Huber, der Tote, der hatte offensichtlich Morddrohungen erhalten von jemandem, der sich in so 'ner Insolvenzgeschichte betrogen fühlt. Polizeilich gemeldet hat er aber nichts. Das habe ich schon gecheckt. Aber eine Detektei hat er eingeschaltet. Hier, sehen Sie sich die E-Mails auf dem Laptop an.« Merle dreht das Gerät zu Hansen, zeigt auf den Bildschirm und sagt: »Ab hier wird es interessant.«

Hansen liest den Abschnitt laut vor: »Die zusammenge-klebten Zeitungsschnipsel deuten auf ein eher ungeplantes Vorgehen hin. Die ausgeschnittenen Wörter kommen alle aus Bild der Woche. Wir gehen davon aus, dass da ein Anle-ger nur mal seinen Frust loswerden wollte. Lassen Sie uns wissen, falls Sie doch noch weitere Drohungen erhalten.

Zu Ihrem zweiten Fall haben wir auch bereits ein ers-tes Zwischenergebnis und den ›schwarzen Fleck‹, wie Sie ihn sich wünschten, gefunden. Florian van Buren konsu-miert regelmäßig Cannabis. Weitere Untersuchungen lassen vermuten, dass er damit auch einen regen Handel betreibt. Wöchentlich Flüge von Hamburg nach Amsterdam, immer nur für einen Tag, deuten darauf hin. Unser Büro in Hol-land verfolgt die Spur weiter. Die exklusive Mietwohnung mit 2.000 Euro Kaltmiete ist mit ein bisschen Surfen und Kopfstandmachen kaum finanzierbar. Wir forschen noch nach anderen Geldquellen und melden uns dann wieder.«

Hansen blickt von der E-Mail hoch.

»Wow, das ist ja der Hammer, Merle. Von wann ist das?«

»Letzten Sonntag wurde die Nachricht abgeschickt. Dass der Florian mal 'nen Joint raucht, habe ich irgend-wie vermutet, aber Drogenhändler? Das glaube ich nicht.«

»Ach Merle, du wirst noch viele Überraschungen in dei-ner Karriere erleben – leider«, seufzt Hansen. »Den knöpfe ich mir am besten gleich noch mal vor. Ich hole nur vor-her noch Wienke aus dem Klappholttal ab. Fahr du doch zurück ins Büro und setze dich mit den Kollegen in Ham-burg in Verbindung. Die sollen mal die Wohnung in Augen-schein nehmen und die Mitarbeiter der Kanzlei befragen. Vielleicht kannst du ja bei Hein vorbeifahren und uns drei Burger holen. Du hast doch sicher noch nichts gegessen und Wienke hat bestimmt auch Hunger. Ich lad euch ein. Ich nehm den mit Lachs, Erdbeeren und Pfirsich und falls die Erdbeeren nicht frisch sind, den Dry-Aged-Beef-Burger. Und für Wienke kannst du mit dem vegetarischen Cajun-Burger nichts falsch machen, oder? Hast du eigentlich den Typen aus der Touristinformation gesprochen?«

»Nee, der hat sich heute Morgen krank gemeldet. Ich wollte ihn jetzt mal zu Hause aufsuchen. Ist das okay, Chef?«, fragt Merle ihren Chef Hansen, während sie schon auf dem Weg zum Parkplatz ist. Sie hört ein »Ja!«.

»Die von Grüning hat mir am Ende ihr ganzes Herz ausgeschüttet. Der Florian will gar keine gemeinsame Zukunft mit ihr, war total sauer, dass sie sich scheiden lassen will, weil sie dann nämlich nicht einen Cent von ihrem Mann bekommt – wegen Gütertrennung. Sie haben dann wohl den ganzen Abend und die halbe Nacht geredet und Florian war dann plötzlich ganz begeistert von einer gemeinsamen Zukunft und doch irgendwie einverstanden. Aber sie ist trotzdem total fertig, dass es ihm nur ums Geld geht«, platzt es aus Wienke heraus, als Hansen sie abholt. Er erzählt ihr dafür:

»Und besagter Florian raucht gerne mal einen Joint, vielleicht handelt er sogar mit dem Zeug. Auf jeden Fall kann der seinen Lebensstil und die teure Mietwohnung mit Surfen und Turnen am Strand bestimmt nicht finanzieren.«

Dann fragt er Wienke, weil er meint, dass sie sich mit Trennungen auskennt: »Wie ist denn das bei Gütertrennung eigentlich, erbt die von Grüning überhaupt was?«

»Ja klar«, sagt Wienke, »die Ehe ist ja kinderlos, da wird sie wohl Alleinerbin sein. Es sei denn, es gibt ein Testament oder Kinder aus anderen Ehen. Selbst dann hätte sie ihren Pflichtteil sicher.«

Es ist schon 19.00 Uhr, als sich alle wieder in Hansens Büro zur Lagebesprechung treffen. Merle stellt die Burger auf den Tisch, auf die sich alle sofort stürzen. »Mann o Mann, die sind ja echt genial«, lobt Hansen und klopft sich genießerisch auf den Bauch, dann wischt er sich mit dem Handrücken über die Lippen. Selbst Wienke, die sonst eher auf leichte asiatische Küche steht, ist von ihrem Veggie-Burger begeistert.

»Dem coolen Surfer nutzt also ein toter Ehemann mehr als ein geschiedener«, wirft Hansen eine gewagte Vermutung in den Raum.

»Na ja«, entgegnet Wienke, »die von Grüning sagt aber auch, dass sie gestern von 16.00 Uhr an bis heute 9.00 Uhr die ganze Zeit mit Florian zusammen gewesen ist.«

»Vielleicht stecken die ja auch unter einer Decke. Auf jeden Fall stinkt das doch zum Himmel«, spielt Hansen auf seinen guten Spürsinn an.

»Mädels, heute kommen wir nicht mehr weiter. Lasst uns Schluss machen, der Tag war lang genug. Lust auf einen Feierabendchampagner? Ich lade euch ein!«

»Cool!«, entfährt es Merle. »Ich bin dabei. Und du, Wienke?«

»Ja, klasse, mein Babysitter ist noch bis 20.00 Uhr da. Wieder ins *syltstar*? Dann habe ich es auch nicht so weit und kann zu Fuß gehen.«

Am nächsten Morgen empfängt Merle ihren Chef freudestrahlend. »Neuigkeiten, Chef! Der Huber ist an einem Milzriss gestorben, innerlich verblutet. Außerdem hat er stumpfe Verletzungen am Kopf. Den hat jemand zusammengeschlagen!«, ruft Merle ihm entgegen. »Und ein Mitarbeiter der Spätschicht des Hotels Strandperle hat angerufen. Er hat gesehen, wie Huber von einem Mann begrüßt wurde, als der so gegen 19.30 Uhr das Hotel verließ. Er ist sich nicht ganz sicher, aber wahrscheinlich sind die zusammen Richtung Strand gegangen. Der Hotelmitarbeiter erinnert sich daran, weil, wie er sagt, das so komisch aussah. Riese trifft Zwerg, hat er sich gedacht.« Merle macht eine bedächtige Pause. »Gestern habe ich den Tjark Tietgen, den Mitarbeiter der Touristinformation, tatsächlich zu Hause angetroffen. Als ich ihn auf Thomas Huber und die Vermittlung des Zimmers in der Strandperle ansprach, wurde der sehr blass und wortkarg, konnte sich angeblich nicht an den Gast erinnern. Und: Ich weiß nicht, ob da ein Zusammenhang besteht, aber der Tietgen ist ein kleiner, kompakter Mann.«

»Gar nicht schlecht, Merle«, lobt Hansen seine junge Mitarbeiterin und klopft ihr anerkennend auf die Schulter.

»Warten Sie, Chef«, setzt Merle wieder an. »Das Beste kommt noch. Mein Kühlschrank zu Hause war mal wieder leer. Da bin ich später noch mal kurz bei meinem Kumpel Hein vorbei. Wir sind ja Vorreiter der Burger-Bewegung und essen davon, so viel eben geht. Ich habe ihn nach dem Tietgen gefragt. Eigentlich ein ganz netter Typ, meinte Hein, der hätte nur ein paar Minderwertigkeitskomplexe, Typ kleiner Mann halt, weshalb ihn alle nur ›Bonsai‹ nennen würden. Beim TSV leitet er die Tai-Chi-, Kung-Fu- und Taekwondo-Kurse und selber macht er *Ninjutsu*. Mir sagte das nichts, da habe ich schnell im Internet nachgeschaut: Das ist die gefährlichste Kampfsportart, da es sowohl körperliche als auch geistige Kräfte stärkt, Waffentechnik perfektioniert und dabei die Lehre der Medizin berücksichtigt!«

Hansen ist sprachlos. Was würden wir nur ohne diese junge Polizistin und ihr Netzwerk machen?, geht es ihm kurz durch den Kopf. »Also dann, her mit dem Typen aufs Revier.«

»Herr Tietgen, Sie haben ja vorgestern den Herrn Thomas Huber in der Strandperle eingebucht, wollen sich aber nicht mehr an den Gast erinnern. Wir haben aber Grund zu der Annahme, dass Sie diesen Herrn am selben Abend um 19.30 Uhr vor der Strandperle getroffen haben und mit diesem dann zum Strand gegangen sind«, konfrontiert Hansen den wirklich kleinen Mann mit seiner Vermutung.

»Nein, ich bin gestern um 17.00 Uhr nach Dienstschluss direkt nach Hause gefahren. Mir ging es nicht gut und ich habe mich gleich ins Bett gelegt, meine Frau kann das bezeugen. Heute Morgen hatte ich aber immer noch Kopfschmerzen und habe mich deshalb ja auch krankgemeldet«, trägt Tietgen teilnahmslos eine scheinbar vorformulierte Antwort vor.

»So, so, Kopfschmerzen. Haben Sie die vielleicht eher von einer Schlägerei mit Herrn Huber? Und haben Sie da vielleicht ein wenig zu doll zugeschlagen? So als erfahrener Kampfsportler sollte Ihnen das ja nicht schwerfallen«, mischt sich Merle in das Gespräch ein.

Tietgen wird wieder ganz blass, so wie gestern in seiner Wohnung, und schweigt.

Hansen unterbricht das Schweigen: »Herr Tietgen, machen Sie es sich doch nicht unnötig schwer. Sie wurden eindeutig erkannt gestern Abend«, blufft Hansen. »Also, was wollten Sie von Herrn Huber? Und ich weise Sie schon mal darauf hin, dass es Ihnen nach dem Gesetz freisteht, sich zur Beschuldigung zu äußern oder nicht zur Sache auszusagen. Sie können außerdem zuvor und jederzeit einen von Ihnen zu wählenden Verteidiger befragen sowie einzelne Beweiserhebungen zu Ihrer Entlastung beantragen«, trägt Hansen den Spruch vor, den er im Schlaf aufsagen kann.

»Ich brauche keinen Anwalt. Der Halsabschneider hat selber Schuld. Als der im Kaamp-Hüs 5 vor mir stand und ich dann den Namen dazu las, wusste ich sofort, wer das ist. 30.000 Euro habe ich bei so 'ner Windfirma angelegt, ›Windreichtum‹ heißen die. Angelegt ist übertrieben – in den Wind geschossen. Sieben Prozent Rendite haben die mir versprochen. Dass auch alles weg sein kann, davon war nie die Rede. Ich meine, Wind, also, der weht doch immer. Wie blöd muss die Geschäftsleitung sein, damit pleitezugehen? Aber pleite sind die ja auch gar nicht, die Firma macht einfach weiter wie bisher, nur mit anderem Namen. Nur die Ersparnisse der kleinen Leute, die die eingesammelt haben, die sind weg. Dass so was in Deutschland zulässig ist, werde ich nie begreifen!«, redet sich Tietgen in Rage. »Meine Frau macht mir seitdem das Leben zur Hölle. Und der feine Insolvenzverwalter, dieser Pinkel, brüstet sich mit seiner ›sozialen Sanierung‹, weil fast alle Arbeitsplätze erhalten geblieben sind, inklusive die der unfähigen Geschäftsführung. ›Windreichtum‹ hieß wohl eher Reichtum für die Abzocker. So ein Insolvenzverwalter steckt sich doch erst einmal selbst die Taschen voll. Ich wollte dem nur mal ordentlich meine Meinung sagen, diesem Huber, und bin nach Dienstschluss zum Hotel gefahren. Da habe ich gewartet, dass er irgendwann das Hotel verlässt. Er ging Richtung Strand, ich tat so, als ob ich auch gerade runter zum Wasser wollte, und begleitete ihn. Unten am Steg habe ich ihn dann gefragt, wie man sich so

fühlt, wenn man Hunderte Kleinanleger um ihre Ersparnisse bringt, und ob man noch ruhig schlafen kann. Der hat
mich aber ganz abschätzig angeraunzt, dass ich ihn zufrieden lassen solle und er gerade ganz andere Sorgen habe als
so ein paar Kröten. Da ist mir der Kragen geplatzt. ›So ein
paar Kröten‹ – und ich habe ihn mir vorgeknöpft. Ange-
schrien habe ich ihn. Aber er hat nur gelacht. Dann habe
ich zugeschlagen. Erst hierhin …«, Tietgen zeigt auf den
Punkt zwischen den Augenbrauen, »und dann dahin. Auf
den linken unteren Rippenbogen. Der war sofort bewusstlos. Da habe ich ihn in einen Strandkorb gesetzt, der direkt
hinter uns stand. Kann ich doch nicht ahnen, dass der gleich
tot ist. Dieses Weichei.«

Hansen ist erleichtert. »Damit ist der Fall wohl gelöst.
Festnehmen!«, sagt er nur. Zwar wehrt sich Tietgen
zunächst, aber ihm wird rasch klar, dass seine Erklärungen
einem Geständnis gleichkommen. Doch erst sechs Monate
später ist der Fall dann wirklich abgeschlossen: Merle betritt
triumphierend das Büro von Hansen und hält ihm die aktuelle Ausgabe der Sylter Nachrichten vor die Nase. »Hier,
Chef, so viel zu meinem Glauben und Ihrer Nase!«

Hansen überfliegt die kurze Meldung: »Verfahren gegen
Sylter Surflehrer eingestellt. Der Prozess gegen den Surflehrer Florian v. B., der wegen Drogenhandels angeklagt war,
ist gestern im Amtsgericht von Niebüll eingestellt worden.
Es gebe erhebliche Schwierigkeiten in der Beweislage, sagte
Richterin Gesa Geerdsen während der Urteilsverkündung.
Eine ganze Menge belaste ihn, so die Richterin, aber es
bestünden zu viele offene Fragen. Deshalb sei im Zweifel
für den Angeklagten entschieden worden, sagt sie.«

»Na ja, Merle«, fügt Hansen an, »ein Freispruch sieht
anders aus.« Aber die Kollegen, die dann den Drogenfall

übernommen haben, sind offenbar nicht viel weitergekommen. »Was macht eigentlich Anna von Grüning, weißt du was von ihr?«

Merle denkt kurz nach: »Ja, soweit ich weiß, kommt die nach wie vor in ihre Westwind-Hütte, ich hatte Enna mal gefragt, aber das mit dem Surflehrer, das hat sich erledigt.«

Klappholttal

Auf einem rund 35 Hektar großen Dünenareal zwischen Kampen und List sind ab 1869 kleinwüchsige Krummholzkiefern zur Befestigung der Sanddünen angepflanzt worden. Dieses »Klappholz« verleiht dem Gebiet seinen Namen. Im Ersten Weltkrieg stand dort eine Barackensiedlung für Soldaten. 1919 gründeten Knud Ahlborn und Ferdinand Boebel ein Jugendlager mit dem Ziel, die Menschen nach eigener Bestimmung, eigener Verantwortlichkeit und innerer Wahrhaftigkeit zu erziehen.

1. Wer sich in der Kampener Vogelkoje (Lister Straße 100, 25999 Kampen) umsieht, erkennt, wie bis zur Stilllegung 1921 durchziehende Pfeif-, Spieß und Stockenten erst angelockt und dann gefangen wurden. Lockenten auf einem gut geschützten Teich in einem künstlich angelegten Wäldchen dienten dazu. In den hornfömigen Seitenkanälen des Teiches befanden sich Schilfwände, Reusen und ein Fangkasten. Der Kojenmann trieb die Vögel vom Teich in diese Seitenkanäle. Vom Verkauf der Enten lebten die Inselbewohner.

2. Die Volkshochschule Klappholttal (Klappholttal, 25992 List) ging 1977 in die »Akademie am Meer« über. Rund 80 Häuschen zum Übernachten sowie weitere Gebäude liegen verstreut in den Dünen. Mit einem breiten Programm für jede Altersgruppe zieht

die Akademie, geführt vom Historiker Hartmut Schiller, literarisch, wissenschaftlich und musisch Interessierte an. Als Weiterbildungsstätte ist das Haus staatlich anerkannt.

3 »Buhne 16« – eine der legendären Strandbars auf Sylt. Hier trafen sich schon in den 1960er-Jahren die Prominenten zum Nacktbaden. Nördlich von Kampen in den Dünen am Strand gelegen, wird dort ausgiebig nicht nur Mittsommernacht am 21. Juni gefeiert – mit Live-Musik und Lagerfeuer. Als alter Beachboy von »Buhne 16« brachte Uwe Behrens das Surfen nach Sylt – und hält sich heute noch gern in der Strandbar auf.

4 Die Surfschule Munkmarsch heißt Syltsurfing (Heefwai 4, 25980 Sylt), war wohl die erste auf Sylt und befindet sich am Wattenmeer in Munkmarsch. 1972 legte der Rantumer Calle Schmidt als Erster in Europa ein Windsurfing-Brett aus den USA hier ins Wasser. Später kam Stehpaddeln dazu – SUP oder Stand-up-paddling. Es wird an mehreren Stellen und in Surfschulen angeboten. Das Stehpaddeln ist dank der Neoprenanzüge fast zu jeder Jahreszeit möglich. Wer das Ganze noch steigern möchte, macht SUP-Yoga. Das wird auf einem Surfbrett im Wasser praktiziert und verlangt ein besonderes Balancegefühl. Es wird von einigen Yogalehrern angeboten.

5 Das Kaamp-Hüs (Hauptstr. 12, 25999 Kampen) beherbergt den Tourismus-Service des Ortes. Dort befindet sich auch ein Veranstaltungssaal. Es gibt

Lesungen, Kunst, Kultur, Musik und Genuss. Oben im Haus sind meist Kunstgemälde ausgestellt.

2. KLASSENFREUNDE?

Mord oder Selbstmord am Hörnumer Leuchtturm

Den freien Fall aus rund 30 Metern Höhe vom Außenge-
länder der Plattform des Hörnumer Leuchtturms 6 hat
Tamme Seeger nicht überlebt. Sein Körper liegt auf der
Seite, der Kopf muss hart aufgeschlagen sein. Es ist ein
grauenvoller Anblick, den er seinen Klassenkameraden
bietet. Sie sind alle Zeuge für diesen Todesfall und wissen
doch nicht viel, denn als sie mit ihrem Lehrer zu dieser
Sonderbesichtigung des Leuchtturms oben standen, war
Tamme noch am Leben. Als sie innen im Turm die Trep-
penstufen hinabgegangen und unten angekommen waren,
lag ihr früherer Mitschüler draußen vor dem Turm schon
regungslos vor ihnen.

40 Jahre liegt die Einschulung in Hörnum zurück. Deshalb trafen sich die fünf Frauen und fünf Männer mit
ihrem alten Lehrer Meeno Meiners hier. Erst ging es auf
eine Kaffeefahrt zu den Seehundsbänken vom Hörnumer
Hafen 7 aus, dann traf man sich zu einer kleinen Feier. Meiners betonte immer wieder, wie wichtig eine Grundschule
im Ort sei. Seit ein paar Jahren gibt es nun keine mehr in
Hörnum, was alle Anwesenden bedauerten. Trotzdem: Die
Kinder von einst erzählten sich Döntjes, also Anekdoten
von damals und Geschichten aus ihrem weiteren Leben,
zeigten sich Bilder von aktuellen und vergangenen Liebschaften und natürlich den niedlichen Kindern. Tamme war
damals einer der Besten. Was hätte er alles werden kön-

nen, später mit seinem 1,5-er Abitur, das er im Internat in Kiel ablegte. Doch irgendwie war das Leben nicht sein Freund. Erst die zaghafte Bewerbung bei der Landeszeitung um ein Volontariat, dann nach der Ablehnung doch die dreijährige Ausbildung zum Sozialversicherungsfachangestellten, Fachrichtung landwirtschaftliche Sozialversicherung. »Jung, da bist du sicher, als Beamter bei der Rentenkasse, da hast du dat Leben lang ausgesorcht«, hatte er noch die Worte seines Vaters im Ohr, was er gestern Abend noch einmal in der Runde beim Klassentreffen kopfschüttelnd erzählte.

Auch die anderen neun und der Lehrer wussten von seiner unglücklichen Ehe mit Monika, von der er sich gerade scheiden ließ. Tamme verheimlichte auch nicht seine Therapie, die er seit fünf Jahren erfolglos bei einem Professor in Kiel durchlitt, um sich von seinen Angstzuständen zu befreien. Sein Job als Angestellter einer Versicherung langweilte ihn maßlos. Er wollte hinwerfen, schon oft. Er litt unter »Bore-out«. Als er das beim Klassentreffen erzählte, musste Jens-Uwe, sein Sitznachbar von damals auf der Bank der Grundschule und später im Internat, doch lachen. »Mensch, bei uns im Softwareladen, da leiden ein paar unter Burn-out, das kann ich ja noch verstehen, aber du langweilst dich zu Tode«, polterte Jens-Uwe. Tamme blieb ernst und erzählte von seinen hohen Hypotheken auf das viel zu große Haus und von seinen beiden drogenabhängigen Kindern. »Mensch, zieh bei uns ein, wir haben das alte Haus in Hörnum ausgebaut«, schlug ihm Judith vor. Sie wohnte mit ihren Eltern damals zur Grundschulzeit direkt neben den Seegers am Hörnumer Hafen. Die beiden verband auch der erste Kuss des Lebens und gestern Abend der gemeinsame Rundgang durch ihren Heimatort mit dem Blick auf Seehund Willi 8 im Hafen. Die Robbe ist die Attraktion nicht nur für Kinder und sie mag frischen Hering. Der wird ihr von Gästen zugeworfen, die sich am Fischstand damit versorgen. »Die hat es gut«, stöhnte Tamme, »die wird von allen geliebt. Und ich?« Dann fügte er leise ein »Am besten für alle is, ich bring mich um« hinzu, wie Judith später bei der Zeugenbefragung gegenüber dem Westerländer Kommissar Henry Hansen zu Protokoll gibt.

Für den erfahrenen Hansen, der diesen Todesfall untersucht, ist Selbsttötung tatsächlich die wahrscheinlichste Ursache. »Ich habe alle vom Klassentreffen befragt, auch den alten Lehrer, dem standen Tränen in den Augen. Tammes Eltern leben nicht mehr, aber eine Tante habe ich getroffen«, erzählt Hansen seiner Kollegin Wienke.

»Hast du die Noch-Frau Monika in Kiel und die Angehörigen schon informiert?«, will sie wissen. »Na, da hat sich sofort unser geschätzter Kollege vom Landeskriminalamt, unser verehrter Vorgesetzter Doktor Roman Sattler, drum gekümmert, hat den Auftrag einem Kollegen gegeben und dem erzählte dann die Ehefrau, dass sie sich vorige Woche gerade auf einen Neuanfang verständigt hätten. Einen Selbstmord kann sie sich nicht vorstellen.

Der Kollege hat nur das gehört: Der Tamme sei zu schwach für einen Selbstmord, und außerdem hätten sich er und Monika doch die letzte Woche gerade wieder versöhnt.«

»Ach, der liebe Roman«, stichelt Wienke. »Tja, Sie mögen ihn zwar nicht, aber ich finde, er macht einen guten Job.«

»Hüstel, schüttel, würg«, kommt es aus Hansen heraus,

der den Vorgesetzten verabscheut wie eine Wurzelbehandlung beim Zahnarzt.

»Also Selbsttötung, alles zu den Akten, fertig, aus?«, fragt Wienke.

Hansen öffnet das Fenster im Kommissariat in Westerland, blickt zum Bahnhof mit den schiefen grünen »Reisenden Riesen«-Figuren 9 hinüber und seufzt: »Da ist irgendetwas mächtig schräg, ich weiß nicht, was, aber als ich oben auf dem Leuchtturm in Hörnum stand und über die schwarze Brüstung der Aussichtsplattform sah, dachte ich – nee, da springt man nicht runter.«

»Wienke, wo liegen eigentlich die Unterlagen aus dem Hotelzimmer von Tamme? Ist da irgendetwas Verdächtiges dabei?«, will der Kommissar wissen.

»Lager B rechts hinten, Fall Hörnum Leuchtturm«, sagt die Kollegin, »das haben wir doch aber alles gesichtet.«

Hansen wird von den Kollegen anerkennend abwechselnd als »der Leuchtturm« bezeichnet, das liegt an seiner Größe, und »die Nase«, das liegt an seinem Riecher – in mehrfachem Sinne, denn auch seine Nase ist relativ groß, aber er hat auch einen sehr feinen Geruchssinn, er kann Dinge erschnüffeln. Hansen wuchtet die Kiste in sein Büro. Die Inventarliste trägt die ihm vertraute Schrift Wienkes, die neben ihm steht. Sie packen aus. »Strümpfe, Unterhosen, Taschenmesser, Rasierklingen, Beruhigungsmittel, Herz-Kreislauf-Mittel, was der Mann von heute also so braucht«, sagt der Ermittler und setzt sich eine seiner schicken neuen Brillen auf. Der 49-Jährige benötigt sie nur zum Lesen, aber da war er bislang zu eitel, das zuzugeben. Also kniff er lange die Augen zusammen, um seine Schriftstücke besser lesen zu können. Nun, seit einer Woche, trägt er diese schmale Brille mit gelbem Gestell.

»Nee, Herr Hansen, das verändert Sie aber mächtig«, lobt Wienke. »Hatten Sie das nicht neulich schon auf, aber in Rot?«

»Klar, Wienke, ich habe fünf Gestelle in fünf Farben, in meinem Alter muss man schon mal öfter seine Umgebung durch Farbgebung überraschen, oder?«

»Chef, das ist Ihnen aber wieder mal voll gelungen!«, trötet die Kollegin strahlend und kann sich vor Lachen kaum halten. »Der Flurfunk würde sagen: ›Heute mal Gelbkröte‹.«

Hansen schaut schweigend auf die Inventarliste.

»Das mit den ganzen Medikamenten, seiner Gesundheit, das hat ja die Pathologie geprüft«, murmelt »die Nase« vor sich hin. »Ihm ist also nicht plötzlich schwindelig geworden, als er da oben stand, oder er bekam einen Herzinfarkt – alles negativ. Was also kann es sein? Wo liegt das Puzzleteil versteckt?« Hansen geht alle 100 Gegenstände durch, schaut in die Listen. Alles sauber festgehalten. »Was hattest du so im Abi für eine Note, Wienke?« Hansen beugt sich über das Zeugnis von Tamme Seeger, das dieser – aus welchen Gründen auch immer – zum Klassentreffen mitnahm.

»Och, wir hatten immer Fliegeralarm, rein in den Luftschutzbunker, raus, habe Notabitur, glatte Zwei«, flunkert die Polizistin. Hansen, der jetzt auch das Zeugnis von Tammes Schulfreund Jens-Uwe Christiansen in der Hand hält, hat trotzdem zugehört und blafft zurück: »Hast du gerade von deiner Oma erzählt? Wienke, dieser Tamme hat im Kieler Internat das Abi mit 1,5 gemacht. Sein Freund Jens-Uwe, den wir vernommen haben, du erinnerst dich, dieser Geschäftsführer von der Software-Schmiede in Leipzig, hat exakt das gleiche Abi mit exakt denselben Noten in jedem Fach. Mach doch mal den Leuchttisch an.« Wienke spürt dieses Knistern in Hansens Stimme, diese nur mühsam verdeckte Erregung. Sie kennt das – er wirkt cool wie eine Eidechse vor Sonnenaufgang, aber im Innern, da feuern die Synapsen mit Lichtgeschwindigkeit. »Kopiertechnik der 80er-Jahre, würde ich sagen, schau mal«, bietet Hansen Wienke einen Blick auf das durchleuchtete Abiturzeugnis von Christiansen.

»Fälschung, Chef, eindeutig!«

»Da unser Doktor Sattler in Kiel ja ohnehin unterbeschäftigt ist, muss der wohl mal ins Internat fahren, das gibt es ja heute noch«, schlägt Hansen vor. »Da er das Plusquamperfekt so perfekt beherrscht, hat er sicher auch ein 1,5-er Abi, der Gute, aber hier könnte ich mir vorstellen, hat dieser Jens-Uwe sein Abi versiebt und sich das von seinem Sitznachbarn geborgt. Es wurde von wem auch immer gefälscht. Wenn Tamme das alles zum Klassentreffen mitschleppt, sicher nicht, um damit zu prahlen. Vermute: Der wollte das dem lieben Jens-Uwe mal kräftig unter die Nase reiben.« »Und sich das Schweigen für die nächste Zukunft versilbern lassen?«, vermutet Wienke.

»Nach allem, was wir über Tamme wissen, läge es nahe, dass er sich nun etwas Geld von seinem früheren Sitznachbarn besorgen wollte, diesem erfolgreichen Gründungsgeschäftsführer aus der hoch bezahlten IT-Welt. Und das könnte dem nicht so gefallen haben«, setzt Hansen noch eins drauf.

»Doktor Sattler, Guten Tag nach Westerland«, meldet sich der Vorgesetzte in Kiel, der schon an der Melodie seines

Telefons erkennt, dass er wieder von der Westküste genervt werden soll.

»Hansen hier«, brummt der Westerländer Kripochef zurück.

Stille in der Leitung, dann: »Sie wünschen?«

»Ich stelle Ihnen mal eine Frage: Nachdem Tamme das Abitur gemacht hatte, fing sein Freund Jens-Uwe an zu studieren. Ist das die richtige Anwendung vom Plusquamperfekt, Doktor Sattler?« Hansen hört nur ein tiefes Atmen, das wie eine schwere Brise in der Ostsee klingt und durch seinen Apparat zur Nordsee strömt.

»Richtig, Hansen«, lobt Sattler. »Bei Konstruktionen mit ›nachdem‹ drückt dieser Satzteil immer die Vorzeitigkeit aus. Ich könnte auch sagen: Nachdem Henry Hansen sein Abitur versiebt hatte, ging er zur Polizei nach Westerland.«

»Falsch, Herr Kollege, ich habe mein Abi nicht versiebt, aber vermutlich der Schulfreund des toten Tamme. Der heißt Jens-Uwe Christiansen und hat im Internat in Kiel …«, entgegnet Hansen, als er schon von seinem Gesprächspartner unterbrochen wird. »Das steht doch in den Unterlagen, die die vorbildliche Kollegin Frau Wienke Sondermann zusammentrug, alles aus dem Hotelzimmer ist erfasst.«

»Langsam, das Zeugnis habe ich hier durchleuchtet, eine plumpe Fälschung. Es zeigt exakt dieselben Noten wie Tammes Abi, aber vermutlich hat Christiansen kein eigenes Abizeugnis – und das Wissen um diese gefälschte Kopie wird er nur mit wenigen teilen. Vielleicht wussten nur er und sein Freund Tamme davon. Es wäre jedenfalls eine Steilvorlage für eine Erpressung, denn Tamme brauchte Geld und Leben«, berichtet Hansen.

»Geld und Leben, wie Sie das so sagen, Hansen; wir stützen uns ja lieber auf Fakten hier an der Ostküste von Schleswig-Holstein, Sie können ja weiter im Strandgut lesen.«

Hansen reagiert leicht säuerlich: »Ermitteln Sie oder ich? Hätten Sie die Güte, mal im Internat zu graben?«

»Das ist ja wohl unumgänglich, hätte ich jetzt gesagt haben können.«

»Leben Sie Ihre Konjunktive, selbst im Plusquamperfekt, Doktor Sattler, da steckt Leben!«

»Kompliment, mein Lieber, ich werde morgen geliefert haben.«

»Futur zwei – noch Fragen? Ich gebe zurück nach Kiel, tschüüüüüs«, flötet Hansen.

Zwei Tage später hat sich so viel geklärt: Christiansen hat das Abi nicht bestanden, das Internat ist überrascht und das Zeugnis tatsächlich eine Fälschung. Er wird damit konfrontiert und schiebt die Idee dazu auf Tamme, seinen toten Freund. Aber immerhin konnte Christiansen dank dieser Fälschung eine kometenhafte Karriere starten. Die bräche jetzt schnell ein, wenn die Fälschung bekannt würde. Christiansen schließt klar aus, dass außer Tamme und ihm andere von dieser Urkundenfälschung wussten. Mit Tammes Tod aber will er nichts zu tun haben. »Da fehlen ja wohl alle Beweise!«, brüllt der Beschuldigte bei der Vernehmung in Westerland.

Christiansen macht noch ein paar Tage Urlaub auf der Insel, spielt Golf am Hotel Budersand **10**, unternimmt Ausflüge nach Amrum und Föhr **11** und geht zum Fackelumzug zur Mittsommernacht **12**, die am 20. Juni groß am Strand gefeiert wird. Es geht um die Hörnum-Odde **13**, die sandige Südspitze Sylts, herum. Da trifft Jens-Uwe Judith wieder. Sie spricht ihn an, denn er wirkt irgendwie entrückt. »Glaubst du an einen Selbstmord von Tamme?«, fragt sie ihn.

»Klar, was sonst, der war ja hoffnungslos in seine Probleme verstrickt«, antwortet ihr früherer Klassenkamerad.

»Nee, gar nicht, der hatte neue Hoffnung, wollte sich wieder seiner Frau annähern. Ich hatte den beiden sogar angeboten, ein paar Wochen mal in unser renoviertes Haus in Hörnum zu ziehen.«

Der IT-Geschäftsführer erwidert knapp: »'ne Ferienwohnung hätte ich ihm auch anbieten können, ich habe das große Reetdachhaus am Süderende gekauft.«

»Was, das Riesending, das so lange inseriert war? Das kostete doch drei Millionen.«

»Na und?«

»Verstehe, jetzt weiß ich, was Tamme meinte, als er von diesem völlig abgedrehten Jens-Uwe sprach, der war ja mächtig sauer auf dich. Und dann hat er irgendetwas von deinem Abi erzählt, das musstest du wiederholen oder so, stimmt das?«

Jens-Uwe ist überrascht, was seine plötzlich weit aufgerissenen Augen und die gerunzelte Stirn verraten, doch bringt er ein abwehrendes »Blödsinn!« hervor.

»Aber ihr wart doch zusammen im selben Internat, was war denn da?«

»Nichts, ich habe ein 1,5er- Abi hingelegt, sonst noch Fragen?«

Judith ist das Gespräch in eine zu anstrengende Richtung gelaufen. Sie will die Begegnung rasch beenden, zumal sie gleich eine Wattführung leiten soll, die in der »Arche Wattenmeer« **14** startet. Auch wegen Tammes plötzlichem Tod ist sie noch aufgewühlt, und dieser Jens-Uwe zeigt nun so gar kein Mitleid. »Kommst du denn zur Beerdigung?«, fragt sie noch.

»Nee, geschäftliche Termine«, wiegelt der Gefragte ab.

»Ich denke, das war dein Freund, Mensch.« Judith ist enttäuscht und ruft dem ehemaligen Grundschulgefährten ein halbherziges »Tschüss!« nach.

Hansen grübelt. Wienke Sondermann, seine Kollegin, zeichnet sich alle Details in große Kästen auf einen Zeichenblock. Beide sind sich sicher, es mit einem versteckten Mord zu tun zu haben. Hauptverdächtiger ist Jens-Uwe Christiansen, dem sich aber nichts nachweisen lässt. »Jetzt nehme ich den noch mal in die Mangel«, schlägt Hansen vor.

»Bringt nichts, so abgebrüht, wie der ist«, kontert Wienke. In die stille Ratlosigkeit bricht eine etwas zu schrill eingestellte Klingeltonmelodie. Es ist das »Dada-da-datda, da-datda« aus der Krimiserie mit »Miss Marple« aus den 1970er-Jahren. Wienke schmunzelt.

»Kommissar Hansen hier.«

»Judith Nissen aus Hörnum, ich muss Sie dringend sprechen! Sie bearbeiten doch den Tod von Tamme, oder?«

»Ja, was haben Sie denn, Sie klingen ja so aufgelöst.«

»Am besten, Sie kommen vorbei, es ist schrecklich. Hafenstraße, das letzte weiße Haus.« Da sich die Frau, an die er sich wegen der Zeugenvernehmung gut erinnern kann, offenbar in einem emotional sehr grenzwertigen Zustand befindet, entscheidet Hansen: »In 15 Minuten klingeln wir bei Ihnen, einverstanden?«

Judith bittet die beiden herein, sie hat Tee gekocht. Ein mit Kerzen erleuchteter Pesel, die »gute alte Stube«, wie sie hier früher in den Häusern überall zu finden war, öffnet sich. Sie steht voll mit antiken Sachen, hat wenig Licht, aber viel Raum für düstere Erzählungen. Judith Nissen, die Tamme sehr gern mochte, sitzt tränenreich vor ihrer Teetasse und wischt über das Handy ihrer Tochter. Die hatte erst vor einer Stunde von ihrem kleinen Film erzählt, den sie zufällig als Rundumschwenk an dem Vormittag vom Kurweg am Wattenmeer aus gedreht hatte – an dem Vormittag, als die Klasse der Grundschüler von vor 40 Jahren mit Lehrer Meeno Meiners den Leuchtturm bestieg. »Schaut mal«, schluchzt Judith und zeigt den beiden Polizisten das Unfassbare.

Zu sehen sind Schiffe, das Watt, der Strand. Dann kommt der Leuchtturm, an dessen Spitze die Kamera lange verweilt. Offenbar hat die Siebenjährige da ihre Mutter entdeckt. Nach und nach verschwinden die ehemaligen Grundschüler, darunter auch Judith, von der schwarzen Aussichtsplattform unterhalb des Scheinwerfers. Nur zwei bleiben stehen und schubsen sich gegenseitig hin und her: Tamme und Jens-Uwe. Es sieht nach Streit aus. Der kräftig gebaute Jens-Uwe packt plötzlich den zarten Mitschüler an den Beinen, als der sich mit dem Rücken etwas über das Gitter nach hinten gelehnt hat. Ein heftiger Kraftakt reicht – da hängt Tamme mit seinem Hintern auf dem Gitter, verliert das Gleichgewicht, rudert kurz mit den Armen, macht einen Salto rückwärts schon außerhalb des Balkons und fällt herunter. Sofort ist Jens-Uwe weg, verschwunden im Treppenhaus innen im Leuchtturm.

Alle drei im Pesel blicken sich wortlos an. »Es gibt schlechtere Beweise für einen Mord«, murmelt Hansen.

Hörnum

Das Dorf der weißen Häuser strahlt mit dem begehbaren Leuchtturm als Besuchermagnet sowie mit dem Hafen, in dem sich öfter ein Seehund blicken lässt. Fern des Jetsets hat sich die Südspitze der Insel zu einem Geheimtipp für Familienurlauber mit flachem Strand an der Ostseite und für Freunde langer Spaziergänge um die Südspitze, die Hörnumer Odde, entwickelt.

6 Der Hörnumer Leuchtturm (An der Düne, 25996 Hörnum/Sylt) ist der jüngste auf Sylt (1906/7 erbaut), aber der einzige, den Gäste auch begehen können. Das ist nur bei Führungen möglich. Reservierungen nimmt der Tourist-Service (Rantumer Str. 20) entgegen. Das Leuchtfeuer wird ferngesteuert und reicht 50 Kilometer weit. Von 1918 bis 1933 war in einem Zimmer des Leuchtturmes etwa in Höhe des weißen Ringes Deutschlands kleinste Schule mit zwei bis fünf Schülern beheimatet.

7 Der Hörnumer Hafen (Hafenstraße, 25996 Hörnum/Sylt) ist Ausgangspunkt für Fahrten zu den Seehundbänken sowie den Nachbarinseln und Helgoland. Auch ein Partyschiff legt hier öfter ab. Gäste gehen auch gern auf Kaffeefahrten. Der Sylter Jachtclub ist hier beheimatet, weshalb hier öfter schickere Jachten festmachen. Die Ein- und Ausfahrt aus dem Hafen ist unabhängig von der Tide möglich.

8 Seehund Willi lässt sich regelmäßig im Hörnumer Hafen blicken. Die weibliche Kegelrobbe liebt frischen Fisch, den Gäste dann im nahe gelegenen Kiosk kaufen und ihr zuwerfen. Doch auch ohne die Heringsmahlzeit tummelt sich die zutrauliche Robbe gern dort.

9 Vor dem Bahnhof Westerland (Trift 1, 25980 Sylt) stehen die windschiefen grünen Riesen-Figuren. Die »Reisenden Riesen« sind ein Werk des Kieler Bildhauers Martin Wolke und begeistern seit 2001 die Gäste. Diese fotografieren sich gern mit den ulkigen Figuren, denen der Westwind stark zugesetzt zu haben scheint.

10 Golfclub Budersand Sylt (Fernsicht 1, 25996 Hörnum/Sylt) liegt nahe am Fünf-Sterne-Hotel Budersand, in dem sich auch ein Sternerestaurant befindet. Die Golfspieler loben die 18 Spielbahnen in den bewachsenen Dünen. Budersand leitet sich von den Buden der Heringsfischer im 15. Jahrhundert ab, die hier einst standen.

11 Tagesfahrten nach Amrum und Föhr sind vom Hörnumer Hafen aus beliebt. Die Hilfe zum Bestimmen der Nachbarinseln (von der Leuchtturmgalerie aus) lautet so: R.A.L.F. – also rechts Amrum, links Föhr.

12 Fackelumzug zur Mittsommernacht ist ein leuchtendes Spektakel, das am späten Abend des 20. Juni mit der Ausgabe der Fackeln am Tourist-Service (Rantumer Str. 20) beginnt und um die Hörnum-Odde zum Oststrand führt. Dort wird dann ab Mitternacht groß am Strand gefeiert.

13 Die Hörnum-Odde entstand ab Mitte der 1920er-Jahre durch die Verlagerung großer Sandmengen, die das Meer nordwestlich von Hörnum wegspülte und an der Südspitze absetzte. 50 Jahre später waren die Sanddünen an der Odde auf bis zu zehn Meter Höhe gewachsen. Seit 1972 steht das Gebiet unter Naturschutz. Doch setzte eine starke Ausspülung ein, die bis heute anhält. Mit Tetrapoden wird versucht, die Kraft der Wellen zu brechen und die Südspitze wenigstens teilweise zu erhalten.

14 Arche Wattenmeer (Rantumer Str. 33, 25996 Hörnum/Sylt) ist eine umgebaute Kirche, in der sich spannende Ausstellungen der Schutzstation Wattenmeer befinden. Vor dem früheren Altar gehen die Besucher durch eine große Arche aus Holz.

3. RUFE VOM BALZENDEN KONDOR

Ein grausiger Fund nach dem Westerländer Büikebrennen
sorgt für Unruhe

Zwei ganz unterschiedliche Stimmen sind auf dem Anrufbeantworter des Toten verewigt. Zwei Morddrohungen sind zu hören, beide anonym ausgesprochen, beide an einem Vormittag eingegangen. Wie muss sich jemand fühlen, der von zwei Seiten derart heftig bedrängt wird? Was geht in »Winni« vor, dem 68-jährigen Winfried Mantey, als er in seiner Eigentumswohnung in Westerland an jenem 20. Februar, also kurz vor dem beliebten Büikebrennen, seinen Anrufbeantworter abgehört hat? Wut, Fluchtgedanken oder ein lässiges »Na und?« – das wird niemand mehr herausfinden. Noch am selben Nachmittag wird Winni, der inselbekannte Friseur, der Fahrer eines schwarzen Porsche 911, Baujahr 1979, nicht mehr am Leben sein.

Am nächsten Tag ist Büikebrennen. Das wird traditionell seit Hunderten von Jahren am 21. Februar auf Sylt gefeiert, doch dieses Jahr gibt es in Westerland eine finstere Überraschung. Wie jedes Jahr gelangen alte Tannenbäume, Holzscheite und Reisig zu den Sammelstellen. Auf Sylt wird der Winter mit zehn dieser gigantischen Feuer verabschiedet, die weithin ihre Funken sprühen. Früher brachen dann nach einer ausgiebigen Abschiedsfeier die Seefahrer zu ihren Fahrten in die nördlichen Meere auf. In diesem Jahr muss Henry Hansen nach einer ausgiebigen Feier mit Grünkohl und Kasseler sowie einem Bierchen am nächsten Morgen schon wieder zum Feuer aufbrechen. Der Grund liegt in den Ascheresten des Biikefeuers auf der kleinen Anhöhe südlich vom Campingplatz Westerland **15**. Die Feuerwehr, zuständig für alles rund ums Feuer und die Sicherheit, hatte beim Aufräumen der Glutreste Knochen gefunden. »Ein menschliches Skelett mit Resten vom Körper, nicht gerade eine tolle Ansicht«, sagt Holger, der diensthabende Feuerwehrmann.

»Ist wohl keine Wikingerleiche, befürchte ich«, stöhnt Hansen, der sein ganzes Team alarmiert und die Spurensicherung bestellt.

Eine Leiche in eines der Biikefeuer zu schmuggeln, ist nicht ganz leicht, zu sehr werden sie bewacht, besonders in der Nacht vor dem Anzünden. »Das hat Tradition«, erzählt Holger, »denn manchmal versuchen dann die Jungs vom Nachbardorf, hier zu zündeln, damit der Kram schon früher abbrennt.« Vor dem offiziellen Anzünden untersuchen die Feuerwehrmänner den gesamten Reisig- und Holzhaufen, so gut es eben geht. Sie stochern mit Stangen herum, aber in erster Linie, um kleinere Tiere zu verscheuchen. Zum Feuer selbst strömen dann die Massen herbei. Dann werden Reden geschwungen. Hier in Westerland kam die Bürgermeisterin Swantje Brackwedel ausführlich zu Wort – dieses Jahr zum ersten Mal. Zum Glück ist Henry Hansen an ihrer Seite, ist sie doch etwas aufgeregt bei allem, was mit Tradition zu tun hat, denn sie ist ja nur Zugereiste. Sie gab einen kleinen politischen Jahresrückblick, erinnerte an die reinigende Kraft des Feuers und ließ alles ins Sölring übersetzen. Die nordfriesische Sprache ist schließlich Teil der Tradition. Da heißt es in der Übersetzung von Swantjes Text: »Forkobi juu ek ön di Fremern stuun tö üüs Uurter:

Lewer duar üs Slaav.« (Verkauft euch nicht an die Fremden, steht zu unserm Wort: Lieber tot als Sklave.)

Das wird im Rückblick diesmal einen bitteren Beigeschmack erhalten.

Swantje aber sagte dann: »Nun fachet an nach altem Brauch die Biike hell mit Flamm und Rauch.« Dann setzten zwei Feuerwehrmänner den riesigen Haufen Holz in Brand.

»Ich mache das seit zehn Jahren, aber eine Leiche haben wir dabei noch nie gefunden«, versichert Holger jetzt. So einfach identifizieren lassen sich die Überreste des Toten zwar nicht, aber nach drei Tagen meldet sich ein Briefträger bei der Polizei, weil Winfried Manteys Briefkasten überquillt und ihm das komisch vorkommt. Der weiß, dass Mantey allein lebt. Auch die Porsche-Werkstatt ruft bei der Polizei an, weil Winni sein geliebtes schwarzes Cabrio trotz ihrer auf den Anrufbeantworter gesprochenen Bitte, es abzuholen, nicht vorbeikam. »Das kennen wir gar nicht, der ist sonst nach einer halben Stunde da«, sagt die Mitarbeiterin der Werkstatt. Der Abgleich des Gebisses vom geborgenen Schädel mit den Fotos von seinem Westerländer Zahnarzt bringt die letzte Gewissheit: Winni ist der Tote aus der Biike-Asche.

Henry Hansen und seine Kollegin Wienke Sondermann lassen die Wohnung, den Garten und das Auto kriminaltechnisch untersuchen. Bald darauf werden die Nachbarn befragt. Die Nielsens kommen gerade vom Konzert des Sylter Shanty-Chors 16 im Alten Kursaal. Eva und Hermann leben seit zehn Jahren Tür an Tür mit Winni, der ihnen nicht gerade sympathisch war. Hermann meint: »So ein Lebemann. Der hatte alle paar Monate eine neue Frau, immer ältere Damen. Gut, manchmal kam dieselbe auch öfter.«

Eva wirft ein: »Die lachten sich immer einen, als hätten sie gekokst, dann rein in den schwarzen Porsche und Gas, der fuhr wie ein 18-Jähriger.«

Hermann ergänzt: »Zu den anderen Nachbarn, den Sörensens, hatte Winni seit drei Jahren keinen Kontakt, bis vor ein paar Monaten, da waren die wieder so eng miteinander wie früher. Das hat uns sehr gewundert.« Die Nielsens schildern noch eine Reihe von Gelegenheiten und Feinheiten in den kurzen Begegnungen mit Winni, dem Westerländer Friseur, den sie mieden, wo es ging. Eva: »Der hatte den Laden schon mit 60 verkauft, aber machte immer noch Frisiertermine, um auf die Art dort in Kontakt zu der einen oder anderen älteren Frau zu kommen.«

Wienke kommt derweil von den Jansens zurück. Auch dieses Ehepaar ist jenseits der 60 Jahre, wohnt gegenüber und war mit dem Enkel Tay gerade zu Besuch auf dem Minigolfplatz **17** am Sylter Aquarium **18**, als die Beamtin kam. »Der lebte sehr für sich, war aber wohl in den Bars der Insel mit den feinen Damen gern gesehen, obwohl er wohl eher so ein Knauserkopp war, wissen wir aber nicht so genau«, erzählt Heiner Jansen.

Hansen und seine Kollegin sitzen wieder im Büro ihres Kriminalkommissariats in Westerland, tragen die Spuren zusammen und stehen vor vielen Rätseln. Hansen, der ja aus Büsum stammt und erst seit zehn Jahren auf Sylt lebt, hat auswendig gelernte Postkartenweisheiten auf Sylter Friesisch auf Lager: »Dit, wat die Mensk ön sin Benerst rik maaket, es bütenfuar ek tö sen.« Wienke, zwar auf Sylt aufgewachsen, aber ohne aktiven Wortschatz in der Sprache Sölring, knurrt Hansen sanft an: »Sie reden wieder ohne Untertitel, Chef, ek tö sen?«

»Ich übersetze mal frei, ist übrigens nicht von mir, sondern von Antoine de Saint-Exupéry: Das Wesentliche auf dieser Welt ist unsichtbar.«

»Ach, manchmal, Hansen, haben Sie doch eine sehr zarte, romantische und philosophische Seite, den Kleinen Prinzen lese ich meinen Töchtern bald vor, das liebe ich doch selbst so, dieses Märchen.«

»Vielleicht zu früh für deine Mädchen, aber für unseren Fall ist das Wesentliche tatsächlich noch unsichtbar. Wie können wir das ändern?«, sinniert Hansen vor sich hin.

Er malt große und kleine Kreise auf seine Schreibtischunterlage aus Papier, die er von seiner Autowerkstatt geschenkt bekam. »Diese zwei anonymen Morddrohungen auf Winnis Anrufbeantworter, haben wir da schon was von den Kollegen vom Landeskriminalamt Nordrhein-Westfalen? Die in Kiel haben ja noch keinen Phonetiker, die haben ja nur Phlegmatiker wie diesen Doktor Roman Sattler, unser aller Vorgesetzter«, stellt Hansen trocken fest und schaut seine Kollegin an, die Doktor Sattler freundschaftlich verbunden ist. Bevor sie antworten kann, hat sich Hansen schon verbessert: »Nee, stimmt, der ist ja Philologe.«

Wienke ist ohnehin in ihren Bildschirm vertieft. »Ja, gerade kommt die Mail aus Düsseldorf von den forensischen Phonetikern herein, also: Das eine ist eine nordfriesische Männerstimme, die mit zwei früheren Anrufen übereinstimmt, bei denen er sich mit dem Namen Siegfried meldet. Das andere ist eine Frauenstimme aus dem Kölner

Raum, aber die ist unbekannt«, liest Wienke vor. »Im Hintergrund ist ganz kurz ein bei uns seltener Vogel zu hören, vermutlich ein balzender Kondor. Das verrät das schnalzende Tok-tok-tok.«

Hansen kreischt auf wie ein Vogel und wiederholt: »Ein Kondor? Dass ich nicht lache, den hat niemand zu Hause. Entweder wohnt die Frau im Zoo, in einer turnhallengroßen Voliere oder in den Anden, wo der Geier lebt. Nein, diese Phonetiker sind schon klasse. Was schlagen die Kollegen denn vor?«

Wienke liest weiter vor: »Aufruf im Internet, Schaltung der Abfragenummer des Tonbandmitschnitts mit der fraglichen Stimme im Raum Köln.«

Hansen ist einverstanden: »Gut, aber ohne den Vogel; wenn wir das veröffentlichen, sind wir auf Seite eins von jeder Satirezeitschrift: Polizei sucht unbekannten, balzenden Kondor als Hauptverdächtigen im Mordfall Biike. Originalton: tok-tok-tok.« Und tippt sich dabei mit seinem rechten Zeigefinger an die Stirn.

Wienke ist verblüfft. Was ist heute mit ihrem Vorgesetzten los? Erst diese romantische, weitsichtige Nummer mit der Weisheit des französischen Autors, jetzt der kreischende Kondor, den er dazu noch täuschend ähnlich nachmachen kann. Sie lacht mit und hat schon Tränen in den Augen, weil Hansen nun wie ein balzender Vogel durchs Büro stelzt. »Also schlage ich den Kollegen vor: Stimme der Frau aus dem Kölner Raum dort unter Telefonnummer abrufbar stellen, Aufruf an Medien, aber ohne den balzenden Vogel«, meint Wienke.

Hansen nickt. »Was ist mit dem Siegfried? Das könnte sein Neffe sein, den wir aus Winnis Telefonverzeichnis aufgespürt haben. Den knöpfe ich mir vor, der wohnt ja in Niebüll. Besuchst du noch die letzten Nachbarn des Toten, diese Sörensens?«

Schneller als gedacht sind die beiden schon einen großen Schritt weiter: Neffe Siegfried, der Sohn von Winnis Bruder, ist 52 Jahre alt, ledig, braucht Geld, denn der Klempner hat seinen Job verloren, als sein Betrieb vor sechs Monaten in die Insolvenz ging. Er klagt gegen den alten Arbeitgeber, der ihm angeblich größere Zahlungen verweigerte. Sein Vater, also Winnis Bruder, starb mittellos. Der Neffe hatte Winni um 100.000 Euro gebeten, den Einzigen in der Familie mit Geld, und weil »der doch 1,5 Millionen auf dem Konto hat«.

»Alles zusammengeerbt«, hatte Siegfried dem Ermittler Hansen freimütig ins Protokoll diktiert. Doch der knauserige Onkel hätte alles abgelehnt, nur gesagt: »Du musst dich da selbst wieder herausreiten.« Und: »Warum meldest du dich nur, wenn du Geld brauchst?« Trotz der Nähe sei der Neffe schon seit fünf Jahren nicht mehr bei ihm in Westerland gewesen. Hansen schneidet einen Teil des Gesprächs auf seinem Handy mit, um damit die forensischen Phonetiker zu erfreuen. Die gratulieren Hansen. »Klasse Arbeit, ist identisch.«

Hansen hat noch mehr erfahren: Der schmächtige Winni trug meist weiße Anzüge, kämmte sich oft einen Seitenscheitel in sein gegeltes Haar und galt als Dandy. Er war dreimal verwitwet. Die erste Frau heiratete er, als er 38 war. Sie hieß Wilhelmine, war 30 Jahre älter als er und soll sich mit Winni als jungem Lover geschmückt haben. Sie starb schon bald nach der Hochzeit, es wurde etwas von einer tödlichen Insulinspritze gemunkelt. Die Ermittlungen verliefen aber ergebnislos. Doch soll er ihr Erbe von 500.000 Mark kassiert haben. Winni war da 40 Jahre alt.

Auch sie starb bald – an Herzversagen. Dann sei es ruhiger geworden, doch seien dann mehrere kurze Liebschaften mit vermutlich hohen Überweisungen gefolgt, wie der Neffe berichtete. Seine Eigentumswohnung in Westerland konnte Winni auf jeden Fall damals bar bezahlen.

»Ein Heiratsschwindler«, stöhnt Wienke, als sie das von ihrem Kollegen hört. Sie hat aus ihrer Vernehmung der Nachbarn auch schon ein Bild des Mannes gewonnen, der ihn in seinem Verhalten zumindest fragwürdig erscheinen lässt. Als Winni in die Eigentumswohnung zog, waren sie mit ihm ein Herz und eine Seele. Sie feierten oft zusammen. Nach vielen Jahren trübte sich das Verhältnis schlagartig, vor drei Jahren begann die Funkstille zu ihm, bis sie vor einem halben Jahr erneut beendet wurde. Warum, erfährt sie nicht, aber da bemühten sich die Sörensens wieder um ihren »ach so liebenswerten, gegelten Friseur«. Der Nachbar Detlef Sörensen erzählt auch von einer älteren Kölner Frau, einer rheinischen Frohnatur mit einem herzhaften Lachen, die seit etwa zwei Jahren öfter zu Besuch kam. Sie wohnte erst in einem Apartment in Westerland, aber seit etwa einem halben Jahr soll sie hier in einer Seniorenwohnanlage leben.

»Siegrid Sörensen sitzt nach einem Unfall vor drei Jahren übrigens im Rollstuhl. Die mussten damals die Wohnung barrierefrei umgestalten. Sie ist gestern 68 Jahre alt geworden«, fügt Wienke an.

»Stopp mal: Was war das mit der Frau und Köln?«, will Hansen wissen. »Da macht es bei mir tok-tok-tok!«

»Warte, ich schau mal nach«, sagt Wienke, die die Anspielung auf den Kondor und die Kollegen aus Düsseldorf versteht, jetzt aber schnell nach Hause will, denn es ist 17.00 Uhr und sie muss ihre beiden Töchter abholen. »Wir gehen heute alle mit meiner Mutter, die uns diese Woche besucht, in die Sylter Welle 19 zum Schwimmen und Rutschen, habe ich denen versprochen«, kündigt Wienke ihren baldigen Dienstschluss an. Sie schaut in ihre Mails und sagt überrascht: »Diese Stimmenanalytiker sind doch Weltklasse. Die Kollegen haben in der ersten Stunde 134 Anrufe gehabt, zwei wiesen auf eine Frau hin, die angeblich Silke Borchers heißt. Sie haben eine der fünf ausgewählt, die in Köln so heißen, eine wohnt direkt am Kölner Zoo, ist 40 Jahre alt, ledig und führt ein kleines Bäckerimperium. Die Kollegen sind gerade bei ihr, um mit ihr zu sprechen.«

»Ach was«, staunt Henry. »Wohnt am Zoo, hoffentlich leben da überhaupt Kondore. Aber die Frau ist zu jung für das Beuteschema unseres Heiratsschwindlers, mal abwarten, was da kommt. Du machst jetzt den Abflug? Dann wünsche ich euch Pinguinen fröhliche Stunden im Wasser. Wie sind diese Schwimmvögel eigentlich so stimmlich drauf?«

Wienke lacht. »Tok-tok-tok wohl nicht, Pinguine haben ausgeprägte Stimmen, und Paare können sich unter Tausenden heraushören. Meine beiden Prinzessinnen dagegen kreischen einfach nur«, erläutert sie ihm.

Am nächsten Morgen wird so einiges klar: Es war Silke Borchers, die auf den Anrufbeantworter von Winni gebrüllt hatte: »Das Testament meiner Mutter muss geändert werden, sonst garantiere ich für nichts!« Gestern hatte sie ihre Drohung erneuert und wieder bei ihm aufs Band gesprochen.

Die Düsseldorfer Beamten fanden bei der Zeugenvernehmung der Frau in Köln Näheres zum Testament heraus: Die 72 Jahre alte Dame, bis vor kurzem Eigentümerin einer großen Bäckerei in Köln, bis sie sie ihrer Tochter übergab, will ihrem Sylter Freund Winfried Mantey zwei Millionen Euro vererben. Silke Borchers sagte entrüstet zu den Polizisten bei der Vernehmung: »Ich fiel schier in Ohnmacht, als ich das heimlich verfasste Testament fand. Fast ihr gesamtes Vermögen soll an diesen Heiratsschwindler gehen.« Das Testament ihrer Mutter ist beim Notar hinterlegt. Damals war sie noch im Besitz ihrer geistigen Kräfte. Das Schriftstück ist also rechtskräftig. Es jetzt wieder zu ändern, ist wegen der fortgeschrittenen Demenz der alten Dame nicht mehr möglich. Kein Notar würde sich darauf einlassen. Für Silke eine Zwickmühle. Sie fragte ihre Mutter vor einigen Tagen nach dem Erbe. Die wusste angeblich nichts davon. Doch die energische Tochter stellte in der Vernehmung klar: »Ich war voller Wut, aber ich könnte nicht wirklich einen Menschen töten, ich weiß gar nicht genau, wo dieser unsägliche Winni auf Sylt überhaupt wohnt.«

Hansen setzt seine Brille ab, reibt sich die Augen und beginnt laut nachzudenken. »Wir haben zwei Verdächtige«, sagt er so vor sich hin und malt Kreise auf sein Papier.

»Dauert das länger, Chef? Ich bin heute Mittag mit meinen Prinzessinnen zum 20-Minuten-Film in der Kinowelt 20 verabredet. Dann mache ich jetzt meine Pause«, unterbricht ihn Wienke. »Aber nicht, dass Sie nachher, wenn ich wiederkomme, bei 20 Verdächtigen sind.«

Hansen gibt etwas irritiert zur Antwort: »Me Rad önerwai, dü best gans fain rask.«

»Mit dem Rad bin ich ganz schön schnell, oder was?

Klar, ich nehme Merles E-Bike. Bis in einer Stunde«, kündigt die Kollegin an.

»Sie versteht mich immerhin«, murmelt der Kripo-Chef und überlegt weiter.

Für Hansen ist die Bäckersfrau Silke aus Köln zwar weiter verdächtig, aber nur aus dem Motiv Missgunst. Sie verachtet diesen schmierigen Charmeur. Dass ihr Erbe weg ist, nervt sie gewaltig, aber ein toter Winni nützt ihr nichts, denn dann ginge das Erbe ihrer Mutter weiter an Winnis Neffen.

Das stärkere Motiv aber hat der Neffe selbst. Der könnte von Habgier und Hass geleitet sein. Er möchte den Onkel beseitigen, weil der ihm das Geld verweigert. Fast alle Nachbarn sagten aus, sie hielten den Erbonkel auch noch für so fit, dass er nicht so schnell das Zeitliche segnen würde. Der Neffe braucht aber das Geld jetzt.

Nun zu den Beweisen, geht es Hansen durch den Kopf: Bei dem Zustand der Leiche sieht es mit weiteren Hinweisen schlecht aus. Doch es gibt einen Trumpf, den Hansen gegenüber der Presse noch geheim hielt: Winni wurde erschossen, dann erst ins Feuer geworfen. Das Projektil wurde gefunden, wie er gerade von seinen Kollegen erfährt. Es stammt aus einem Jagdgewehr. Auf Sylt ist das schnell zu checken: Detlef Sörensen, der Nachbar, ist Jäger und hat einen Waffenschein. Beim Neffen und der Kölner Bäckerstochter wird das gerade überprüft. Da werden sich die Kollegen aus Niebüll und Düsseldorf bald melden.

Da stürmt Merle, die junge Polizeimeisterin, in Hansens Stube, wie sie sein Büro immer nennt. Sie hat in dem Fall bisher Akten gewälzt und Berichte verfasst. »Na, Chef, wann werden wir den Biike-Rauch wieder los? Dauert wohl noch, oder? Haben Sie mein E-Bike gesehen? Ich wollte mal kurz zu Hein, der hat sein Burger-Mobil heute in Westerland, Flaniermeile Friedrichstraße **21**.«

»Deine Kollegin Wienke hat sich das Flitzopedal ausgeliehen, ist zum Kurzfilm im Kino mit ihren beiden Töchtern und bald zurück, du kannst den Dienstwagen nehmen für deine Fahrt zu den Sörensens, das sind Winnis Nachbarn. Du musst sie mal in die Mangel nehmen. Waffenschein, Jägerlatein, alles mal abklopfen, lies mal diese zwei neuen Seiten vom Bericht, den du ja kennst. Merle, du hast doch das Schwiegertochterlächeln und wirst auch herausfinden, warum die Frau Sörensen im Rollstuhl sitzt, genau seit drei Jahren. Da kommst du sicher schneller weiter als ich«, sagt der Chef. »Auf dem Rückweg holst du uns zwei Burger-Meister von Hein, hier ist schon mal das Kleingeld. Avocado ist doch dabei, oder?«

»Oh Mann, Chef, wir haben doch alle Hunger, nachher ist er schon wieder woanders, Friedrichstraße, das geht nur für eine Stunde, länger hat er keine Erlaubnis«, quengelt Merle. Hansen schaut sie streng durch seine rote Brille an. »Wenn ich Sie so hilflos gucken sehe, Chef, durch diese Rotalgenbrille, klar, ik skel gans fain rask tö Biins«, schleudert Merle ihrem Vorgesetzten entgegen, ergänzt aber sofort: »Sie sind doch der allerbeste Chef nördlich von Hamburg.«

Hansen zieht den linken Mundwinkel beim Lächeln hoch, schaut sie an und wiederholt den Sölring-Satz auf Hochdeutsch: »Ich gehe ganz schön schnell zu Fuß.«

Merle: »Also Avocado statt Gurke, wird gemacht.«

Es dauert allerdings zwei Stunden, bis die Kollegin wieder eintrifft. Das liegt nicht an der Distanz, denn die Sörensens wohnen nur 500 Meter vom Präsidium entfernt. Sie hat sie zum Plaudern gebracht, wie Hansen vermutet hatte. Als Triumph ihres Ausflugs hält sie drei Tüten in der Hand – einen Burger-Meister mit allen leckeren Zutaten von Dry-Aged-Beef über Mangocreme, Salat, spanischem Käse bis Avocado, einen mit Gurke für sie und einen Soja-Burger. Merle hatte Wienke angerufen und erfahren, dass sie auch jetzt eintrifft. Sie hatte noch eine kurze Verabredung im Künstler Café **22** .

Hansen hat seine Brille zu Blau gewechselt und fragt: »Was sagt der Flurfunk zu diesem Gestell, verehrte Kolleginnen?«

»Wow, Blau ist für uns der Eisvogel, klingt doch nett, oder? Hübscher Titel!«

Hansen schmunzelt. »Brillen sind fürs Betriebsklima doch besser, als ich dachte, ich hätte mir schon eher die fünf Modelle leisten sollen. Also, was wissen wir Neues, Merle?«

Die junge Polizeimeisterin nimmt vor den beiden Platz, fragt schnippisch »Wir?« zurück und plaudert drauflos. Sie hat die beiden ausgefragt. Punkt eins: Frau Sörensen sitzt nach einem Unfall seit drei Jahren im Rollstuhl. Das kam so: Man feierte damals eine heftige Party oben in ihrem Haus, sie tanzten dabei auch Tango. Auch Nachbar Winni war dabei. Er tanzte mit Siegrid. Bei einem dieser Ausfallschritte stürzten die beiden die steile Treppe im Haus hinunter. Winni konnte sich am Geländer festkrallen, Siegrid knallte unten auf. Sie riefen den Notarzt. Sie wurde operiert, stundenlang, aber sie blieb querschnittsgelähmt. Seitdem war Winni nicht mehr zu Gast. Er soll zwar immer wieder sein Bedauern ausgedrückt haben, aber wurde seitdem ignoriert.

Dann blickt Merle von ihrem Protokoll auf und fügt hinzu: »Auffällig für mich war: Sie und ihr Mann betonten, dass sie vor einem halben Jahr wieder auf Winni zugegangen waren, sie versuchten, ihn einzuladen, sie sagten, sie hätten eingesehen, alles war nur ein Unfall, jetzt wollten sie doch wieder Freunde sein. Das kam mir so komisch vor.«

Punkt zwei: Als Jäger war Sörensen über Jahrzehnte ganz aktiv, wie Merle weiter berichtet. Er sei in ganz Schleswig-Holstein zu Jagden eingeladen gewesen, habe Hirsche erlegt und viele Trophäen zu Hause, einige zeigte er ihr stolz. Doch nun habe seine Sehkraft gelitten, wie er beteuerte. Es sei nun Schluss mit Schießen. Auch war er hier im Westerländer Schützenverein **23** aktiv gewesen. Vor 13 Jahren wurde er sogar Schützenkönig. »Alles aus«, hatte Sörensen betont.

Für Hansen ist das nur zum Teil glaubhaft. »Finale, meine Damen, darf ich bitten?«, kündigt er an. Der Kripochef lässt das Ehepaar Sörensen unter dringendem Tatverdacht festnehmen und zum Verhör auf die Wache bringen. Parallel wird eine Hausdurchsuchung durchgeführt, die er schon gestern beantragt hatte. Bedröppelt wie eine Torte bei Hagelschlag sitzen Siegrid und Detlef vor ihm. Er sagt seine Belehrung für die Beschuldigten auf, bietet ihnen Tee an und erzählt ihnen, wie er den Ablauf der Tat vermutet. Sie können gern unterbrechen, wie Hansen meint. Für ihn ist der Auslöser der unbeabsichtigte Sturz von der Treppe vor drei Jahren, die anschließende Querschnittslähmung und die falsche Gewissheit, Winni sei an allem schuld. Siegrid steigerte sich da in etwas hinein, was ihre Lage erklären sollte, sie suchte einen Grund für ihr Übel. Das war Winni. Ihr Mann machte ihm das Leben schwer, schnitt Efeu ab und warf es in sein Porsche-Cabrio, wie er erzählt hatte. Irgendwann kam die Wende, die erneute Annäherung, mit dem klaren Ziel, ihn umzubringen. Sie lockten ihn zum vereinten Reisigsammeln und zur gemeinsamen Fahrt abends in der Dämmerung vom 20. Februar zum Biike-Platz in Westerland. »Die GPS-Daten Ihres Handys, Herr Sörensen, sprechen eine eindeutige Sprache«, betont Hansen. »Die Reifenspuren vom Rollstuhl, Frau Sörensen, haben wir ebenfalls dort identifiziert.« Gerade haben die Kollegen das Gewehr des Jägers im Gartenhaus des Kleingartens seiner Schwägerin sichergestellt und melden es Hansen in die Vernehmung. »Wir haben die wahrscheinliche Tatwaffe«, teilt Hansen mit. Indizien gibt es weitere. Es liegt eine Reihe von Fotos vom Biikebrennen vor, die das Ehepaar zeigen. Es gab aber an, nicht zur Biike gefahren zu sein. Die Hülse des abgefeuerten Geschosses von Sörensens Gewehr lag dicht am Feuer. »Wir konnten sogar Ihren Standort beim Schuss rekonstruieren«, sagt Hansen mit ruhiger Stimme. »Sie erschossen ihn aus etwa zehn Metern, vermutlich, als Winni das Reisig aufhäufte. Die Waffe lag in Ihrem Auto griffbereit. Aber wie haben Sie die Leiche unter den riesigen Holzhaufen geschoben? Das müssen Sie jetzt mal erzählen.«

Die Sörensens schauen sich an. Sie nickt ihm zu, und Detlef beginnt zu erzählen: »Ich hatte eine vorbereitete Holzkonstruktion, sah aus wie ein kleiner Tunnel. Die habe ich im Garten gebaut, hinten in meinen alten Kombi gelegt und schon einen Tag vorher dort eingebaut, überdeckt und den Eingang mit Birkenzweigen unkenntlich gemacht. Es ging sogar etwas nach oben, dahin, wo die Temperatur im Feuer am größten ist«, berichtet Detlef Sörensen, als liefere er eine perfekte Anleitung für den Bausatz eines Höllenofens. Er sei dann vorangekrochen, habe die Leiche auf mitgebrachten glatten Holzleisten und einer Wolldecke wie ein Möbelstück auf Parkett hinter sich hergezogen und sei auf der anderen Seite aus dem Holzstapel wieder herausgeklettert.

»Beim Punktesammeln für das Strafmaß machen Sie jetzt einen großen Fang, wenn Sie ein Geständnis ablegen, beide, Sie als Mörder, Sie als Anstifterin zum Mord«, empfiehlt Hansen. Beide nicken, sagen nichts, unterschreiben schweigend.

Merle und Wienke loben ihren Chef. Der klopft sich nun selbst auf die Schulter und stellt fest: »Nur eines kam mir gleich komisch vor. Hier, lest mal die E-Mail der Phonetiker von eben. Kommt aus Düsseldorf. Es gibt im Kölner Zoo keinen Kondor. Das Tok-tok-tok stammt von einer Entspannungs-App der Bäckerstochter, die bei ihrem Drohanruf im Hintergrund ablief.«

Westerland

Der Hauptort der Insel hat rund 9.000 Einwohner und seit 1948 ein Nordseeheilbad. Mit zahlreichen Geschäften, Lokalen und Bars ist er Zentrum des Trubels. Fast jeder Sylturlauber ist hier mindestens einmal beim Aufenthalt anzutreffen. Biikebrennen bedeutet Hochsaison auf Sylt: Inselweit gehen am Abend des 21. Februar zehn von der Sylter Dorfjugend und Feuerwehr hoch aufgetürmte Holzstöße, die Birken, auf das Stichwort »Tjen di Biiki ön« in Flammen auf und Tausende von Zuschauern, die zuvor als Fackelzug durch die Dünen oder den Ort stapften, stimmen in die Sylter Hymne »Üüs Söl'ring Lön« ein. Danach wird Grünkohl gegessen, der mit Bratkartoffeln und Schweinebacke, Kassler oder Kochwurst serviert wird. Die *MS Adler VI* fährt ab List die Sylter Küste entlang – so zeigt sich von See der Anblick, den die alten Walfänger hatten, als sie damals mit den Biiken von ihren daheimbleibenden Frauen verabschiedet wurden. Es gibt auch eine CD mit friesischen Liedern und Tänzen zu Biikebrennen und Petritag. Das ist der Tag danach, an dem Kinder in Schulen tanzen und feiern. Seit Dezember 2014 gehört das Biikebrennen zum immateriellen UNESCO-Weltkulturerbe.

15 Der Campingplatz Westerland, auch Dünen Camping Sylt genannt (Rantumer Str., 25980 Sylt), ist besonders bei Wohnwagenbesitzern beliebt – wegen der Nähe zu Westerland und zum Strand. Geöffnet ist der Platz von Ende März bis Ende Oktober. Auch bei Nicht-Campern beliebt ist die *Osteria S52 Seaside* wegen ihrer vielfältigen Küche.

16 Der Sylter Shanty-Chor tritt an verschiedenen Orten zu Konzerten auf. Oft ist er in der Musikmuschel der Promenade zu hören, manchmal auch im Alten Kursaal im Westerländer Kurhaus (Andreas-Nielsen-Str. 1, 25980 Sylt) zu erleben. Dieses wurde 1898 eingeweiht und ist seit 1934 auch Sitz der Stadtverwaltung.

17 Minigolf (Gaadt 33, 25980 Sylt) wird hier auf 18 tiefroten, modernen Bahnen zwischen Berberitzen und grünem Rasen gespielt. Das Sylt-Aquarium liegt in Sichtweite.

18 Sylt-Aquarium (Gaadt 33, 25980 Sylt) – ein spannendes Revier mit 18 Schaubecken und einem Unterwassertunnel. Tropenfische und ein Hai ziehen ihre Bahnen, aber es ist von den rund 1.000 Meeresbewohnern auch viel über das Leben in Nordsee und Wattenmeer zu erfahren. Ein Restaurant im Haus rundet den Erlebnisaufenthalt ab.

19 Die *Sylter Welle* (Strandstr. 32, 25980 Sylt) ist das Ziel fast aller Familien, denn es gibt einen Bade-Spaß mit Rutschen, Meerwasser-Wellenbad, Strömungsbecken und weiteren Becken innen wie außen zum Schwimmen. Die Saunalandschaft ist umfangreich und nahe am Sandstrand gelegen, allerdings gibt es keinen Zugang zum Meer. Die Vielzahl der Saunen zieht sich bis in die Grotte hinab und bietet für viele Stunden abwechslungsreiche Entspannung.

20 Vier klimatisierte Säle mit neuester Technik sind in der *Kinowelt Westerland* (Strandstr. 9, 25980 Sylt) zu finden. Neben einem umfangreichen Kinofilmprogramm sind Liveübertragungen großer Sportereignisse oder auch Kinderkino zu sehen.

21 Flaniermeile Friedrichstraße – das ist die rund einen halben Kilometer lange Verbindung vom Bahnhof Westerland zum Strand. Fast alle Gäste schauen sich hier um, denn es gibt zahlreiche Cafés, Restaurants, fast immer neue Läden neben den alt bekannten und natürlich viel zu sehen.

22 Das Künstler Café Sylt (Boysenstr. 9, 25980 Sylt) bietet zu Kaffee und Tee auch Wein und Whisky, aber vor allem eine Auswahl von Kunstwerken an den Wänden.

23 Der Westerländer Schützenverein (Gaadt 31, 25980 Sylt) setzt seine Tradition von 1890 fort. Für Gäste, die das Sportschießen lieben, gibt es Übungszeiten. Montags und donnerstags laden die Schützen des Schützenvereins jede und jeden zum Schießen in ihr Vereinshaus neben dem Sylter Aquarium ein.

4. AUSTERNBÄNKE SCHWEIGEN

Wie in List Naturschützer, Familienfehden und Chinesen einen gefährlichen Cocktail bilden

Wilko Wolff sitzt auf der sonnigen Terrasse im windgeschützten und großzügigen Garten seines reetgedeckten Friesenhauses im Süderheidetal. Die kleine Siedlung gehört zu List, der nördlichsten Gemeinde in Deutschland, liegt südlich der Wanderdünen der Sylter Sahara 24 und nahe der Blidselbucht 25 . Nur dort werden in Deutschland Austern gezüchtet. Vor Wilko stapeln sich Aktenordner auf dem Tisch. Über das gelungene Foto und den erstklassigen Bericht heute über ihn und seine Firma *Golden Oyster* auf der Titelseite der Zeitung kann er sich trotz des perfekten Idylls um ihn herum nicht freuen.

Schon die Überschrift hätte ihn normalerweise in Champagnerlaune versetzt: ›Sylter Auster beflügelt unseren Einzelhandel.‹ Trotzdem liest er den Artikel noch einmal quer:

Chinesische Touristen kaufen Luxusgeschäfte auf Sylt leer. Sylter Bürgermeisterin spricht Wilko Wolff, Mitarbeiter der Austernfirma *Golden Oyster* in List, ihren Dank und ihre Anerkennung aus. Die Sylter Auster ist zu einem der beliebtesten Statusobjekte bei chinesischen Geschäftsessen geworden. Wer im Land der aufgehenden Sonne etwas auf sich hält, für den gehört eine Stippvisite auf Sylt zum guten Ton. Swantje Brackwedel, Sylts neue Bürgermeisterin, freut sich besonders, dass die exklusive viertägige Minikreuzfahrt mit dem Luxussegelschiff *Sea Cloud II* von Hamburg nach List und zurück bei Chinesen so beliebt ist. Denn immerhin bleiben die Gäste dabei zwei volle Tage auf Sylt. Sie kommen also wegen der Auster und verlassen die Insel mit Taschen und Uhren von Gucci, Cartier und Louis Vuitton.

In diesem Sinne wird auch die Bürgermeisterin in dem Artikel zitiert. Ach Swantje, denkt Wilko, wenn es doch alles nur wirklich so einfach wäre.

Lustlos greift er zu seinem Smartphone und schickt eine Kurznachricht an seinen Freund Hauke Jansen, Chef des Sternerestaurants *syltstar*. ›Moin, Hauke, brauche dringend frischen Wind und guten Rat. Lust und Zeit auf 'ne Runde Golf um 10.00 Uhr? Gruß, Wilko.‹ Die Antwort kommt prompt. ›Ja, gerne. übrigens: cooles foto und klasse bericht heute von dir in der zeitung. glückwunsch. bis gleich.‹

Gleich am ersten Abschlag, mit Blick auf den Kampener Leuchtturm 26 , platzt es aus Wilko heraus. »Ich habe keine Ahnung, wie das passieren konnte. Ein Großhändler vom Festland ist pleitegegangen. Mein Mitarbeiter Hinnerk Sondermann, den kennst du doch, der hat sich von dem so lange vertrösten lassen, bis wir jetzt selbst in Zahlungsschwierigkeiten sind. Mehr als 100.000 Euro schuldet der mir. Die letzten Löhne und Gehälter konnte ich schon nur nach zähen Verhandlungen mit der Bank zahlen. Und jetzt habe ich ein echtes Problem.« Wilko macht eine kurze Pause und holt tief Luft. »Die neuen Austernsetzlinge aus Irland müssen in zwei Tagen bezahlt sein, und ich habe keine Idee, wie ich das hinkriegen soll.«

Sein Freund Hauke erwidert: »Aber dafür habt ihr doch extra das Konto in Irland. Hinnerk hat die Rechnungen aus steuerlichen Gründen immer gesplittet und einen Teil auf ein irisches Konto anweisen lassen. Hinnerk sagte immer, das hätte steuerliche Gründe, dass wir jeweils zwei Rechnungen für eine Lieferung von euch bekamen.«

Wilko ist etwas geschockt, denn von einem Konto in Irland weiß er nichts, sagt aber jetzt lieber nichts dazu. Er spielt die Runde unkonzentriert zu Ende. Fünf Golfbälle lassen sich nicht wiederfinden. Mürrisch und wortkarg verabschiedet sich Hauke.

Frauke Geertsen plagt mal wieder ihr Rückenleiden. Das Schleppen der schweren Fischkisten bis vor zehn Jahren hat Spuren hinterlassen. Und heute von Hartz IV leben zu müssen, ist wahrlich keine Freude, erst recht nicht auf Sylt. Frauke Geertsen legt die Zeitung beiseite und wettert, für alle gut hörbar, im Wartezimmer von Frau Doktor Sabine Leukefeld in List. »Erst treibt die Wolff-Sippe nach und nach unsere Familie in den Ruin, dann die Miesmuscheln und jetzt spielt sich Wilko auch noch als Retter des Sylter Handels auf. Dabei haben echte Sylter Läden, Hotels oder Restaurants doch gar nichts von diesen verdammten Kreuzfahrttouristen.«

»Mensch, Frauke«, versucht die pensionierte Erzieherin Beeke Agena sie zu beruhigen, »eure Familienfehde, das ist doch alles schon so lange her. Und um mal eine Lanze für die von Wilkos Firma ins Wattenmeer eingeschleppten Austern zu brechen: Mein Hannes hat mir neulich erzählt, dass die Biologen im Alfred-Wegener-Institut **27** jetzt entdeckt haben, dass die Miesmuscheln mittlerweile zwischen und sogar unter den Pazifischen Austern bestens leben. Das Nahrungsangebot sei für die Muscheln da zwar schlechter, aber die Miesmuscheln sind dort wesentlich besser vor Fressfeinden geschützt.«

»Und ich habe in der letzten Meereszeitschrift gelesen«,

ergänzt eine weitere Wartende, »dass Seesterne mittlerweile sogar gelernt haben, junge Pazifische Austern zu fressen, und diese jetzt gegenüber Miesmuscheln sogar bevorzugen.«

»Ach, ihr Fuulpuuper, hat der böse Wolff euch jetzt auch alle um den Finger gewickelt?«, bölkt Frauke erbost in den Raum und verlässt wutschnaubend die Praxis. Fuulpuuper ist Sylter Friesisch und bedeutet so viel wie »Klugscheißer«.

»Die Frauke es sa dum üs en Skruk.« Sie ist so dumm wie eine Auster, ruft ihr noch jemand hinterher, aber das hat Frauke zum Glück schon nicht mehr gehört. Sie schnappt sich ihr Fahrrad und fährt durch den Lister Urwald, weiter auf der Privatstraße des Ellenbogens **28**, vorbei an den beiden Leuchttürmen List-West und List-Ost. So wie sie es immer macht, wenn sie nicht weiß, wohin mit ihrer Wut. Und das kommt bei Frauke Geertsen oft vor.

Schon der Anblick der freilaufenden Schafe mit ihrer eingebauten Vorfahrt dort lässt sie normalerweise ruhiger werden. Die Selbstverständlichkeit, mit der sie sich den Menschen mit ihren dicken Gelände- oder Sportwagen in den Weg stellen, imponiert ihr. Und oft muss sie dann an ihre Großmutter denken. »Ein Geertsen ist gemächlich und stur wie ein Schaf. So trotzen wir auch dem Wolff im Schafspelz«, lautete ihre Durchhalteparole, wann immer sie sich wieder gegenüber der verfeindeten Fischerfamilie Wolff benachteiligt fühlte.

Frauke Geertsen erscheint die Landschaft hier am nördlichsten Punkt Deutschlands elementar, die Wirkung von Sonne, Wind und Salz unmittelbar, irgendwie anders als irgendwo sonst auf der Insel. Und spätestens wenn sie an der einsamen Spitze des Ellenbogens steht, dort, wo das ruhige Watt auf die Westwinde und die starken Strömungen der Nordsee trifft, glätten sich ihre emotionalen Wogen normalerweise wieder.

Doch heute nicht. Wie die sich oft im späten Frühjahr auftürmenden Schaumberge am Meeressaum schäumt auch Fraukes Wut noch weiter: Die für den Menschen harmlosen Schaumalgen hat es zwar schon immer in der Nordsee gegeben, aber erst seit der Mensch die Meere mit phosphor- und nitratbelasteten Abwässern verseucht, ist die Algenblüte zur Plage geworden, wenn auch für Menschen unschädlich. Frauke betet sich wie ein Mantra vor, dass auch der Raubbau an den Miesmuschelbänken im Gezeitenbereich dazu beitrage und die ihr so verhasste Austernzucht sowieso an fast allem schuld sei. Mit der Einsamkeit ist es heute auch nicht weit her. Mehrere Hundert Schaulustige stehen an der Spitze des Ellenbogens, um eines dieser riesigen Kreuzfahrtschiffe zu bewundern, die hier langsam vorbeiziehen und dann vor dem Königshafen **29** ankern.

»Mann, Mann«, hört Frauke sich laut sagen. Der Großsegler, der da auf das Lister Tief zusteuert, ist auch für sie beeindruckend. Aber, holt sie sich in die Realität zurück, es ist eine Luxusjacht. Es ist ein Windjammer, der austernfressende chinesische Geschäftsleute anlandet. Ach, was für ein Jammer. Und wem nützt das alles? Natürlich dem »Wolff im Schafspelz«, setzt sie ihr gedankliches Gejammere fort und muss unweigerlich wieder an Wilkos überhebliches Grinsen auf dem Titelbild in der Zeitung heute denken, ihres Erzfeindes seit Kindertagen. Jetzt habe ich schon so viele Therapiestunden in diese Familie investiert, und noch immer kann mich einer von denen so in Rage bringen, dass ich... Frauke atmet kurz durch, versucht, ihre Gedanken in eine konstruktivere Bahn zu lenken. Okay, Wilko, wendet sie sich gedanklich ihrem Erzfeind wieder zu, da will ich dir mit meinen 54 Jahren und meinen Freunden von der Umweltinitiative doch mal eine kleine Lektion erteilen. Sie freut sich über ihren Plan und schaut gedankenverloren über die Nordsee in Richtung der dänischen Insel Rømø 30 .

Am nächsten Morgen ist Merrit früh wach. Sie ist total aufgeregt. Endlich kann sie ihre erste Führung zu den Austernbänken mit anschließender Wattwanderung zurück zum Lister Hafen 31 alleine leiten. Als Lehramtsstudentin für Biologie im vierten Semester weiß sie viel über Ebbe und Flut, kann großen und kleinen Besuchern mit einfachen Worten erklären, wo der Wattwurm lebt und warum das Wattenmeer 32 zum UNESCO-Weltnaturerbe wurde. Mehrmals schon hat sie bei dieser Führung hospitiert und kann nun auch fachkundig Auskunft geben, welcher Wein zu Austern und Algensalat passt, weshalb Gourmets aus der ganzen Welt auf diese nach ihrer Meinung glitschigen, salzigen Dinger stehen und dafür unglaublich viel Geld bezahlen. Jedenfalls sieht das aus Sicht ihres studentischen Budgets so aus.

Sie begrüßt ihre kleine Gruppe in List vor dem Erlebniszentrum Naturgewalten 33 . »Klasse, wir sind schon vollzählig, und das zehn Minuten vor der Zeit.« Sie schaut den Gästen auf die Füße und ergänzt: »Wer keine Gummistiefel oder wasserfeste Sandalen dabei hat, kann die jetzt noch bei uns ausleihen. Die Schalen im Watt hinterlassen sonst leider einschneidende Erlebnisse.« Merrit erzählt noch von den Gourmets, die sagen: Das sind die besten Austern der Welt. Und selbst französische Köche sind von dem »nussigen, feinherben, salzarmen« Geschmack und dem »überraschend hohen, festen Fleischanteil« der Sylter Auster begeistert.

Merrit ist mit ihrer ersten Ansprache mehr als zufrieden. Pünktlich um 10.00 Uhr ist die Gourmet-Wattwandergruppe an der Bushaltestelle, von wo sie den Bus der Linie 1 bis zur Haltestelle Westerheide/Blidsel nehmen. Vorbei an schicken Reethäusern geht es ins Watt zu den Austernbänken in der Blidselbucht, die sie gegen 10.20 Uhr bei Niedrigwasser erreichen. »Hier wohnen übrigens viele Superreiche, die keiner kennt, aber auch ein bekannter Fernsehmoderator«, hat Merrit von ihrem Kollegen gelernt und erzählt das auch fröhlich.

Dann landet Merrits Vortrag bei den Austern. »Schon bei den Römern waren Austern besonders begehrt und fester Bestandteil bei den Feiern der Schönen und Reichen. Eigentlich hat sich also gar nicht so viel geändert.« Merrit macht eine kleine Pause und erläutert: »Dem römischen Kaiser Vitellius wird zum Beispiel nachgesagt, dass er 1.000 Austern bei einem einzigen Mahl verschlungen hat. Er wollte wohl mit diesem mächtigen Aphrodisiakum die Liebesgöttin Venus auf seine Seite ziehen.«

Während Merrit beim Fußmarsch zu den Austernbänken weiter von der hohen Qualität der Austern und dem sehr sauberen Wasser, das ständig geprüft werde, erzählt, durchdringt ein hysterisches Geschrei die liebliche Wattlandschaft. Alle blicken hoch auf die abseits stehende Frau aus der Gruppe, die so lautstark auf sich aufmerksam macht und wild gestikuliert. Merrit eilt zu ihr, hält sich die Hand vor den Mund und bleibt starr vor Entsetzen stehen. Vor den beiden liegt regungslos ein Mann mit einem Messer im Leib.

»Herrschaftszeit'n«, kommentiert ein weiterer Wattwanderer das Geschehen und greift zu seinem Handy. »Grüß Gott, Henry. Hier ist der Alois, Alois Mühlbauer. I bin doch ab morgen für vier Wochen bei euch als Verstärkung im Rahmen des Bäderdienstes«, erklärt er kurz.

»Moin, Alois, ja, wir freuen uns schon auf dich. In der Saison ist bei uns ja leider mehr los, als die Polizei erlaubt«, antwortet der Kripochef von Westerland fröhlich. »Schön, dass du dich meldest. Wir holen dich am Bahnhof ab. Wann triffst du ein?«

»Passt scho, Henry. I bin scho auf de Insel, du.« Alois holt kurz Luft und versucht, in seinem besten Hochdeutsch weiterzureden. »Und i hab auch scho a Meldung zu machen: Toter Mann im Watt vor List, genauer g'sagt, in der Blödseilbucht oder wie dees hier heißt. I bin scho gestern o'gereist, wollt a bisserl was kennenlernen und hab a Wattwanderung mit Austernschmaus gebucht. Jetzt gibt's hier auf einmal 'nen Toten, da hat aber einer nachgeholfen. Des is mal klar. Dem steckt a Messer in der Brust«, beendet Alois seinen kurzen Bericht mit einem Seufzer. Seine Freizeitplanung kann er wohl über den Haufen werfen.

»Alois, ich bin gerade auf dem Festland, besuche meine Mutter im Seniorenstift in Büsum und komme erst übermorgen zurück.« Henry macht eine kurze Pause und überlegt. Vielleicht sollte er besser seine freien Tage sausen lassen und sich sofort selbst um den Fall kümmern? Er ist sich sicher, dass die »Flitzpiepe vom Festland«, wie Hansen seinen Vorgesetzten, den Polizeioberrat Dr. Sattler im Landeskriminalamt in Kiel, gerne abwertend nennt, und auch die verehrte Bürgermeisterin Swantje Brackwedel erwarten, dass er zur Stelle ist. »Alois«, setzt Hansen das Telefonat fort, »ich habe hier dringende Sachen zu regeln. Vielleicht schaffe ich es aber auch schon, morgen zurück zu sein. Meine Kollegin Wienke Sondermann wird den Fall bearbeiten. Die rufe ich gleich an. Und die Spurensicherung organisiere ich auch. Kannst du bis dahin die Schaulustigen fernhalten?«

»Des passt scho, Henry. Pfiat di«, beendet Alois das Gespräch.

Wienke Sondermann beendet genervt das Telefonat mit ihrem Chef Henry Hansen. Obwohl sie gerade total angespannt und am Ende ihrer Kräfte ist, hat sie gestern die Party beim Windsurf World Cup mit ihrer Kollegin Merle zusammen am Brandenburger Strand **34** in Westerland genossen. Es war schön, mal wieder ausgelassen zu flirten. Das Singleleben bietet herrliche Freiheiten. Völlig unausgeschlafen musste sie dann heute Morgen die lautstarken Streitereien ihrer beiden Töchter Nele und Nora ertragen. Dann bat Noras Grundschullehrerin Wienke auch noch mit einem scharfen Unterton in der Stimme »um ein Gespräch in aller Ruhe, möglichst zu dritt mit dem Vater von Nora«. Das lässt absolut nichts Gutes erahnen – und jetzt auch noch ein Mordfall. Seit sie sich vor zwei Jahren von ihrem Mann Hinnerk Sondermann getrennt hat, fühlt sie sich wie in einem Hamsterrad. Ich brauche dringend eine Auszeit, denkt sich Wienke, während sie sich auf ihr Fahrrad setzt und zur nahegelegenen Blidselbucht radelt. Aber andererseits, überlegt sie dabei, könnte das auch meine Chance für einen Aufstieg in unserem Revier sein. Hansen verpisst sich, und ich zeige denen in Kiel mal, wie gut es ohne ihn laufen kann.

Als Wienke an der Blidselbucht ankommt, ist der Bereich schon weiträumig abgesperrt. Den Toten erkennt sie sofort. Es ist Wilko Wolff, Geschäftsführer der Austernfirma *Golden Oyster*. Den kennt in List fast jedes Kind. Völlig unpassend zur Situation huscht ein Lächeln über ihr Gesicht. Sie freut sich, dass Hansen frühestens morgen in die Ermittlungen einsteigen wird. Denn bis dahin wird sie den Fall gelöst haben, da ist sie sich sicher.

»Moin, ich bin Wienke, Wienke Sondermann«, spricht sie den ihr unbekannten Mann neben der Leiche an. »Sind Sie Alois?« Dieser nickt nur, und Wienke redet weiter drauflos. »Na,

dann erzählen Se mir doch kurz, was so passiert ist, und dann genießen Se man noch Ihre restliche Freizeit hier. Ab übermorgen bleibt dafür ja nicht mehr so viel Zeit.«

Alois erzählt brav alles, was er gesehen und gehört hat, ist zwar etwas verwundert, dass sie ihn nicht sofort in die Ermittlungen einspannt, freut sich aber über seine schon verloren geglaubten Urlaubsfreuden. Wienke gibt ihm noch Tipps für seinen freien Nachmittag in List und den Tag darauf. »Also, Sie sollten unbedingt eine kleine Wanderung um die Spitze unseres Ellenbogens machen. In Anschluss empfehle ich zur Entspannung einen Besuch der Strandsauna 35 am Weststrand; sich hinterher in die Wellen der Nordsee zu stürzen, ist selbst für mich immer wieder genial. Das Erlebniszentrum Naturgewalten ist natürlich auch klasse, und vielleicht findet morgen auch eine Führung zur Sylter Sahara statt, den einzigen Wanderdünen Deutschlands. Da kommt man nämlich nur mit Sondergenehmigung hin. Zum Essen lege ich Ihnen unser Sternerestaurant *Syltstar* ans Herz. Nicht gerade billig, aber die Austernvariationen dort sind ein Gedicht und das Sylter Meersalz **36** können Sie da auch gleich kaufen, für mich das beste Salz der Welt. Aber ich bin als Sylterin natürlich auch nicht so ganz objektiv!«, schmunzelt Wienke und überlegt kurz. »Richten Sie dem Chef Hauke Jansen meine besten Grüße aus und sagen Sie, dass Sie unser Polizeirevier verstärken werden. Dann wird es auf jeden Fall günstiger«, beendet Wienke ihren Vortrag und fügt noch einen Seitenhieb auf ihren Chef an, den sie sich nicht verkneifen will. »Tja, Alois, ich hätte Ihnen ja gerne ein bisschen was von List gezeigt. Schließlich bin ich hier geboren. Aber mein Chef Henry Hansen zieht es ja vor, trotz eines Mordfalles frei zu machen. Da bleibt mir jetzt leider keine Zeit … Aber wenn du Fragen hast, ich bin übrigens Wienke, wir duzen hier gern, ruf mich doch an. Hier ist meine Telefonnummer.«

Wienke radelt direkt zur Wohnung von Frauke Geertsen. Sie öffnet sofort, als hätte sie darauf gewartet. Die Polizistin blickt auf eine Frau mit zerzausten Haaren, bekleidet mit einem Jogginganzug, der seine besten Jahre im vorigen Jahrhundert hatte. Mit offenem Mund starrt Frauke die ihr bekannte Polizistin an.

»Moin, Frau Geertsen, darf ich reinkommen? Ich bin dienstlich hier und hätte da ein paar Fragen an Sie. Es geht um Wilko Wolff.«

»Um das A…?« Frauke beißt sich auf die Zunge und fängt den Satz noch einmal an. »So, so, die Polizei kommt zu mir wegen dem Wolff. Was hat er denn verbrochen? Kümmert sich die Polizei endlich mal um die illegalen Arbeiter in seiner Firma? Oder um die miesen Machenschaften, mit denen die Sippe unsere Familie und die Fischerei ruiniert hat? Oder hat der noch ganz anderen Dreck am Stecken?«, platzt es aus Frauke heraus. »Na, da komm man rein. Willste 'nen Tee mittrinken?«

»Mensch, auf Ihrem Balkon blüht es ja prächtig! Beneidenswert, mir fehlt leider der grüne Daumen«, bemerkt Wienke anerkennend, als Frauke Geertsen die Kommissarin in das kleine, schlicht eingerichtete Wohnzimmer mit kleinem Balkon zum Hinterhof führt.

»Ja, mein ganzer Stolz. Ich wähle jedes Jahr einen anderen Farbton dafür. Dieses Jahr habe ich mich für Blau und ein zartes Lila entschieden. Aber nun schieß mal los. Ich bin ganz gespannt, warum Wilko endlich mit der Polizei zu tun hat.«

»Na ja, zu tun hat er nichts mit uns, eher wir mit ihm. Wilko ist nämlich tot.« Wienke beobachtet genau, wie ihre Gesprächspartnerin diese Nachricht aufnimmt.

»Oh, da muss ich mich aber auch erst mal setzen«, ist Frauke sichtlich überrascht. »Wie konnte das denn passieren?«

»Wir stehen erst am Anfang der Ermittlungen. Deshalb habe ich ja auch ein paar Fragen an Sie, Frau Geertsen. Wie muss ich mir denn Ihre Beziehung zu Wilko, also dem A…, so vorstellen?«

»Ach, ich bin fertig mit dem. Das weiß doch jeder hier in List. Der Clan hat uns um unsere Existenz gebracht und sich selbst 'ne goldene Nase verdient. Wir haben in unsere Fischerboote investiert und dafür unsere Grundstücke verkauft, haben Kutterfahrten und Krabben-Pul-Seminare für

Touristen angeboten, aber eingenommen haben wir immer weniger. Wir kriegten doch kaum noch was für unseren Fisch. Uns ging rasch das Geld aus. Konkurs, weißt du doch.«

Wienke nickt. Frauke erzählt weiter: »Die Wolff-Sippe dagegen hat sich erst unsere Grundstücke unter den Nagel gerissen, dann die Fischimbisse aufgemacht und so getan, als hätten sie das alles selbst gefischt und zubereitet, was sie da verkaufen. Und dann haben die hier auch die Austern eingeschleppt. Nicht die Europäische, die hier mal gelebt hat, nee, die Pazifische, weil sie sich einfacher züchten lässt. Dass die aber unseren Miesmuscheln das Wasser abgraben, das interessiert ja keinen. Hauptsache, das Geschäft brummt und die Touristen können Austern und Champagner schlürfen.« Frauke Geertsen hat sich wieder einmal in Rage geredet.

»Frau Geertsen«, hakt Wienke nach, »Sie haben doch gestern im Wartezimmer von Frau Doktor Leukefeld einen Ihrer cholerischen Anfälle gehabt, wenn ich das mal so klar sagen darf. Ich stand da zufällig an der Anmeldung mit meiner kleinen Tochter Nele. Ihren Wutanfall konnte man ja gar nicht ignorieren. Und dann hätten Sie mich sogar noch fast umgerannt, als Sie wutschnaubend die Praxis verließen.« Wienke schaut der 54-jährigen Geertsen in die Augen, die aber jegliche emotionale Regung vermissen lässt. »Was haben Sie denn nach dem Verlassen der Praxis bis heute Morgen gemacht?«

»Glauben Sie etwa, ich hätte den Mistkerl umgebracht?«, antwortet Frauke mit einem hämischen Grinsen. »Nein, so viel Courage habe ich leider nicht. Nichts, was ich mir lieber gewünscht hätte. Aber damit habe ich nix zu tun.« Frauke schaut der Polizistin weiter scheinbar teilnahmslos in die Augen.

»Und was haben Sie nun gemacht von gestern Mittag bis heute Morgen?«, hakt Wienke nach.

»Nachdem ich Sie da also fast umgerannt hätte, bin ich direkt zum Ellenbogen geradelt. Dabei kann ich meine Wut immer am besten loswerden. Gestern ging das nur so halb. Diese vielen Ich-habe-ein-Kreuzfahrtschiff-gesehen-Typen haben mich genervt. Und dann hatten die noch nicht mal ihre Hunde angeleint, obwohl das doch wegen der Schafe dort Vorschrift ist. Na, die habe ich zur Sau gemacht. Danach bin ich zurückgefahren. Nachmittags hatte ich Freunde bei mir zu Besuch wie jeden Mittwoch. Wir haben ein spontanes Treffen, die sagten immer Wischmob oder so, an den Austern-Bänken für nächsten Sonntag geplant. Das wird was Größeres, das kommt in die Zeitung.«

»So, so, einen Flashmob.« Wienke hatte zwar schon von Flashmobs gehört, diese aber eher unter Spaßveranstaltungen abgespeichert. »Was hattet ihr denn da geplant? Und wer war mit dabei?«, erkundigt sich Wienke.

»Auf jeden Fall nix, was verboten wäre, keine Sorge, Frau Kriminalkommissarin. An den Details arbeiten wir aber noch. Danach war ich übrigens so müde, dass ich sofort ins Bett gegangen bin. Das muss so gegen 23.00 Uhr gewesen sein. Und Gott sei Dank habe ich auch mal durchgeschlafen.«

Nachdem Wienke sich die Namen der Flashmobber aufgeschrieben hat, verabschiedet sie sich höflich und ahnt, dass sie diesen Fall doch nicht so schnell wie erhofft lösen wird. Ganz im Gegenteil: Notgedrungen wird sie nun ihren Exmann befragen müssen.

»Nicht nachdenken, einfach losfahren«, macht sich Wienke selber Mut und radelt die Hafenstraße entlang, vorbei am Gedenkstein für Wolfgang von Gronau **37** . Ihr Magen knurrt, und erst da bemerkt sie, dass sie noch nichts gegessen hat. Sie stoppt an der Alten Tonnenhalle **38** , verschlingt ein Krabbenbrötchen und fährt weiter zum Firmensitz der *Golden Oyster*.

»Hallo, Hinnerk, keine Sorge. Ich bin beruflich hier. Obwohl es auch privat gerade eine Menge zu besprechen gäbe«, gibt sich Wienke bewusst souverän.

Hinnerk kramt nervös in seiner Hosentasche. »Mien Wienke, schön dich zu sehen. Wo geiht di dat? Ich wünschte, ich könnte so manches …« Weiter kommt Hinnerk nicht, denn Wienke unterbricht ihn schroff.

»Hinnerk, ich bin beruflich hier. Also, was kannst du mir zu deinem Chef Wilko Wolff erzählen?«

»Was willst du wissen? Zu Wilko muss ich dir ja nicht viel erzählen. Nach meiner Insolvenz damals vor fünf Jahren wollte mich doch keiner anstellen, wie du weißt. Wilko aber gab mir 'ne Chance. Dafür werde ich ihm immer dankbar sein. Und heute sind wir ein gutes Team. Ich mache das Kaufmännische, er kümmert sich um Vertrieb, Marketing, PR und so was. Und ohne mein gutes Einkommen wäre ja auch der Surfunterricht für unsere kleinen, süßen Prinzessinnen wohl kaum finanzierbar.«

»Hinnerk, Wilko ist tot, wahrscheinlich wurde er ermordet. Hast du eine Idee, ob er Feinde hatte?« Wienke versteht es, Pfeile zu verschießen und genau hinzuschauen, wie sie einschlagen. Ihr Exmann ist sichtlich getroffen. Aber ist das echt?

»Tot? Ermordet? Da muss ich mich erst mal setzen.«

Hinnerk geht zu seinem Besprechungstisch und bietet auch Wienke einen Platz an. Sie erzählt kurz, wo er gefunden wurde, und lässt bei ihrer Befragung kaum Pausen.

»Na ja, Feinde, weiß ich nicht. Aber Neider hatte der ja genug. Nicht zuletzt die Geertsens, aber das weißt du ja. Dann gibt es noch die Leiharbeiter, die bei uns immer mal wieder für bessere Arbeits- und Wohnbedingungen streiken. Ach so«, plaudert Hinnerk so vor sich hin, »und die selbsternannten Umweltschützer haben ihn ja auch auf dem Schirm. Da fällt mir ein, auf seinem Schreibtisch habe ich heute einen seltsamen Umschlag entdeckt. Komm mit, der liegt in seinem Büro.«

Wienke tastet an dem an Wilko Wolff adressierten Umschlag herum und zieht den gestrigen Zeitungsartikel über ihn heraus. Darunter steht in bunten Druckbuchstaben:

›Ausländer raus aus dem Wattenmeer und runter von der Insel. Schluss mit Austern vor Sylt. Miesmuscheln sterben. Schluss mit Luxustouristen. Sylt den Syltern. Es reicht! Wir haben mordsmäßige Verbindungen.‹

Wienke steckt den Artikel zurück in den Umschlag und lässt diesen in einen Plastikbeutel gleiten, den sie für alle Fälle immer in ihrer Tasche hat. »Das nehme ich mit. Vielleicht lassen sich Fingerabdrücke oder andere Spuren darauf entdecken. Und wann hast du deinen Chef das letzte Mal gesehen?«

»Gestern. Er kam gegen Mittag ins Büro. Das ist nicht ungewöhnlich. Der geht morgens oft 'ne Runde golfen. Wir besprachen dann so dieses und jenes und fuhren in seinem Auto zu den Austernbänken. Danach gab es bei mir noch einen Tee, und gegen 16.00 Uhr ist er wieder gefahren. Keine Ahnung, was er noch so vorhatte. Ich zumindest bin dann zu Hause geblieben und habe am frühen Abend noch einen Spaziergang zum Hafen und zurück gemacht.« Hinnerk ist froh, seine Fassung wiedergewonnen zu haben.

Wienke beschließt, nicht mehr in die Dienststelle zu fahren. Die Flashmobber kann sie genauso gut von zu Hause aus für morgen einbestellen und Merle kann sie auch anrufen und bitten, diese »selbsternannten Umweltschützer«, wie Hinnerk sie nannte, schon mal auf Vorstrafen zu prüfen. Sie braucht dringend eine Pause und in einer Stunde stehen auch schon ihre Töchter vor der Tür, denen sie für heute Nachmittag eine Piratenfahrt versprochen hat. Das hat sie jetzt schon so oft verschoben, sie kann die beiden nicht schon wieder enttäuschen.

Am nächsten Morgen wird Wienke vom Klingeln ihres Telefons geweckt. ›Unbekannter Teilnehmer‹.

»Moin, Alois, toll, dass Sie es sind. Unbekannter Teilnehmer verheißt ja oft nichts Gutes, äh, hattest du einen schönen Tag gestern?«, fragt Wienke sichtlich erleichtert.

»Ja mei, mit so guade Tipps. Des war a klasse Tag. Und Austernfan bin i aa gewoadn. Der Hauke im Restaurant *syltstar* hat mi a Menü empfohlen. Ja mei, so guad hab i noch nie gegessn. Aber weshalb i anruf. Der Hauke war gestern mit deinem Toten am Morgen noch Golfspielen. Vuilleicht ist des ja interessant für euch.«

»Auf jeden Fall, danke Alois. Dann werde ich da nachher gleich mal vorbeifahren. Genieß die Insel heute noch. Wir sehen uns dann ja bestimmt morgen auf dem Revier.«

»Measse, Wienke. I mach heut noch a Kleine Inselrundfahrt **39** und am Namidog die Austernbank-Tour **40** mit dem Schiff. Hoffentlich gibt das nich wieder eine mords-

mäßige Übaraschung. Na und dann hier dees Sylter Eis-
manufaktur-Ding **41**. Da schleck i mir was.«

Dass sich Hansen gar nicht meldet und sich nach den
Geschehnissen erkundigt, wundert Wienke doch sehr.
Auch die Bürgermeisterin gibt Ruhe. Komisch, denkt sich
Wienke, die ist doch sonst die Erste, die Angst um den Ruf
der Insel hat und rumnervt, wann denn endlich mit Ergebnissen zu rechnen sei. Bei der Party vorgestern habe ich
sie auch gar nicht gesehen. Das lässt die sich doch sonst
auch nicht entgehen.

Wienke greift zu ihrem Telefon. »Moin, Chef. Hier ist
Wienke. Ich wollte mal hören, wann denn mal so mit Ihrer
Rückkehr zu rechnen ist.« Der spöttische Unterton ist auch
für Henry Hansen nicht zu überhören.

»Gut, dass du anrufst. Gerade wollte ich mich melden.
Also, heute schaffe ich es nicht. Der Umzug meiner Mutter in das Seniorenstift, ihr schlechter Gesundheitszustand,
ich kann hier nicht weg. Aber die Ermittlungen sind ja bei
dir auch in den allerbesten Händen. Ich bin dann morgen
früh so gegen 10.00 Uhr auf dem Revier. Was wissen wir
denn bis jetzt?«

»Der Tote ist Wilko Wolff, Inhaber der Austernzuchtfirma.
Die Todesursache bekommen wir im Laufe des Vormittags.
In seiner Brust steckte ein Austernmesser. Aber daran stirbt
man, glaube ich, nicht zwangsläufig, die Dinger sind ja nicht
wirklich scharf und die Klingen viel zu kurz. Es gibt eine
Verdächtige, na ja, zumindest eine, die einen tierisch großen Hass auf den Toten hatte: Frauke Geertsen. Aber die
hat bis jetzt ein wasserfestes Alibi für den fraglichen Zeitraum. Dann gibt es noch unzufriedene Leiharbeiter und

ein paar Umweltaktivisten, die Merle und ich uns heute vorknöpfen. Weiter bin ich noch nicht. Ich fahre jetzt zu Hauke Jansen, dem Chef vom *syltstar*. Der war wohl mit dem Wolff noch 'ne Runde golfen, bevor er starb.«

Nach dem Gespräch mit Hauke Jansen muss Wienke sich erst einmal sammeln und ihre Gedanken sortieren. Auf dem Weg zum Polizeirevier in Westerland macht sie deshalb einen kleinen Abstecher in das Süderstrandtal **42** und parkt dort ihren Wagen. Ein kurzer Spaziergang, vorbei an der Strandsauna, am Strand entlang und zurück auf dem Wanderweg wird dir bestimmt neue Einsichten bringen, macht Wienke sich selber Mut. Am Aussichtspunkt fasst sie einen Entschluss. Ich muss die Ermittlungen abgeben.

Die junge Polizistin Merle Petersen kommt schon freudestrahlend auf Wienke zu, als diese das Revier betritt. »Moin, Wienke. Ich habe Neuigkeiten. Unser Toter hat viele Schnittwunden, die können von den scharfen Kanten der Austern kommen. Die waren aber natürlich nicht tödlich. Er wurde vergiftet. Und zwar mit Aconitin, was im Blauen Eisenhut vorkommt. Unglaublich, dass das jeder in seinem Garten haben darf, das ist Europas giftigste Pflanze, giftiger als Strychnin. Bereits drei bis sechs Milligramm sind für Menschen tödlich. Schon allein der Hautkontakt kann zum Tod führen. Innerhalb weniger Minuten kommt es zu Schweißausbrüchen, Lähmungen, Krämpfen sowie Herzrhythmusstörungen. Innerhalb von 30 Minuten ist man durch Lähmung der Atmung tot. – Und was hast du so Neues?«

»Wie sieht denn dieser Blaue Eisenhut aus?«, fragt Wienke neugierig, während es in ihrem Kopf rattert.

»Schau, ich habe den Wikipedia-Eintrag noch auf meinem Bildschirm. Hübsch ist der. Und farblich voll im Trend. Von Blauviolett über Tiefblau bis Hellblau kann alles dabei sein. Und das Tolle für Gartenbesitzer: Der blüht lange, bei uns von Juli bis September. Also auch jetzt«, beendet Merle ihren kleinen Vortrag.

»Merle, ich brauche erst mal einen starken Tee und dazu dann dein Ohr. Kannst du mit beidem in mein Büro kommen?«

»Klar, bin in zwei Minuten da. Komm erst mal an. War übrigens nett, mit dir mal wieder zu feiern«, versucht Merle, ihre offensichtlich gestresste Kollegin abzulenken.

»Ja, fand ich auch. Und Merle«, versucht Wienke ganz beiläufig zu fragen, »weißt du, wo unsere Frau Bürgermeisterin steckt? Ich habe die bei der Party gar nicht gesehen. Die ist doch sonst bei jeder Veranstaltung dabei.«

»Jetzt, wo du es sagst. Vielleicht ist sie krank, keine Ahnung. Oder«, Merle kratzt sich am Ohr und überlegt, »warte mal, stand nicht die Tage in der Zeitung, dass sie zu einer Konferenz der Bürgermeister Schleswig-Holsteins fahren wird? Wahrscheinlich ist sie gar nicht auf der Insel.«

Merle kommt mit zwei Tassen frisch aufgebrühtem Friesentee, dem passenden Sahnekännchen und braunem Krustenkandis in Wienkes Büro. »Mag ja Zufall sein, dass Hansen und Swantje zeitgleich auf dem Festland sind. Was meinst du, ist doch was dran an der Tratscherei, dass die beiden mehr verbindet als die Liebe zum Champagner und gutem Essen?«

»Frag doch mal deinen Hein, der weiß da doch bestimmt mehr. An seinem Burgermobil trifft er doch alle. Aber jetzt zu unserem Fall. Merle, ich muss die Ermittlungen abgeben. Seit einem Gespräch mit Hauke Jansen vom *syltstar* heute Morgen bin ich mir sicher, dass mein Ex da drinhängt. Der hat scheinbar geschäftliche Zahlungen auf ein Konto in Irland geleitet, von dem unser Toter nichts wusste. Das riecht nach Betrug. Die Firma selbst steckt in Zahlungsschwierigkeiten. Da müssen wir weiter ermitteln. Aber jetzt kommt dieser Blaue Eisenhut ins Spiel, den habe ich auf dem Balkon von Frauke Geertsen gesehen, da bin ich mir fast sicher. Aber die hat eigentlich ein wasserdichtes Alibi.« Wienke überlegt kurz und ergänzt: »Innerhalb von 30 Minuten wirkt das Gift, sagst du. Und konnten die Pathologen auch schon was zum Todeszeitpunkt sagen?«

»Ja, das muss so gegen 17.00 Uhr gewesen sein. Aber warum hat der Tote dann dieses Austernmesser in der Brust und die Schnittwunden? Und seit 17.00 Uhr wird der ja auch nicht da draußen im Watt gelegen haben. Dann wäre er doch viel früher entdeckt worden«, überlegt Merle laut.

»Klar, der ist woanders vergiftet worden, das Austernmesser wurde ihm nachträglich in die Brust gestoßen und wahrscheinlich wurde er dann in der Nacht ins Watt zu den Austernbänken geschafft. Lass uns mal schauen, wie gestern die Gezeiten waren.« Wienke merkt, dass sie ihren Spürsinn langsam wiederfindet.

»Niedrigwasser war gestern Abend um 22.36 Uhr und heute Morgen um 10.49 Uhr. Hochwasser gestern um 14.35 Uhr, heute in der Nacht um 2.53 Uhr. Und was folgerst du daraus, Wienke?«

»Gehen wir mal davon aus, dass man ungefähr drei Stunden vor und drei Stunden nach Niedrigwasser zu den Austernbänken gelangen kann. Dann muss man den Toten zwischen 19.30 Uhr und 1.30 Uhr am folgenden Tag dort hingebracht haben. Die Flut hat ihn dann auf jeden Fall gestern Morgen an den Strand gespült, wo er von der Wattwandergruppe und unserem neuen Aushilfskollegen Alois entdeckt wurde. Übrigens, Merle«, kann sich Wienke den Zusatz nicht verkneifen, »der Bayer ist ziemlich nett. Und ziemlich jung.«

»Gut«, überlegt Merle laut und lächelt etwas wegen der Flirt-Anspielung über Alois. »Der Täter hat sein Opfer also mehrere Stunden am Tatort belassen und es dann in die Blidselbucht geschafft. Dafür braucht man ein Fahrzeug und Kraft. Das vermag nur ein sehr starker Mensch oder«, Merle überlegt kurz, »oder mehrere Menschen zusammen. Flashmobber zum Beispiel. Die sollten wir noch mal alle durchleuchten und einzeln verhören.«

»Ja, gute Idee. Aber lade auch bitte Hinnerk für heute Nachmittag vor. Das Gespräch müsstest du dann aber alleine übernehmen. Soll mir doch keiner hinterher vorwerfen, dass ich da privat vorbelastet sei und einseitig ermittelt hätte. Ich traue dem ja viel zu, aber Mord, nein, das geht zu weit«, versucht Wienke, diese Möglichkeit gedanklich auszuschließen.

Am Nachmittag geben sich die Flashmobber, elf insgesamt, auf dem Polizeirevier die Klinke in die Hand und gegenseitig wasserdichte Alibis.

»Merle, wir müssen jeden einzelnen Flashmobber noch gründlicher überprüfen. Die Aussagen erscheinen mir sehr abgesprochen. Und die Alibis sind ja auch nur dicht, weil sie sich die alle gegenseitig geben. Vielleicht finden die im Labor ja auch noch Spuren auf dem Umschlag samt Zeitungsartikel. Und dass die Geertsen nicht weiß, was da auf ihrem Balkon wächst, das stinkt doch zum Himmel. Machst du das? Ab Morgen kann dich ja auch der Alois dabei unterstützen.«

Morgen ist dann ja auch Hansen zurück, geht es Wienke durch den Kopf. Wird dann wohl nix mit *Sylter Superermittlerin.*

Als Hinnerk Sondermann das Revier betritt, beschließt Wienke plötzlich, das Gespräch doch mit Merle gemeinsam zu führen.

»Herr Hinnerk Sondermann, Sie haben Ihre Firma betrogen und Unmengen von Geld beiseitegeschafft. Auf ein Konto in Irland, von dem niemand wusste. Gestern ist Wilko darauf gestoßen. Musste er deshalb sterben?«, beginnt Merle direkt das Verhör.

»Ich habe mit seinem Tod nichts zu tun. Das mit dem irischen Konto habe ich ihm gestern Morgen erklärt. Er hat sich nie um das Kaufmännische gekümmert, selbst als einer unserer Großhändler in Zahlungsschwierigkeiten geriet und unsere Rechnungen nicht bezahlte, wurden dem immer noch Austern geliefert. Wilko wollte das so.«

»Und was ist nun mit dem irischen Konto?«, hakt Wienke nach.

»Das sollte tatsächlich für Notfälle wie diesen jetzt sein. So können wir zumindest problemlos neue Setzlinge kaufen und den Betrieb weiterführen.« Hinnerk überlegt kurz und ergänzt: »Wilko hat es einfach nicht verstanden.«

»Wie viel ist denn da im Moment drauf? Und warum habt ihr davon nicht die Löhne und Gehälter gezahlt?«, erwidert Wienke etwas verständnislos.

»Den genauen Kontostand habe ich nicht im Kopf, aber es müssten so 300.000 Euro sein, mehr als ausreichend für den neuen Jahrgang. Tja, und die Zahlungen der Gehälter hat doch auch so geklappt.«

Merles Smartphone vibriert. Die angezeigte Nachricht reicht sie wortlos an Wienke weiter. Diese starrt ihre junge Kollegin entgeistert an. Merles Blick ist auf Hinnerk gerichtet, der sichtlich nervös in seiner Hosentasche kramt. Das angespannte Schweigen wird von Merle beendet. »Herr Sondermann, das Konto in Irland werden wir natürlich überprüfen. Aber dass Sie davon in der Vergangenheit die Setzlinge bezahlt haben, wage ich jetzt schon einmal zu bezweifeln. Ist es nicht eher so, dass Wilko Sie gestern wegen des Betrugs zur Rede gestellt hat? Hat er Ihnen mit einer Strafanzeige gedroht? Das mussten Sie verhindern. Mit dem Tee, den Sie am Nachmittag zusammen tranken, haben Sie ihn vergiftet. Dann haben Sie ihn in der Nacht zu den Austernbänken gebracht. Mit dem Messer in seiner Brust wollten Sie wohl eine Spur zu den Austerngegnern legen. Haben Sie den Blauen Eisenhut schon extra dafür in Ihrem Garten angepflanzt oder war das Zufall?«

Mit Tränen in den Augen blickt Wienke ihren Ex an. »Hinnerk, bitte, mach es uns, also dir und mir und auch unseren kleinen Prinzessinnen, nicht unnötig schwer. War es so? Wenn ja, wir werden Spuren finden. In deinem Auto. In deiner Wohnung. Wir werden es beweisen!«

Hinnerk sackt auf dem Stuhl zusammen. Leise fängt er an: »Ja, er wollte mir wegen Unterschlagung fristlos kündigen und mich anzeigen. Wir haben uns dann aber darauf geeinigt, dass ich selber kündige und er mir auch ein gutes Zeugnis ausstellt. Im Gegenzug dazu wollte er sofort die Zugangsdaten zu dem Konto in Irland haben. Diese habe ich aber nur auf meinem Rechner zu Hause. Deshalb fuhren wir zu mir. Und während der Fahrt kam mir der Gedanke, dass, wenn Wilko tot wäre, ich ja wahrscheinlich Geschäftsführer werden würde. Dann hätte ich das irische Geld und einen perfekten Job. Den Blauen Eisenhut habe ich schon von den Vormietern übernommen und wollte ihn eigentlich schon längst rausgerissen haben. Wilko habe ich dann in meinem Haus an meinen Schreibtisch dirigiert und den Rechner hochgefahren. Unter dem Vorwand, meine Passwortliste und Tee zu holen, ging ich in die Küche, zog mir Handschuhe über und holte Blätter und Wurzeln vom Blauen Eisenhut herein, aus dem ich dann zusammen mit einer kräftigen Sylter Friesenmischung einen Tee kochte. Als ich merkte, dass das Gift tatsächlich wirkt, habe ich ihn an den Stuhl gefesselt und bin spazieren gegangen. Als ich nach zwei Stunden zurückkam, war er tot. Und ja, ich habe ihn dann in der Nacht zu den Austernbänken gebracht.«

»Und wie ist der Umschlag mit dem Zeitungsartikel und dieser Drohung auf seinen Schreibtisch im Büro gekommen?«, hakt Merle nach.

»Das habe ich gestern noch zu Hause geschrieben und dann heute Morgen auf seinen Schreibtisch gelegt.«

Als Henry Hansen am nächsten Morgen gegen 10.00 Uhr das Büro betritt, ist Merle bereits da. »Moin, Merle, gar nicht schlecht, ich habe schon von euch Superermittlerinnen gehört. Die Flitzpiepe vom Festland, also der Herr Polizeioberrat, hat mich gestern noch angerufen. Ich bin stolz auf euch. Aber woher wusstet ihr, dass der Täter diesen Eisenhut bei sich im Garten hat?«

»Ich hatte da so 'ne Ahnung, Chef, und habe eine Freundin gebeten, sich dort umzusehen, während Hinnerk bei uns ist. Die Kollegen vom Revier können ja nicht mal die Heckenrose von der Kartoffelrose unterscheiden. Und meine Freundin, die kennt sich mit Grünzeug ganz gut aus und ist auch nicht auf den Mund gefallen, falls sie jemand angesprochen hätte. Ihre Kurznachricht per Handy kam dann genau im richtigen Moment. Sie schrieb: ›hi merle, ganz klar, blauer eisenhut im garten von hinnerk sonder-mann, wurde vor kurzem zum teil ausgegraben und abge-schnitten.‹ Übrigens, Chef«, fügt Merle noch an, »Wienke hat sich heute Urlaub genommen. Die braucht verständli-cherweise ein bisschen Ruhe. In Ihrem Büro wartet schon Alois Mühlbauer, der neue Bäderdienst-Polizist. Und Sie, haben Sie sich denn gut erholt, Chef? Sie sehen prächtig aus!«, setzt Merle ihr schäkerndes Gesicht auf und grinst. »Und Chef, wissen Sie, ob die Bürgermeisterin bald wie-der an Land kommt, äh, ich meine, auf die Insel?«

Hansen grinst: »Die ist mit mir von Büsum zurückge-kommen. Wir hatten uns dort gestern noch kurz getroffen.«

List mit seinen Ortsteilen Westerheide, Süderheidetal und Mellhörn ist die nördlichste Gemeinde Deutschlands. 1292 erstmals urkundlich erwähnt, bietet List heute eine ansprechende Mischung aus Naturangeboten und einer höchst aktiven Hafengegend. Wanderungen am weitläufigen Ellenbogen gehören mit zu den schönsten auf Sylt.

24 Zur Sylter Sahara gehören die einzigen Wanderdünen Deutschlands. Sie sind nur mit einer Führung zu erleben. Buchen im Erlebniszentrum Naturgewalten in List (siehe unten). Sie breiten sich auf fast zwei Kilometern und bis zu 34 Metern Höhe im Naturschutzgebiet Nord-Sylt westlich von List aus. Der Westwind löst eine Wandergeschwindigkeit der Dünen von bis zu vier Metern im Jahr aus.

25 Die Blidselbucht breitet sich auf dem Wattenmeerabschnitt zwischen der Kampener Vogelkoje und List aus. Blysiddel bedeutet »heiterer Sitz«. Hier liegen die einzigen Austernbänke in Deutschland. Sie gehören Dittmeyer's Austern-Compagnie, die in List ein Bistro betreibt (Hafenstr. 10–12, 25992 List), wo sich die Austern essen oder auch zum Mitnehmen kaufen lassen.

26 Der Kampener Leuchtturm ist mit 38 Metern Höhe der höchste auf Sylt. Im Auftrag des dänischen Königs – damals gehörte die Insel zu Dänemark –

war er 1855 aus gelben Bornholmer Klinkern errichtet worden. Seit 1953 hat das Leuchtfeuer Rotes Kliff sein heutiges Aussehen: weiß mit einer schwarzen Bauchbinde. Der Turm kann nicht von innen bestiegen werden.

27 Alfred-Wegener-Institut: Sylt ist schon seit mehr als hundert Jahren Forschungsstandort. Ein wichtiger Bereich sind dabei die Veränderungen im Wattenmeer in Folge des Klimawandels. Führungen durch das Institut bietet das Erlebniszentrum Naturgewalten an (siehe unten).

28 Der Ellenbogen mit seinen freilaufenden Schafen sowie den beiden Leuchttürmen List-West und List-Ost gehört zu den beliebtesten Zielen für Naturfreunde auf Sylt. In der Einsamkeit der Dünen und des langen Strandes sind Spaziergänge ideal. Gefährlich allerdings sind wegen der unberechenbaren Strömungen an der Nordspitze alle Arten von Wassersport. Es ist zudem ein Vogelschutz- und Naturschutzgebiet. An der Ostspitze sind manchmal Kreuzfahrtschiffe und die Fähre zur dänischen Insel Rømø zu beobachten.

29 Der Königshafen liegt zwischen dem Ort List und dem Ellenbogen. Das rund vier Quadratkilometer große Areal gehört zum Nationalpark und dient vielen Vögeln als Revier. Das Gebiet gehört zur höchsten Schutzkategorie und darf nicht betreten werden. Bei Ebbe sind Sand- und Schlickwatt sowie Seegraswiesen und Muschelbänke zu erkennen. Ein neuer

Rad- und Fußweg führt vom Lister Hafen aus nördlich am Ufer entlang am Uthörn, einer vorgelagerten Insel, bis zum Mövenberg. Den Namen verdankt das Gebiet dem dänischen König Christian IV., der am Ende des Dreißigjährigen Krieges eine schwedisch-niederländische Flotte besiegte.

30 Die dänische Insel Rømø ist wegen der weiten Strände, die mit Autos befahren werden dürfen, bei Urlaubern sehr beliebt. Von Sylt aus werden Ausflüge zum Strandsegeln oder Buggyfahren am Strand angeboten. Die Syltfähre nach Rømø legt im Lister Hafen ab.

31 Der Lister Hafen dient nur noch einem Krabbenfischer als Standort. Ein Seenotrettungskreuzer liegt hier. Manchmal legen die Barkassen der Kreuzfahrtschiffe an, die vor dem Königshafen ankern. Weltberühmt ist die nördlichste Fischbude Deutschlands. Sie ist Ausgangspunkt der bekannten Fischrestaurantkette *Gosch*. Gründer und Inhaber Jürgen Gosch begann hier 1973 den steilen Aufstieg. Auf Sylt gibt es zahlreiche Filialen, ebenso quer durch Deutschland sowie auf Kreuzfahrtschiffen. Vom Hafen starten Touren zu den Austernbänken sowie weiteren Zielen. Die Autofähre nach Rømø legt an.

32 Das Wattenmeer gehört seit 2009 zum UNESCO-Weltnaturerbe. Rund 10.000 Arten leben in der weltweit größten zusammenhängenden Fläche aus Schlick- und Sandwatt. Als Laichplatz für Meeresfische wie Scholle und Seezunge ist das Watt lebenswichtig. Ebenso dient das hohe Nahrungsangebot Millionen von Zugvögeln auf Sylt als unentbehrlicher Zwischenstopp. Führungen lassen sich im Erlebniszentrum Naturgewalten buchen (siehe unten).

33 Das Erlebniszentrum Naturgewalten (Hafenstr. 37, 25992 List) mit ansprechenden Ausstellungen über mehrere Etagen, einem umfassenden Programm, Erlebnistouren und einer Aussichtsplattform gehört zu den Festpunkten eines Syltbesuchs. Hier werden auf einfache Weise die Zusammenhänge vom Leben am Meer erläutert. Es geht um Gezeiten, Natur, Wetter und sogar eine Seehunds-Webcam erfreut den Gast, dem auch kulinarisch etwas in einem Café geboten wird.

34 Am Brandenburger Strand in Westerland laufen das Jahr über zahlreiche international besetzte Surf- und Kitesurf-Events. Von der Kurpromenade aus sind die Rennen vor dem Weststrand gut zu beobachten.

35 Schwitzen in der Strandsauna (Weststrandstr. 333a, 25992 List) und anschließend ins Meer zum Abkühlen springen – das ist ein Hochgenuss.

36 Die Sylter Meersalz-Manufaktur (Hafenstr. 2, 25992 List) bietet das »Fleur de Sylt«. Es ist Deutschlands erstes Meersalz und die erste Indoor-Salinenproduktion weltweit. Es wird in List ohne chemische Trenn- und Zusatzstoffe hergestellt und enthält rund 80 Spurenelemente und Mineralien. Erfinder ist Alexandro Pape, Sternekoch vom Hotel & Restaurant

Fährhaus in Munkmarsch. Eine kleine Salz-Produkt-linie mit Algen und Rosensalz ist auch dabei.

37 Wolfgang von Gronau war Generalmajor der Luftwaffe und Leiter der Deutschen Verkehrsfliegerschule in List. Er ist auf dem Friedhof (An der Düne) in List begraben. Ein Gedenkstein vor der Alten Tonnenhalle (Kreisel Am Fähranleger, 25992 List) erinnert an den Lister Ehrenbürger, der 1930 den ersten Flug ohne Zwischenlandung mit einem Wasserflugzeug von List nach New York unternahm.

38 Die Alte Tonnenhalle (Kreisel Am Fähranleger, 25992 List) steht auf dem Platz der ehemaligen Tonnen- und Bootshalle des alten Lister Hafens. Hier sind früher Seezeichen und Boote gelagert worden. Sie war ein aktiver Teil des Lister Hafenbetriebes und bietet ihren Besuchern heute ein großes Angebot an Leckerem, Nützlichem, Unterhaltsamem und Skurrilem.

39 Die Kleine Inselrundfahrt, die von März bis Oktober täglich um 11.00 Uhr in Westerland startet, führt über Wenningstedt, Kampen, das Wanderdünengebiet von List bis zum Ort selbst und zurück über Braderup, Munkmarsch, Keitum und Tinnum. Dazu gibt es auf der zweistündigen Runde Anekdoten am laufenden Band. Zu buchen über den Tourist-Service in Westerland.

40 Die Austernbank-Tour startet per Schiff im Lister Hafen (siehe oben). Auf der Fahrt wird von der Tradition der Austernfischerei auf Sylt erzählt, die bis zur russischen Zarenzeit zurückreicht. Denn die edle Kost wurde auch bis dorthin geliefert. Auf der Tour werden ein paar Austern vom Meeresboden gefischt. Ein Glas Wein und eine Auster zum Probieren gehören auf der etwas mehr als einstündigen Fahrt dazu.

41 Zur Sylter Eismanufaktur (Dünenstr. 3, 25992 List) gehört ein gesundes Angebot, denn die Milch liefert der letzte Milchbauer der Insel – Bauer Nielsen aus Morsum. Aus dem weißen Rohstoff, der nicht homogenisiert ist, werden hier zwölf besondere Eissorten hergestellt. Die Nachfrage ist entsprechend groß. Empfehlenswert sind aber auch Kaffee und Kuchen.

42 Das Süderstrandtal liegt westlich der Sylter Sahara. Von den Parkplätzen hier ist der FKK-Strand an der Westküste schnell zu erreichen.

5. TAFELN AM KAMPENER STRAND

Von ausgezeichneten Restaurants und dem teuersten Haus der Welt

Während Maren Winter wehmütig die salzhaltige Luft und den Sonnenuntergang am Roten Kliff `43` inhaliert, wandern ihre Gedanken zu ihrem geliebten Waterküken `44` in Kampen am Watt, das keine zwei Kilometer von hier auf der anderen Seite der Insel liegt. Morgen nun würde sie es verkaufen, anschließend sofort den Zug zurück nach Hamburg nehmen und wohl niemals zurückkehren auf die Insel. Passend zum rot leuchtenden Kliff nahe der Sturmhaube in Kampen sind auch ihre Augen leicht gerötet. Sie beginnen aber plötzlich zu leuchten, als sie an die Zeit zurückdenkt, die sie in dem kleinen Häuschen auf dem großen Grundstück am Wattenmeer mit ihrer Mutter verbrachte. Dieser 180-Grad-Blick von Morsum über Keitum und weiter bis zum Lister Hafen faszinierte sie beide immer wieder aufs Neue, sogar das dänische Festland hatte sich oft für sie in Szene gesetzt. Würde ihre Mutter verstehen, dass sie ihr Idyll nun für einen Spottpreis von zwei Millionen versilberte? Aber der Unterhalt des Waterkükens frisst sie auf, und sie braucht dringend Geld.

Vor drei Jahren beauftragte sie einen Immobilienmakler mit dem Verkauf. Überraschend schnell präsentierte dieser den aufstrebenden Schlagersänger Kevin Krauß als Käufer. »Dein Waterküken wird als kleinstes und zugleich teuerstes Haus in Kampen in die Geschichte eingehen«, prahlte er.

Fünf Millionen Euro war es dem Musiker damals wert, allerdings nur unter der Bedingung, dass ein großzügiger Anbau von der Baubehörde nach Unterschrift des Vertrages genehmigt werden würde. Daraus wurde aber nichts, weder Baubehörde noch Bürgermeister stimmten zu, der Vertrag wurde rückabgewickelt. Die Schreiber für die bunten Zeitschriften, die gern über Kevin Krauß berichteten, machten sich lustig. Ein Verkauf erschien seitdem aussichtslos. Wer wollte schon ein 30 Quadratmeter kleines Haus, zwar direkt am Watt, mit verwildertem und uneinsehbarem 2400 Quadratmeter großen Grundstück, dazu noch im Nobelort Kampen, das aber eben doch nur eine Einzimmerwohnung ist?

Da kam ihr die Anfrage dieses seltsamen Franzosen gerade recht. Mehrmals hatte er das Waterküken in den zurückliegenden fünf Jahren bereits gemietet, jetzt wollte er wieder auf die Insel kommen, fragte schon am Telefon, ob sie das Grundstück auch verkaufen würde. Auf einen Makler wollte sich Maren Winter nicht wieder verlassen und verhandelte selbst. Morgen wird bei einem Notar in Kampen unterschrieben, und dieses Mal gibt es kein Rücktrittsrecht oder andere rechtliche Fallstricke. Ab morgen ist sie frei, frei für ein neues Leben, und es scheint fast so, als hauchte der Wind ihr ein zartes »Herzlichen Glückwunsch« entgegen. Dazu tanzt gerade das sich leicht kräuselnde Meer für sie – Maren blickt verträumt zum Roten Kliff. Heute Abend noch ins Gogärtchen **45**, etwas Luxus schlürfen, sagte sie sich.

Szenenwechsel. Pünktlich um 17.00 Uhr hat René LaForge seinen Platz mit Blick auf das Meer und den Sonnenuntergang festlich hergerichtet: Leinentischdecke und Servietten, weiße Teller, Silberbesteck, Windlichter mit weißen Kerzen, ein kunstvolles Gesteck aus weißen Lilien, ein weißes Sitzkissen, silberner Flaschenkühler und eine handgeschriebene Menükarte. Die Wunderkerzen wird er erst zum Dessert entzünden.

Sein Platz kann sich sehen lassen und insgeheim hofft er sogar auf einen Preis. Denn der originellste und kreativste Platz bei dem White Dinner **46** wird vom Veranstalter prämiert. Mit seinen Tischnachbarn kommt der Restauranttester schnell in das übliche, ihm eigentlich verhasste Small-Talk-Gewäsch, das sich aus solchen Bausteinen auftürmt: »Und seit wann kommen Sie schon auf die Insel?«

»Was sagen Sie denn zu den Plänen der Zwangsbelegung?« Oder Themen wie Enteignung oder Zweitwohnraumbesteuerung.

»Also in unserer Familie haben ja schon meine Großeltern in den 1920er-Jahren Urlaub auf Sylt gemacht.«

»Kenner kommen ja im Winter.«

Doch heute ist er bester Laune und wundert sich, dass er den Fremden am Tisch sogar von seinem Grundstückskauf heute Morgen erzählt. Er öffnet seinen Champagner und lässt ihn die Runde machen, dann verspeist er sein Bärlauchpesto und anschließend seinen Steinbutt mit gebratenen Pilzen. Zum Lamm entkorkt er einen Château Mouton-Rothschild. Den schenkt er auch seinen Nachbarn mit ein. Die Runde wird immer fröhlicher. Er kann sich gar nicht so sehr auf sein Menü konzentrieren, wie er es gerne täte, aber es schmeckt ihm schon.

»Bonjour, mein Name ist Eric LaForge. Ich mache mir Sorgen um meinen Vater René LaForge. Er ist seit zehn

Tagen auf Sylt und wir telefonieren eigentlich täglich. Jetzt kann ich ihn aber seit drei Tagen nicht erreichen. Am Telefon meldet sich nur seine Mailbox und auf Nachrichten wie E-Mail oder SMS antwortet er nicht. Das ist ungewöhnlich für ihn. Er wohnt in Kampen im Fennenweg, Hausnummer habe ich nicht. Aber das Haus heißt Waterküken, und angeblich kennt das jeder auf Sylt. Könnten Sie dort nicht mal vorbeischauen?«, fragt der Franzose Eric LaForge sorgenvoll am Telefon den diensthabenden Polizisten in Westerland.

»Ja klar, wir schicken mal einen Streifenwagen vorbei. Geben Sie mir doch noch Ihre Adresse und Telefonnummer, wir melden uns dann im Laufe des Tages bei Ihnen«, entgegnet dieser und notiert die Daten des Anrufers.

Zwei Schutzpolizisten klingeln an der offen stehenden Gartentür, betreten das Grundstück am Kampener Watt und sehen durch das Fenster des kleinen Reetdachhauses eine in Weiß gekleidete Person am Boden liegen. Ein Griff auf die Haustür zeigt: Auch diese ist nicht abgeschlossen. Während der erste Polizist versucht, Erste Hilfe einzuleiten, ruft der andere den Rettungswagen.

»Moin, heute gleich im Dreierpack?«, fragt der Mediziner schmunzelnd, als er Henry Hansen, Wienke Sondermann und Merle Petersen von der Kripo in Westerland zusammen im Waterküken in Kampen begrüßt. »Sieht aber ganz so aus, als sei euer Großaufgebot etwas übertrieben«, ergänzt er noch.

»Meine Kolleginnen meinten, ich müsste nach all den Jahren, die ich auf Sylt lebe, endlich einmal den Kampener Kunst- und Kulturpfad **47** abwandern. Vorher wollten wir aber noch zum gemeinsamen Flens-Burger, also Feierabendbier und Burger bei Hein, aber daraus wird ja jetzt wohl nichts, oder doch? Kannst du schon etwas zur Todesursache sagen?«, fragt Hansen überrascht.

»Sicher bin ich mir natürlich nicht, das müssen die Kollegen im Labor feststellen. Aber auf den ersten Blick würde ich mal sagen, der hat beim White Dinner neulich einfach zu viel getrunken. Hi kniipet di Kat ön Junkens, wie wir Sylter sagen – er kneift die Katze im Dunkeln. Dann hat er es noch irgendwie nach Hause geschafft, sich dann hier mehrmals erbrochen, wie man sieht, und ist dann daran erstickt.«

»Komasaufen? In den Kreisen, in denen sich der Tote offenbar bewegte? Kann ich mir eher nicht so vorstellen. Außerdem sind die doch meistens auch im täglichen Training. Wir schauen uns einfach mal vorsichtig ein bisschen um, Mädels. Kann nicht schaden«, zwinkert Hansen seinen beiden Kolleginnen zu.

»Wir müssen die Polizei in Nizza bitten, dem Sohn die Todesnachricht zu überbringen. Merle, du sprichst doch Französisch, machst du das?«, fragt Hansen eher rhetorisch. »Ich höre mich mal in der Nachbarschaft um, ob denen was aufgefallen ist in den zurückliegenden Tagen, und versuche herauszufinden, über wen der Tote das Haus gemietet hat. Wir treffen uns dann morgen früh im Büro«, ergänzt Hansen. Er ist schon auf dem Sprung zu seinem Auto, als Wienke ihm hinterherruft:

»Maren Winter, Chef. Die ganze Insel weiß doch, wem das Waterküken gehört, seit der Kevin Krauß, dieser Schlägersänger, das vor ein paar Jahren fast für fünf Millionen gekauft hätte.«

»Wow. Fünf Millionen für dieses Puppenhaus? Wahnsinn. Aber warum nur *fast*?«, fragt Hansen erstaunt zurück.

»Der wollte da eine Riesenvilla anbauen, was aber nicht genehmigt wurde. Der Deal ist dann geplatzt. Damals haben doch bundesweit die Medien darüber berichtet.«

»Nichts von mitgekriegt, Chef?«, nutzt Wienke mal wieder die Gelegenheit, Hansen seine Unkenntnis, was Sylter Klatsch aus dem Blätterwald angeht, unter seine zu groß geratene Nase zu reiben.

Doch der überhört diesen Seitenhieb charmant. »Dann versuch doch mal, diese Maren Winter ausfindig zu machen. Vielleicht kann die uns ja mehr zu dem Toten erzählen. Ich muss jetzt los, bis morgen also.«

»Moin, Mädels, ich habe euch ein paar Bürgermeister (Plunder mit Marzipanfüllung) mitgebracht und der Tee ist auch schon fertig. Macht es euch gemütlich«, begrüßt Hansen seine beiden Kolleginnen am nächsten Morgen in seinem Büro.

Merle grinst Wienke verschmitzt an und kann sich eine spitze Bemerkung nicht verkneifen: »Ach, Chefchen, schade, dass es immer noch keine Bürgermeisterin beim Bäcker gibt, da würde sich doch auch mancher die Finger nach lecken, nicht wahr?«

Hansen schaut die beiden verschmitzt an und leitet die Gesprächsrunde ein: »Also, das Wichtigste vorab: Der LaForge ist doch nicht natürlich aus dem Leben geschieden, wie der Doc gestern mutmaßte. Da war auf jeden Fall Gift mit im Spiel, vermutlich ein ganzer Cocktail. Was genau, erfahren wir erst morgen. Die Spurensicherung war dann gestern Abend noch in dem Haus. Sie haben eine Menge Bargeld gefunden. 30.000 Euro. Und was habt ihr in Erfahrung bringen können?«

Merle beginnt ihren kleinen Vortrag: »Der Tote ist in

Frankreich einigermaßen bekannt, war bis vor drei Jahren mit Fabienne LaForge verheiratet, einer Frau des französischen Adels. Die Familie zählt zu den reichsten 50 Familien in Frankreich. Die Trennung glich wohl einem Rosenkrieg, für die französische Klatschpresse war es ein gefundenes Fressen. Eigentlich hätte sie ihm Unterhalt zahlen müssen, man hat sich dann aber auf eine einmalige Zahlung von ein paar Millionen geeinigt. Die beiden haben einen erwachsenen Sohn, Eric LaForge, der in Nizza lebt. Das ist der, der gestern auch besorgt anrief. Nachdem die französischen Kollegen ihn informiert und ihm meine Telefonnummer gegeben haben, rief er mich an. Der war ziemlich durcheinander, stammelte immer nur was von ›dieses verdammte Küken hat ihn umgebracht‹. Er beendete das Gespräch sehr schnell und wollte sich sofort auf den Weg zu uns machen. Sein Vater hätte immer gesagt, dass man in vier Stunden von Nizza aus auf Sylt sein kann. Wir haben vereinbart, dass ich ihn abhole. Ich muss deshalb in einer halben Stunde schon wieder los.«

»Dann mache ich mal weiter mit dem verdammten Küken«, schaltet sich Wienke ein. »Das hat er Freitagmorgen, also am Tag, an dem auch das Picknick am Strand stattfand, von Maren Winter gekauft, die danach sofort nach Hamburg zurückgefahren ist. Kaufpreis: zwei Millionen. Sie hat mich andauernd gefragt, ob ich wüsste, was jetzt mit dem Vertrag sei. Ob es Erben gäbe, ob die den Vertrag übernehmen müssen oder ob jetzt etwa wieder alles umsonst gewesen sei. Das sei so ein netter Typ gewesen, trotz seines Geldes. Nächste Woche schon sollte der Betrag auf ihrem Konto sein.«

Hansen berichtet von seinen Erkundungen rund um das Waterküken. »Ich war ja bei den Nachbarn, falls man die so nennen kann. Die Häuser gegenüber und rechts davon sind Zweitwohnsitze, beide zurzeit unbewohnt. Das Haus schräg links wird tatsächlich von der Eigentümerin ständig bewohnt. Roswitha Löffler-Frohnholz, die war aber von Freitag bis Sonntag spontan bei ihrer Tochter, ihr erstes Enkelkind angucken, das ein paar Wochen zu früh gekommen ist. Dass der LaForge das Waterküken kaufen wollte, hatte der ›nette René, der Charmeur‹ ihr erzählt, und sie schien darüber sichtlich erfreut. Endlich keine wechselnden Feriengäste mehr, die laute Partys veranstalten, und dazu noch so ein ruhiger Feingeist. Eigentlich wollten sie die neue Nachbarschaft auch beim Picknick-Dinner am Strand Freitagabend gemeinsam feiern. Über den Tod LaForges war sie sichtlich erschüttert. Ich glaube, der war ihr mehr als sympathisch.«

»Roswitha Löffler-Frohnholz, an den Namen erinnere ich mich«, ergänzt Wienke. »Die hat, als der Hafensänger Krauss das Haus kaufen wollte, gegen die Bauvoranfrage geklagt. Angeblich ging es ihr um Naturschutz, aber alle wussten, dass ein Neubau auf dem Nachbargrundstück ihr die Sicht auf das Wasser komplett versperrt hätte.«

»Sollte die Löffler-Frohnholz mir das mit dem ›netten René‹ nur vorgespielt haben? Aber wenn sie den Kauf hätte verhindern wollen, dann hätte sie ihn ja *vor* der Unterschrift umbringen müssen«, überlegt Hansen laut. »Wir sollten zuerst die letzten Stunden des Toten rekonstruieren. Aufgrund seiner Kleidung nehmen wir mal an, dass er Freitagabend bei diesem ›White Dinner‹ war. Und wenn er vergiftet wurde, dann könnte ihm da ja jemand etwas unter das Essen gemischt haben. Wir müssen in Erfahrung bringen, mit wem er da war.«

»Oder mit wem er zufällig am Tisch saß«, redet Merle

dazwischen. »Wie wäre es mit einem Zeugenaufruf bei Facebook und in den Sylter Nachrichten?«

»Gar nicht schlecht, Merle«, lobt Hansen seine junge Kollegin. »Wienke, wir dürfen das ja nicht mehr selber machen. Kannst du dir das von dem Sattler in Kiel genehmigen lassen? Du hast doch den entspannten Draht zu der Flitzpiepe.«

»Klar, das ist nur ein Anruf bei Doktor Roman Sattler«, betont Wienke den Doktortitel überdeutlich, wohl wissend, dass Hansen dem Polizeioberrat aus Kiel Titel und Position neidet. »Ich stelle das anschließend dann gleich online.«

Eric LaForge landet pünktlich um 11.10 Uhr am Flughafen in Westerland und wird von Merle in eine kleine Pension in Westerland gebracht, in der er sich erst einmal ausruhen will. Auf dem Weg dorthin erzählt er ihr schon seine halbe Lebensgeschichte und sein ganzes Leid: »Wissen Sie, ich wuchs zweisprachig auf und irgendwie auch zwischen zwei Welten: In der Glanz- und Glamourwelt meiner Mutter und der eher künstlerischen und feinsinnigen meines Vaters. Ich selbst bin Maler und fühle mich meinem Vater sehr verbunden. Wir telefonierten eigentlich täglich, egal wo wir waren. Donnerstagabend rief er mich zuletzt an und erzählte voller Vorfreude, dass er das Waterküken am nächsten Tag kaufen würde. Er war vernarrt in dieses Haus. Jedes Mal, wenn er auf der Insel zu tun hatte, mietete er sich da ein. Ich riet ihm ab. So viel Geld für ein altes, kleines Ein-Zimmer-Haus. Unsinn. Dann liegt es auch noch so nah am Wasser, dass es mit dem Ansteigen des Meeresspiegels untergehen wird. Ich erzählte ihm von meinen Internetrecherchen, dass doch schon etliche Bauwerke auf der

Insel in den letzten Jahrhunderten verschwunden sind, die Kirchen von Rantum zum Beispiel, ja sogar ganze Orte, wie Eidum. Aber ihm war das alles egal. Er machte sich nicht viel aus Geld. Mein Vater sagte immer: Ich hatte vor der Ehe mit deiner Mutter nichts, jetzt habe ich viel Geld, und wenn ich irgendwann wieder nichts habe, ist das auch okay. Ich brauche nicht viel außer gutem Essen. Und dafür werde ich auch noch bezahlt.«

»Wieso wurde Ihr Vater fürs Essen bezahlt?«, unterbricht Merle den fast akzentfrei Deutsch sprechenden Franzosen.

»Er war Restaurantkritiker. Jahrelang für Michelin. Nach der Scheidung hat er da gekündigt, seitdem arbeitete er freiberuflich für La belle étoile, dem weltweit führenden Portal im Netz für Gourmet-Restaurants«, erklärt der Sohn des Toten.

»Hatte Ihr Vater auf der Insel denn soziale Kontakte, Freunde, Bekannte, die uns jetzt weiterhelfen könnten?«, fragt Merle.

»Nein, nicht dass ich wüsste. Er sagte immer, dass er sich hier zwischen seinen Reisen entspannen will und froh ist, dass er hier niemanden kennt. Er war gern in der Kupferkanne 48 , in diesem Labyrinth unter der Erde, und las. Nach Frankreich zog ihn nach der Scheidung nichts, und zu seiner eigenen Familie in Kiel hatte er keinen Kontakt mehr. Er liebte die Küche auf der Insel. ›Mein Gaumen jubiliert hier‹, sagte er immer, und die Flugverbindungen seien auch genau nach seinem Geschmack.«

»Kam Ihnen in den letzten Telefonaten denn etwas ungewöhnlich vor?«, hakt Merle nach.

»Eher nicht. Obwohl, er klang Donnerstagabend sehr euphorisch, meinte, dass er noch ein paar Zimmer an das

Haus würde anbauen können. Das sei noch nicht spruch-
reif, aber es sähe ziemlich gut aus. Wahrscheinlich wollte
er mich damit beruhigen, aber ich dachte nur, oh je, noch
mehr Geld, das er da investiert. Die Abfindung meiner
Mutter, das sollte doch seine Altersversorgung sein. Und
den Hinweis, dass schon einmal jemand vergeblich versucht hat, eine Baugenehmigung zu bekommen, tat er ab
und meinte nur *savoir vivre*. Das ist in der Familie meiner Mutter leider ein Synonym für, naja, jemanden bestechen. Verstehen Sie mich nicht falsch. Ich finde das furcht-
bar. Mein Vater eigentlich auch, aber was er jetzt damit
meinte, kann ich Ihnen nicht sagen. Außerdem freute er
sich sehr auf den nächsten Abend. Da wollte er bei einem
organisierten Picknick am Strand den Kauf dann ordentlich feiern. Ich wünschte ihm viel Glück. Das war unser
letzter Kontakt.«

Merle nutzt die Gesprächspause beim Einparken vor der
Pension, um sich zu sammeln: »Herr LaForge, ganz *entre
nous*: Kann es sein, dass Ihr Vater versuchte, sich eine Baugenehmigung zu erkaufen? Wir haben eine Menge Bargeld
im Haus gefunden. Ist es denkbar, dass er sich für gute Kri-
tiken hat bezahlen lassen?«

»Das mit der Baugenehmigung, das kann schon sein.
Wie gesagt, er war vernarrt in das Haus. Aber er selbst war
unbestechlich, da lege ich meine Hand für ins Feuer. Gutes
Essen, das war seine große Leidenschaft. Und die Regeln
bei den Restauranttestern sind streng. Sobald es nur die
geringsten Unstimmigkeiten gibt, fliegt man da raus. Das
hätte er nie riskiert. Aber wenn, ich glaube, er hätte es mir
sogar erzählt«, antwortet LaForge eher zögernd.

Hansen ist entsetzt, als Merle ihm von dem Gespräch berichtet. »Das Bargeld von 30.000 Euro, um sich eine Baugenehmigung zu erkaufen? Merle, erkundige dich bitte umgehend, wer die Baubehörde leitet. Dem statten wir gleich mal einen Besuch ab. Und Merle, können wir rausfinden, wo der LaForge überall gegessen hat, seit er auf der Insel war?«

Merle überlegt kurz: »Komisch ist ja, dass scheinbar weder ein Notizbuch noch ein Laptop in dem Haus gefunden wurden. Als Kritiker muss der sich doch Notizen gemacht haben oder Berichte geschrieben und diese an den Auftraggeber versandt haben. Ich sende mal eine E-Mail an diesen Gourmet-Führer, vielleicht wissen die etwas.«

»Gute Idee, Merle«, entgegnet Hansen, »ich rufe in der Zwischenzeit die Bürgermeisterin an.«

»Hallo, meine liebe Swantje, ich habe mal eine Frage. Wenn ich eine Baugenehmigung für etwas eigentlich Unmögliches bekommen wollte, wen müsste ich da auf meine Seite ziehen?«, hört Merle durch die geöffnete Bürotür, wie Hansen mit der Bürgermeisterin telefoniert und auch ein bisschen flirtet. »Nein, keine Sorge, es geht nicht um mich, in meiner Kasse herrscht doch Ebbe, weißt du doch. Ich kann mir weder ein Grundstück, geschweige denn Bestechungsgeld leisten. Wir haben einen Toten in Kampen, der könnte versucht haben, einen Mitarbeiter in der Baubehörde zu bestechen.«

Nach einer weiteren Pause hört Merle ihren Chef sagen: »Ach so, das wird in der Regel der Leiter der Baubehörde entscheiden oder einer seiner Mitarbeiter. Die prüfen die Bauanfrage und gleichen sie mit allen Vorschriften und

Gesetzen ab. Na, dann vielen Dank. Bis später.« Hansen legt auf und ruft Merle ein »Auf geht's!« zu.

»Chef, warten Sie noch mal kurz!«, ruft Wienke aus ihrem Büro in den Flur. »Der liebe Roman hat mir den Facebook-Eintrag sofort freischalten lassen. Und jetzt gibt es schon erste Reaktionen. Eine Frau aus Köln, Mitte fünfzig, und ein junges Paar aus der Schweiz saßen mit LaForge zusammen am Tisch. Alle drei sagen, dass man sich vorher nicht kannte, aber einen ganz tollen Abend zusammen verbrachte. Die drei sind schon nicht mehr auf der Insel, sind am Sonnabend zurückgefahren. Ein Paar aus Norddeutschland und ein junger Mann aus Leipzig sollen auch noch mit dabei gewesen sein. LaForge soll mit Abstand die beste Deko gehabt haben, ein echtes Gourmet-Menü mit Warmhalteschalen und unglaublich viel Wein und Champagner, passend zu seinem Essen, sagen sie. Mit seinen Getränken hat er angeblich die ganze Runde um sich herum versorgt, wobei er selber kaum was getrunken haben soll. Man sollte ruhig zugreifen, hat er die Menschen zum Trinken dieser, wie sie sagen, edlen Tropfen aufgefordert. Zum einen hätte er etwas zu feiern, nämlich den Kauf eines Hauses, und zum andern hätte er den Inhalt des Picknickkorbs inklusive des ganzen Drum und Drans von einem Restaurant spendiert bekommen.«

»Ach, das ist ja interessant. Weißt du auch, von welchem?«, fragt Hansen.

»Die Frau meint, dass auf dem Flaschenkühler ein großes Logo war und irgendetwas mit Austern draufstand. Ich habe ihr dann von allen Restaurants auf Sylt, die Austern im Namen haben, die Logos per E-Mail geschickt und sie meint, dass es die *Austeria* gewesen sein könnte.

Gewundert haben sich alle drei auch, dass LaForge nach dem Essen einfach ging, ohne sich zu verabschieden. Dabei hatte der doch so gepflegte Umgangsformen. Sein Geschirr und die ganze Ausstattung wurden dann gegen 23.00 Uhr von einem jungen Mann abgeholt, der aber auch nichts über den Verbleib des Gourmets wusste.«

Hansen ist beeindruckt. »Wow, so schnell gibt es Ergebnisse über Facebook? Wie geht das denn?«

»Ganz einfach, Chef, ich habe die Tourismuszentrale Sylt gebeten, unseren Beitrag zu ›liken‹, darüber haben das dann über 70.000 Follower, also Syltfans, gelesen. Aber es kommt noch besser. Ein Taxifahrer hat es auch gelesen und mich gerade angerufen. Er meint, dass das Foto einen Mann zeigt, den er Freitagabend vom Strand in den Fennenweg gefahren hat. Der hatte ordentlich was intus, meinte der. Der Fahrgast torkelte, hatte Schweißausbrüche, und einmal musste er auf dem kurzen Weg sogar anhalten, weil der sich übergeben musste«, erzählt Wienke.

Hansen ist begeistert. »Na, das sieht ja ganz so aus, als hätte der sein Essen nicht vertragen. Vielleicht sollten wir uns mal in dieser *Austeria* umhören, was so kredenzt wurde. Wienke, kannst du das machen? Und fahr doch auch noch mal bitte bei der Löffler-Frohnholz vorbei. Wenn der LaForge das mit dem Anbau irgendwie hinbekommen hätte, wäre sie doch bestimmt wieder ziemlich sauer geworden, so mit versperrter Aussicht.«

»Ja, klar. Und wenn ich das mit halbem Ohr vorhin richtig mitbekommen habe, dann scheint ja der Bauamtsleiter Herr über diese Baugenehmigung zu sein. Ich bin gespannt, was der Beamte erzählt. Ich mache mich auf den Weg. Danach muss ich nach Hause. Meine Kinder warten schon im Hort auf Abholung. Aber heute Abend habe ich kinderfrei, meine Mutter kommt. Wollen wir unser ausgefallenes Feierabend-Flens-Burger von gestern bei Hein um 19.00 Uhr nachholen? Hätte tatsächlich mal Lust auf sein Meisterstück, den Burger-Meister. Sagt ihr mir Bescheid, wo Hein seinen Imbisswagen dann stehen hat?«

Merle und Hansen wundern sich zwar über die Fleischgelüste ihrer vegetarischen Kollegin, nicken ihr aber zustimmend zu und verlassen das Kommissariat zu Fuß Richtung Rathaus.

Am Abend treffen die drei sich am Burgermobil von Hein Ingwersen, der mit seinem Wagen heute am Fuß der Uwe-Düne 49 in Kampen steht.

»Lasst uns hochgehen und unsere Burger auf der Düne genießen. Der Weitblick wird uns auch guttun«, schlägt Hansen vor, der auch als Erster seinen Burger verschlungen hat und Wienke über das Gespräch mit dem Bauamtsleiter Franjo Otten informiert. Für das Waterküken liegt tatsächlich eine Bauvoranfrage vor. Otten sagt, dass er das sogar befürworten wird, da lediglich ein 20 Quadratmeter kleiner Anbau vorgesehen ist, der von dem Weg aus nicht zu erkennen sein wird.«

»Und, wurde ihm die Empfehlung mit ein paar Euros versüßt, Chef?«, fragt Wienke. Sie ergänzt: »Die Löffler-Frohnholz wusste übrigens auch schon von dem geplanten Anbau und hat angeblich auch nichts dagegen. Ganz im Gegenteil, sie wollte sich für den lieben neuen Nachbarn sogar einsetzen.«

»Vielleicht heißt das *savoir vivre* ja in unserem Fall, dass er die Nachbarin bezirzt hat«, folgert Merle, die vorschlägt, noch einen Abstecher zum Bistro La Grande Plage 50 am Weststrand zu machen.

»Das ist ja kein Verbrechen, aber der Otten könnte schon Geld genommen haben, auch wenn er das vehement abstreitet. Aber bringt man deshalb jemanden um? Eher nicht«, beantwortet Hansen seine Frage gleich selbst und hält seine große Nase in den Wind. »Meine kleine Nase kribbelt eher, wenn ich an das Restaurant denke, das das Essen spendiert hat. Was hast du denn da erreicht, Wienke?«

»In der *Austeria* waren nur die Angestellten, die mit den Vorbereitungen für das Abendgeschäft im Stress waren. Der Inhaber und Chefkoch Abbo Asmus sollte erst später kommen. Aber der Azubi konnte was zu LaForge erzählen. Er hatte seinem Chef am Freitagmittag beim Zubereiten des Menüs für den Picknickkorb geholfen. Gemeinsam haben sie den an LaForge ausgeliefert und ihn dann mit dem gesamten Zeug zum Strand gefahren. Dekoriert hat der LaForge alles selbst. Als der Lehrling dann um 23.00 Uhr zur vereinbarten Zeit alles wieder abholen wollte, war zwar das ganze Equipment noch da, der LaForge aber nicht. Der Mitarbeiter hat dann alles eingepackt, in der *Austeria* abgeladen und Feierabend gemacht. Dass da verdorbene Lebensmittel hätten bei sein können, kann er sich nicht vorstellen. Schließlich hat sein Chef ja seit zwei Jahren einen Stern, und da ist alles von bester Qualität. Aber er sei ja auch erst im ersten Lehrjahr. An das Menü erinnert er sich aber genau. Er war ganz stolz, dass er das alleine mit dem Chef zubereiten und sogar die Menükarte per Hand kreieren durfte.«

»Was gab's denn so?«, fragt Hansen neugierig. Wienke erzählt so, dass ihm das Wasser im Mund zusammenläuft: »Es gab an dem Abend Bärlauchpesto mit selbstgebackenem Tomaten-Steinofenbrot, Lachs-Jacobsmuschel-

Carpaccio mit Mango-Limonen-Dressing, in Nussbutter gegarten Steinbutt an gebratenen Pilzen mit grünem Spargel und gerösteten Pistazien, als Hauptgang geschmorte Lammnüsschen mit Steckrübengemüse und als krönenden Abschluss ein Duett aus Tonkabohnenparfait mit frischen Früchten und hausgemachte Sylter Rote Grütze mit Vanilleeis. Dazu Champagner: Dom Perignon White Gold Jeroboam, Weißwein: Riesling Vinothek 1995, Rotwein: Château Mouton-Rothschild 2006 und eine Flasche Kampener Künstlerwein **51**«, liest Wienke aus ihren Aufzeichnungen vor.

»Da hat sich die Austeria ja mächtig ins Zeug gelegt, um dem Herrn Kritiker einen bestechenden Abend zu bereiten. Aber warum? Wir müssen die Laborergebnisse abwarten, bevor wir den Chef der Austeria befragen«, folgert Hansen, als Merles Handy mit »So ein Tag, so wunderschön wie heute« eine Nachricht ankündigt.

»Wahnsinn, ich habe von La belle étoile eine Liste aller Restaurants bekommen, die LaForge testen wollte. Das sind mehr als 30. Und dazu die Testberichte als PDF von denen, die er schon besucht hat. Es sei üblich, dass die Tester ein paar Tage verstreichen lassen, um das Geschmackserlebnis sacken zu lassen. Ob er bereits weitere Restaurants testete, wissen sie also nicht. Die Berichte, die vorliegen, sind von der *Austernbar*, dem *Syltstar* und tatsächlich der *Austeria*. Einen Moment mal, das öffne ich gleich.« Merle liest die wichtigsten Passagen vor: »Gemüse, so geschmacklos, als käme es vom Discounter, in jedem Landgasthof wird besser aufgetischt, Filet des Sylter Salzwiesen-Galloways kein bisschen marmoriert oder kurzfaserig, wie es sein sollte, zu zäh, zu fade und dazu versalzen. Die Kartoffeln viel zu groß, als dass sie aus Morsum stammen könnten. Alles in allem: Jeder Cent hier ist rausgeschmissenes Geld. Ich teste nächste Woche noch ein Picknick-Menü und bin gespannt, was die anderen Inspektoren hier erleben müssen.«

»Na, das nenne ich doch mal ein Motiv und eine Gelegenheit. Ich rufe mal meinen lieben Roman an und frage, ob er sich für einen Durchsuchungsbeschluss einsetzen kann. Was halten Sie davon?«, schaut Wienke ihren Chef fragend an.

Hansen antwortet grimmig: »Damit müssen wir doch den Polizeioberrat nicht belästigen. Ich kümmere mich darum. Die Frage ist nur, woher Asmus gewusst haben könnte, dass der LaForge ein Restauranttester ist und einen grottenschlechten Bericht abliefern würde. Der Sohn sagte doch, dass es zwar bei Michelin üblich gewesen sei, sich nach Begleichung der Rechnung zu erkennen zu geben, bei La belle étoile aber bleiben die anonym.«

»Vielleicht hat der LaForge ja auch schon für Michelin auf Sylt getestet und Asmus kannte ihn daher?«, mutmaßt Wienke. »Obwohl«, denkt sie laut weiter, »die Austeria hat den Michelin-Stern ja erst seit einem Jahr, da war LaForge dort ja schon gar nicht mehr tätig.«

»Aber Michelin testet auch Restaurants, die nichts mit Luxus und Sternen zu tun haben. Wenn zum Beispiel die Redaktion lobende Leserzuschriften bekommen hat. Da sollten wir mal nachfragen.«

»Na dann, ab ins Bett, Mädels. Ich wollte zwar noch zum Kampener Literatursommer 52, Roger Willemsen liest heute im Kaamp Hüs, aber das muss ich wohl knicken. Ich denke, dass ich den Durchsuchungsbeschluss von der Staatsanwältin heute noch bekommen werde. Wir sehen uns dann morgen früh um fünf Uhr vor der Austeria. Den Kollegen von der Spurensicherung gebe ich auch noch Bescheid.«

»Moin, Herr Asmus. Mein Name ist Henry Hansen von der Kriminalpolizei in Westerland. Entschuldigen Sie die frühe Störung. Aber wir würden uns gerne in Ihrer Wohnung und dem Restaurant umsehen und hätten ein paar Fragen an Sie«, begrüßt Hansen den schlaftrunkenen Asmus freundlich und hält ihm den Beschluss durch den geöffneten, mit einer Kette gesicherten Türspalt entgegen.

»Was soll das? Mitten in der Nacht. Verschwinden Sie augenblicklich!«, raunzt dieser ungehalten zurück und zieht die Tür wieder zu.

»Herr Asmus, wir haben einen Durchsuchungsbeschluss und können die Tür auch aufbrechen«, erklärt Hansen, immer noch sehr freundlich.

Hörbar hantiert Asmus an der Türkette und murmelt: »Entschuldigung, aber es ist wirklich noch arg früh für mich. Kommen Sie rein. Ich weiß zwar nicht, was dieser Aufstand hier soll, aber ich habe nichts zu verbergen.«

Während Merle zusammen mit zwei Kollegen die Wohnung durchkämmt, kümmert sich Wienke mit zwei anderen eine Etage tiefer um Restaurant und Keller.

»Also, was suchen Sie hier bei mir?«, fragt Asmus, während er seinen Schlafanzug gegen ein T-Shirt und Jeans tauscht.

»Herr Asmus, kennen Sie René LaForge?«, antwortet Hansen mit einer Gegenfrage.

»Kennen ist übertrieben, er hat bei mir ein Menü für das White Dinner bestellt. Das sagte Ihnen doch schon mein Azubi.«

»Ja, genau. Aber leider ist dem Herrn das Essen nicht so gut bekommen«, entgegnet Hansen.

»Wenn dem schlecht wird, hat er wohl zu viel getrunken. Genug Wein und Schampus waren ja auch mit dabei. Oder er hat Magen-Darm oder was weiß ich. Warum durchwühlen Sie dann mitten in der Nacht meine Wohnung?«

»Vielleicht waren ja verdorbene Lebensmittel dabei?«, fragt Hansen scheinheilig.

»Ich bitte Sie, ich habe mir meinen Stern über Jahre hinweg erarbeitet. Ich verarbeite nur beste Qualität. Und auf meine Lieferanten lasse ich nichts kommen«, verteidigt sich Asmus.

»Herr Hansen«, unterbricht Merle das Gespräch der beiden Männer im Schlafzimmer. »Ich muss Ihnen kurz etwas zeigen«, und hält Hansen ihr Smartphone hin.

Asmus geht, gefolgt von Merle und Hansen, ins Wohnzimmer. Hansen deutet auf den dort stehenden Drehstuhl und setzt sich selber auf einen gegenüberstehenden Stuhl.

»Herr Asmus, nehmen Sie doch bitte Platz. Sie wussten, dass Herr LaForge ein Restaurantkritiker war.« Hansen macht eine Pause, schaut Asmus direkt in die Augen und fährt fort: »Vor zwei Jahren aß er schon mal bei Ihnen und verhalf Ihnen mit seinem Test zu dem Stern. Sie erkannten ihn wieder, als er vor einer Woche bei Ihnen in der Austeria aß. Aber dieses Mal fiel Ihr Menü bei dem Gourmet durch. Dass dieser gar nicht mehr bei Michelin arbeitet, konnten Sie ja nicht wissen. Auf jeden Fall mussten Sie eine schlechte Kritik verhindern«, folgert Hansen aus der E-Mail, die Merle von Michelin erhielt.

»Ach«, reagiert Asmus geschockt. »Das war mal ein Testesser? Nein, das wusste ich nicht. An dem Abend ging bei uns in der Küche einiges schief, aber er war der Einzige, der sich beschwerte, zu Recht, wie ich wusste. Als Entschädigung habe ich ihm die Rechnung erlassen und den Picknickkorb angeboten.«

Während Asmus sich bemüht, locker zu wirken, verraten seine Finger jedoch die große Anspannung. Er kratzt so lange an einer Schorfwunde der linken Hand, bis es anfängt zu bluten.

Hansen kramt in seiner Hosentasche und reicht ihm ein Pflaster. »Hier, nehmen Sie das!«

»Danke, ja, aber was wollen Sie mir da unterstellen?«, reagiert Asmus jetzt sichtlich gereizt. Auf seiner Stirn reihen sich Schweißperlen auf.

Hansen kramt wieder in seiner Hosentasche, reicht ein frisches Taschentuch weiter und schweigt.

Sehr ruhig setzt der Kriminalist das Gespräch fort: »Herr Asmus, wir wissen, dass das Bärlauchpesto aus Maiglöckchen und Herbstzeitlosen bestand, die dem Bärlauch zum Verwechseln ähnlich sind und mit genügend Knoblauch auch so schmecken. Diese Menge an Gift hätte schon ausgereicht. Aber Sie konnten ja nicht wissen, ob er das alles essen würde, und so mussten auch noch giftige Pilze dazukommen. Dass der Grüne Knollenblätterpilz ähnlich schmackhaft ist wie Champignons und auch der Ziegelrote Risspilz – manche sagen Gemeiner Faserkopf dazu – mit genügend Gewürzen nicht zu erkennen ist, wissen Sie als Koch. Warum musste LaForge sterben? Hatten Sie Angst, den Stern zu verlieren?«

In dem Moment betritt Wienke das Zimmer und ergänzt: »Die Austeria lief nicht mehr so gut, Herr Asmus. Stimmt's? Wir haben diverse Mahnbescheide Ihrer Lieferanten gefunden. Viele beliefern Sie schon gar nicht mehr, darunter auch die Sylter Bauern. Es war wohl nur eine Frage der Zeit, bis schlechte Bewertungen die Runde gemacht und Sie ruiniert hätten.«

Während Wienke redet, dreht sich Asmus auf dem Drehstuhl hin und her. In das sich anschließende Schweigen aber sinkt er in sich zusammen.

»Jetzt ist auch alles egal«, beginnt Asmus seine Erklärung. »Ich habe ihn erst nicht erkannt. Der war ja auch alleine, was ungewöhnlich ist, denn Sternerestaurants werden eigentlich immer von zwei Kritikern getestet. Aber der hat weder nebenbei gesurft noch gesimst, was ja auch schon ungewöhnlich heutzutage ist, wenn einer da mehr als drei Stunden sitzt. Und dann diese Geschmacksnerven. Das konnte nur ein Profi sein. Und ich begann mich tatsächlich zu erinnern. Denn er hat ja recht: Der Laden läuft nicht mehr so wie früher, das kam, na ja, seit meine Frau weg ist. Die hatte ein besonderes Händchen in der Gästebetreuung, immer ein offenes Ohr für Gäste und Mitarbeiter, machte die Deko, kümmerte sich um die Finanzen, ein Allroundgenie. Und ja, ich muss mittlerweile im Großmarkt auf dem Festland einkaufen, muss Fleisch aus Massentierhaltung verarbeiten. Das durfte nicht rauskommen.«

»Und woher hatten Sie Maiglöckchen, Herbstzeitlosen und den Grünen Knollenblätterpilz?«, fragt Wienke.

»Ich wollte mich damit vor ein paar Wochen selber umbringen, hier in den weiten Heideflächen **53** hinter Kampen, am Ende verließ mich aber der Mut. Da fror ich das alles ein.«

Kampen

Seit mehr als 100 Jahren bringt der Zustrom von Prominenten, Geschäftsleuten und einer Schickeria Geld in das zuvor ärmste Dorf der Insel. Der Strönwai mit seinen noblen Bars gilt bundesweit als Inbegriff des lockeren Lebens der High-Society. Das Dorf selbst strahlt schon wegen eines 1913 verfassten Ratsbeschlusses in Reetdachschönheit. Andere Bauweisen wurden damals verboten. Auch rote Klinker schrieben die Herren zu jener Zeit vor. Die Boden- und Hauspreise für das Dorf zwischen Watt und Kliff sind heute jedoch bundesweit an der Spitze.

43 Rotes Kliff bei Sonnenuntergang – das ist pure Romantik. Der Strand am Roten Kliff ist besonders gegen Abend bei Strandläufern begehrt, weil dann die Rotfärbung der 30 Meter mächtigen Grundmoräne auf einem viereinhalb Kilometer langen Abschnitt zwischen Wenningstedt und dem Kliffende in Kampen durch die Sonne noch verstärkt wird. Der eisenhaltige Geschiebelehm war allerdings bei Seefahrern verhasst. Schon im 16. Jahrhundert wurde das weithin sichtbare Kliff in den Karten verzeichnet. Allzu oft strandeten hier die Segler.

44 Das Waterküken ist ein kleines Haus nahe am Nationalpark Wattenmeer. Es wurde 1936 gebaut und ist von einem Erdwall umgeben. Für sechs Millionen Euro versuchte ein Makler es zu verkaufen – allerdings erfolglos. Es galt gar als das teuerste Haus der Welt, umgerechnet auf die 30 Quadratmeter Wohnfläche. Inzwischen ist es zu einem Symbol für den Preiswahnsinn von Häusern auf der Insel geworden.

45 Gogärtchen (Strönwai 12, 25999 Kampen) – als Anfang der 1930er-Jahre die Westfälin Margret Gogarten die Familienpension in Kampen unter diesem Namen eröffnete, konnte niemand ahnen, dass das Haus einmal zum Inbegriff einer Bar der prominenten Sylter Gäste werden sollte. Alle Stars und Sternchen, die die Insel besuchten, schlürften hier ihre Cocktails oder tranken ihren Champagner. Auch heute ist das Lokal Treffpunkt aller, die sich auf »sehen und gesehen werden« verstehen.

46 White Dinner am Strand läuft so ab: Der Gast bringt sich sein Essen und Trinken mit, weißgedeckte Tische und Bänke stehen bereit. Dresscode: Weiß, sogar die Schuhe. Viele Orte quer durchs Land veranstalten ähnliche Gourmettreffs.

47 Der Kampener Kunst- und Kulturpfad besteht aus einem Weg durch und an Kampen vorbei. 32 Stelen mit Schrifttafeln erinnern in der Nähe der jeweiligen Häuser an ihre einstigen Bewohner. Von Emil Nolde über Thomas Mann, Max Frisch bis Peter Suhrkamp reicht die Palette. Auch Axel Springer gehört dazu. Der Tourist-Service im Kaamp-Hüs (Hauptstr. 12, 25999 Kampen) hält ein Begleitbuch bereit.

48 Die Kupferkanne (Stapelhooger Wai 7, 25999 Kampen) in einem ehemaligen Bunkersystem zwischen Kiefern ist ein legendäres Lokal auf Sylt. Der einmalige Charme mit den vielen Stuben und Stufen sowie Kunstwerken und dem gerösteten Kaffee wirkt betörend. Draußen öffnet sich eine weitläufige Terrasse, auf der man Kuchen vom Blech und erstklassige Speisen genießen kann. Der Bildhauer Günter Rieck kam als Oberleutnant der Kriegsmarine kurz vor Ende des Zweiten Weltkriegs hierher, grub sich ein Schlafzimmer neben der Flakstellung in die Erde und meißelte ein Fenster in den Bunker. So entstand sein Atelier, das 1950 zum Künstlerlokal mutierte.

49 Die Uwe-Düne als höchste Erhebung der Insel (Zur Uwe Düne/Westerweg – von da aus zu Fuß weiter) bietet von der Aussichtsplattform einen herrlich weiten Blick auf die beiden Meere und den nördlichen Inselteil. Die Düne ist 52,5 Meter hoch. 109 Stufen führen hinauf. Ihren Namen verdankt sie Uwe Jens Lornsen, einem Landvogt, der im 19. Jahrhundert für ein vereintes Schleswig-Holstein eintrat.

50 Das Bistro La Grande Plage (Riperstieg, 25999 Kampen) wird von vielen wegen seiner Lage am Weststrand geschätzt. Mit Blick auf die Brandung lässt sich hier tafeln. Nebenan befindet sich eine Sauna. Zur Abkühlung laufen die Gäste ins Meer und schwimmen eine Runde.

51 Vom Kampener Künstlerwein werden jedes Jahr 1.000 Flaschen abgefüllt. Der Wein ist stets einem anderen Künstler gewidmet. Kaufen lässt er sich im Kaamp-Hüs (Hauptstr. 12, 25999 Kampen) sowie online im Syltshop.

52 Zum Kampener Literatursommer kommen große Schriftsteller, brillante Journalisten, bekannte Verleger und vielversprechende Nachwuchsautoren. Die Lesungen sind sehr gefragt. Es gibt zahlreiche Termine in der Saison bei diesem seit rund 100 Jahren gepflegten Ritus.

53 Wandern durch die Heideflächen, das gehört östlich und südöstlich von Kampen zu den beliebten Aktivitäten. Hier lässt sich Ruhe tanken und dem Geschrei der Vögel lauschen.

6. ABSTURZ IM WATT

Jähes Ende des Höhenflugs einer angesehenen Galeristin aus Munkmarsch

Als Svenja Wesley, die junge Barkeeperin des Hotels See-hecht in Munkmarsch, von der kleinen Terrasse vor ihrem Schlafzimmer über den Hafen 54 in den grauen Him-mel blickte, sah sie die einmotorige Maschine. Das konnte nur ihre Andrea sein. Die hellblaue Cessna war gerade auf dem Flughafen Sylt 55 in Westerland gestartet. Es war 7.31 Uhr. Die Galeristin aus Munkmarsch flog leidenschaft-lich gern. Heute sollte es zur Vernissage nach Nizza gehen. Die Werke zweier junge Künstler, die von ihr in den ver-gangenen Jahren international bekannt gemacht wurden, sollten hier gezeigt werden. Von Nizza sollten die Werke, deren Preise sie mehr als verdreifachen konnte, anschlie-ßend sogar nach New York gehen.

Svenja hatte die letzte Nacht gemeinsam mit der 59-jäh-rigen Andrea Neumann verbracht. Sie, die 30 Jahre jün-gere Frau, und die erfolgreiche Jetsetterin verband pure Lust und Erotik. Svenja traute ihren Ohren nicht. Sie hörte plötzlich kein Motorengeräusch mehr. War es der Wind, hatte sie sich getäuscht? Aber was sie sah, löste in ihrer Brust augenblicklich Herzrasen aus: Die Cessna sackte ab. Sie näherte sich immer weiter dem grauen Watt. Svenja schrie und streckte die Arme aus, als wollte sie die fast nur als Punkt wahrnehmbare Maschine mit einem Bettlaken auffangen. Ein Krachen war zu hören, dann nichts mehr.

Andrea steckte mit ihrem einmotorigen Propellerflugzeug kurz vor der dänischen Küste im Watt.

»Neiiiiiin!«, kreischt Svenja. Sie rennt zur Rezeption ihres Hotels, reißt dem Portier den Telefonhörer aus der Hand, beendet sein Gespräch und wählt die Nummer der Westerländer Polizei. Bis ein Rettungstrupp starten kann, dauert es eine Weile, denn es herrscht Ebbe. Der Rettungshubschrauber in Niebüll wird alarmiert, der bis zur Absturzstelle fliegt und dort kreist. Die Crew dreht ein Video und der Notarzt seilt sich ab. Landen kann der Hubschrauber nicht auf dem schlickigen, silbrig glänzenden Untergrund. Die Sonne schickt gleißendes Licht, das sich auf dem Grau des fast trocken liegenden Meeresbodens spiegelt. Der Mediziner versucht verzweifelt, die Kanzelhaube zu öffnen. Er sieht die regungslose Frau, wie sie mit dem Kopf vornüber auf dem Steuerknüppel hängt. Die Crew wirft eine Rettungsinsel ab, ein weiterer Retter seilt sich ab. Arzt und Retter sind in der aufblasbaren Insel, über ihnen dröhnt der Hubschrauber. Sie können schließlich die Kanzelhaube hochziehen und die leblose Person bergen. In der Niebüller Klinik stellen sie den Tod von Andrea Neumann fest.

Als Wienke den Fall übernimmt, ist ihr unwohl. »Blöd, dass Hansen, unser Leuchtturm, Urlaub hat, der wäre technisch besser drauf als ich«, stöhnt sie. Das Wrack wird noch am selben Tag geborgen. Die Spurensicherung sichtet jedes Detail. Zwei Experten der Bundesstelle für Flugunfalluntersuchung aus Braunschweig treffen ein. »Das wird ein paar Tage dauern«, sagt einer der Spezialisten, »dann werden wir wissen, ob es ein technischer Defekt war.«

Sie und ihre Kollegin Merle fahren nach Munkmarsch und vernehmen ein paar Augenzeugen. Ein Jogger hat das Drama von der Braderuper Heide **56** aus gesehen. Zwei Pflücker des Erdbeerparadieses **57** schauten heute früh auch zum Himmel, als die Cessna plötzlich an Höhe verlor. Svenja Wesley, die 29-jährige Barkeeperin, die den Absturz gemeldet hatte, spricht auch freimütig von ihrer Verbindung zu der bekannten Galeristin. »Andrea und ich hatten öfter erotische Treffs, aber wir waren kein Paar«, betont sie. »Wir beide lieben die Musik, den Tanz der Körper, alles Sinnliche. Wenn wir zusammen sind, ist es wie eine Sinfonie«, erzählt Svenja, als spräche sie von einer Filmsequenz, die in Zeitlupe und Großaufnahme an ihr vorüberzieht.

»Ging es auch in Richtung Sado-Maso?«, fragt Wienke, die mit Beziehungen unter Frauen wenig anfangen kann, aber etwas über Stilrichtungen beim Sex gehört hat.

»Bitte? Nein, das nicht, und wenn, ginge Sie das wohl auch nichts an«, wehrt Svenja ab, »das mag was für Männer sein, wir mögen es sinnlich. Und falls Sie da an Lack und Leder denken, das mögen wir auch. Aber nur tagsüber, und dann auch nur aus der Ledermanufaktur Braderup **58** .«

In dem einstündigen Gespräch, das Wienke und Merle mit der Barkeeperin führen, tritt so einiges aus dem Leben der Galeristin zutage. Sie lebt seit zehn Jahren auf Sylt, hat sich in Munkmarsch eine viel beachtete Galerie aufgebaut, wird von den Galerie-Kollegen der Insel argwöhnisch beäugt. »Ja, einer wollte ihr immer ans Leder. Andrea war besser als die. Sie hatte mehr Kunstverstand, das bessere Händchen, die besseren Beziehungen. Nichts wäre denen lieber gewesen, als sie loszuwerden«, schildert sie. »Ich glaube beim besten Willen nicht, dass sie einfach so abstürzte.«

Svenja nennt auf Nachfrage auch Namen wie Bernhard Bottelbohm oder Uffe Smalhüs. »Das sind zwei Ekelpakete, lächeln bis zum Erbrechen ihre Kunden an, aber zu Andrea waren sie eiskalt«, zeigt sich Svenja weiter mitteilsam. »Die beiden sitzen auch oft in unserer Bar im Hotel. Dann bestellen sie den teuersten Cocktail, haben keine Ahnung, was da drin ist, aber sie zeigen: Guck, ich nehme immer das Teuerste, das muss das Beste sein. Ich kann es mir leisten. Einfach so geschmacklose Typen. Und dazu blicke ich in diese leeren Augen. Neben ihnen sind dann ihre Damen platziert. Da nehme ich schon öfter mal Blickkontakt auf. Was ich dann an Reaktionen zurückbekomme, ist schauderhaft. Jedem Hund geht es besser als diesen Frauen. Sie glänzen mit ihrer Lackschicht. Ihr gefrorenes Lächeln wirkt auf mich wie ein Kreischen ihrer Seele – ich will hier raus aus diesem goldenen Käfig, aber leider läuft alles wie geschmiert.«

Wienke hört tapfer zu. »Wissen Sie, ob Frau Neumann allein lebte, mal abgesehen von Ihnen?«

»Ja, sie hatte keine feste Beziehung. Vor 20 Jahren war sie kurz mit einem Mann verheiratet, einem Neumann, witzigerweise hieß sie vorher Altmann, na ja, aber der neue Mann hat ihr Leben auch nicht so nach vorn gebracht. Aber immerhin hat sie von ihm eine Million D-Mark geerbt. Lebensversicherung. Ihr Neumann kam beim Segelfliegen in Australien ums Leben.«

»Sie wissen ja viel über die Galeristin, seit wann kannten Sie sich?«, fragt Merle neugierig. »Seit zwei Jahren. So lange arbeite ich in Munkmarsch. Wir lernten uns an meiner Bar kennen. Vorher war ich in Luzern, davor in Lugano, davor Locarno.«

Merle stutzt: »Sind das drei verschiedene Städte? Ich

dachte, das wären bei den Schweizern nur die Namen in den anderen Landessprachen.«

Svenja lächelt. »Reisen bildet«, sagt sie nur, »es sind drei verschiedene, glauben Sie mir. Das hätte ich gemerkt, wenn ich immer in derselben gewesen wäre.«

»Sind Sie mal mitgeflogen, war sie eine gute Pilotin?«, bohrt Wienke weiter.

»Ja, ich hatte niemals Angst. Sie flog seit 20 Jahren. Sie machte auch keine Mätzchen, sie flog absolut sicher und kontrolliert.«

Die beiden Polizistinnen verabschieden sich nach einer weiteren Stunde Geplauder.

Nach drei Tagen wird klar: Es war Mord. Der Bericht der Sachverständigen aus Braunschweig ist eindeutig. Der Schlauch für die Benzinzufuhr zum Vergaser wurde manipuliert. Die Cessna war erst vor zehn Flugstunden generalüberholt worden. Sie war auch am Vortag des Absturzes einwandfrei geflogen, und zwar nach Billund zum Legoland **59** in Dänemark und zurück. Wienke und Merle sehen sich sofort im Hangar des Sylter Flughafens um, wo die Maschine stand und gewartet wurde.

Der zuständige Mechaniker beteuert: »Es war eine vorbildlich gepflegte Maschine.« Aber sie steht draußen, wenn sie nicht geflogen wird. Der Abstellplatz ist durch den hohen Zaun des Flughafens gesichert. Es gibt einen Wachdienst rund um die Uhr. Auch der wird nun befragt. »Nichts«, stöhnt Merle. »Ich fahre mal zu meinem Freund Hein, dem mit dem Burgermobil. Vielleicht tischt er mir ja was aus der Sylter Gerüchteküche auf«, kündigt sie an.

»Bring mir doch bitte einen veganen mit!«, ruft Wienke ihr nach. Als sie nach einer Stunde wiederkommt, hat sie neben zwei gesunden Burgern noch eine Neuigkeit im Gepäck. »Hein sagt, es gibt ein Schlupfloch im Zaun, hinten auf dem Weg zum Golfplatz. Das hat er neulich erst gesehen, als er vorbeifuhr. Und der Wachdienst, na ja, Schlafmützen, sagt jedenfalls Hein«, erzählt Merle.

»Also nichts wie hin!«, sagt Wienke. Sie laufen den Zaun ab und finden rund um das von Hein beschriebene Loch im Zaun diverse Schuhabdrücke, die von der Spurensicherung dokumentiert werden.

In Berlin, mit Blick auf den stillgelegten Flughafen Tempelhof, steht Mark Rennefuß in seinem Atelier und stiert auf die alte Landebahn. Der Kunstmaler hat wieder ein Werk fertig. Abstrakter Expressionismus heißt seine Stilrichtung. Wer die Bilder sieht, erkennt vielleicht eine Art »action painting« darin. Farbfelder sind zu sehen. Es gleicht einer verpixelten, meist bunten Herde an unterschiedlich großen Tropfen. In dem Stil malen auch Kinder gern, was vor ein paar Jahren eine skandinavische Galerie auf die Idee brachte, solche Bilder von Fünfjährigen zu nehmen und sie als Werke unbekannter Meister vorzustellen. Ein umfassendes Lob war zu hören. Dann flog die Sache auf. Doch der Expressionismus, den Rennefuß verfolgt, ahmt die Meister der 1960er-Jahre nach, es ist keinesfalls »Kinderkram«. Der Berliner Kunstmaler orientiert sich an Jackson Pollok von der New York School oder auch Mark Tobey. Als Rennefuß Anfang 20 war, konnte er sogar einmal selbst Marc Chagall kurz vor dessen Tod persönlich kennenlernen.

Der Künstler liebt die Nähe zum alten Flughafen in Berlin, wo jetzt Segler auf Rollen ihre Bahnen ziehen. Stundenlang kann er zuschauen. Öfter schlendert er durch das Grün der Hasenheide nebenan. »Ich bin nachtaktiv, liebe die Zeit von der Dämmerung abends bis zur Dämmerung morgens«, sagt er, wenn ihn jemand nach seinem Arbeitsrhythmus fragt. Tag und Nacht sind für »Marré« vertauscht. Das ist sein Künstlername, abgekürzt aus den drei ersten Buchstaben des Vornamens und den zwei ersten des Nachnamens. Dazu ein Akzent, weil der 54-Jährige alles Französische liebt. Der Name, mit dem er auch seine Bilder signiert, hat noch eine weitere Bedeutung: »se marrer« heißt sich schieflachen, »tu t'es marré«, du hast dich schiefgelacht. Ein lustiger Vogel also. Zumindest tritt er so auf.

Als Svenja ihn anruft, ist er erstaunt. »Dit jibs ja nich. Wie komm ick denn zu der Ehre?«, berlinert er ihr vor, dabei stammt er aus Strasburg. Das liegt in Mecklenburg-Vorpommern, nahe bei Neubrandenburg.

»Weißt du es schon? Andrea ist tot«, teilt sie ihm mit.

»Dit jibs ja nich«, zeigt er sich überrascht.

»Ja, ich dachte, ich sag es dir, bevor sich die Polizei meldet«, fügt sie rasch hinzu.

»Polizei? Wieso, wurde sie denn umgebracht?«, will er von Svenja wissen.

»Weiß ich nicht, jedenfalls habe ich denen alle Kontakte, die sie hatte, übergeben. Und da gehörst du auch dazu, warst ja schließlich einer ihrer wichtigen Bilderlieferanten.«

»Nee, wichtig wohl nicht, sonst hätte sie ja mehr von meinen schönen Werken verkauft. Bilder stehen noch bestimmt 20 bei ihr, sie hat sich ja nur noch um ihre beiden Lieblinge gekümmert und von mir schon lange nichts mehr verkauft. Wie du weißt, bin ich einfach sauer auf Andrea. Ich brauche Geld, mir steht das Wasser bis zum

Hals. Was wird denn jetzt? Wie komme ich an meine Bilder? Aber du weeßt natürlich von nüscht, oder?«, poltert der übernächtigte Künstler. »Je me marre, ich lach mich schief«, sagt Rennefuß, aber das trifft nicht seine wirkliche Stimmungslage. Er ist empört, verbittert, genervt und wegen der angekündigten Polizeinachfrage auch irgendwie beunruhigt.

Derweil knallen in Kampen auf Sylt die Champagnerkorken. Bernhard Bottelbohm und Uffe Smalhüs, die beiden ambitionierten Galeristen, sind erfreut, als sie in der Zeitung vom Tod der ungeliebten Konkurrentin Andrea Neumann lesen. »Die hätte uns mit ihrem internationalen Promi-Getue noch ganz das Wasser abgegraben, jetzt sind wir endlich wieder unter uns, was die Kunst auf Sylt angeht«, trötet Bottelbohm. Sein 40-jähriger Kollege Smalhüs, der es sich auf dem großen antiken Sofa mit Goldarmlehnen in Bottelbohms »Galerie ohne Sand« gemütlich gemacht hat, pflichtet bei: »Ganz klasse, hat sich selbst im Watt versenkt, diese Überflieger-Tante. Wollte nach Nizza fliegen, zur nächsten Turbo-Vernissage. Da wäre sie wieder in die Kunstzeitschriften gekommen mit ihren komischen Künstlern.«

In die Feierlaune platzen an diesem Morgen zwei Frauen, die sich an der Tür mit ihrem Dienstausweis zu erkennen geben, weil sie da »ein paar Fragen hätten«. Von klarer Mordabsicht wegen des manipulierten Flugzeugmotors ist der Öffentlichkeit bislang nichts bekannt. »Hallöchen, kommen Sie doch rein«, wählt Bottelbohm eine in seinen Kreisen verbreitete Anrede, die bei den beiden Frauen nur ein aufgesetztes Grinsen verursacht.

»Wie kam es denn zu dem bösen Unfall bei der Guten?«, erkundigt sich Smalhüs gespielt besorgt.

Wienke holt Luft, sagt: »Das wird gerade untersucht«, und beginnt bei den beiden auszuleuchten, wie sie ihre Galeristen-Kollegin so erlebt haben.

»Ganz große Nummer, hatte viele internationale Kontakte, war unglaublich reizend, immer adrett gekleidet, trug oft beigen Hosenanzug, immer braun gebrannt, stand wohl nicht auf Männer, aber hatte immer neue Künstler unter Vertrag«, erzählt Bottelbohm mit übertriebener Bewunderung.

Smalhüs schränkt dann etwas ein: »Die hat in den letzten fünf Jahren ihren Laden und ihren Umsatz schier verdoppelt. Die war der Star in der Kunstmanege. Nur, glaube ich, hat sie auch viele ihrer Kunstmaler verprellt. Das haben mir mal welche erzählt, die zu mir kamen. Sie soll ziemliche Knebelverträge geschlossen haben. Also Exklusivvertrag auf drei Jahre, nicht kündbar, weltweite Verbreitung der Bilder, und dann nahm sie unverschämte 60 Prozent Provision, die Künstler mussten monatlich ein Bild liefern, ihr eines im Jahr schenken, doch sie kümmerte sich nur um ihre Lieblinge. Die anderen produzierten wie am Fließband, sahen aber kaum Geld, weil ihre Bilder bei Neumann nur den Keller zierten. Blöd, oder? Dafür hat sie ständig neue Künstler unter Vertrag genommen.«

Als Wienke und Merle nach einer Stunde die Galerie in Kampen verlassen, haben sie tiefe Einblicke in die Kunstszene gewonnen, den abgrundtiefen Hass der beiden Galeristen gegenüber der Toten herausgehört und lassen gleich deren Alibis überprüfen, was die Zeit 24 Stunden vor dem Absturz angeht. »Diese verlogene und verlebte ›Hallöchen-Gesellschaft‹ ist doch Stress hoch drei«, zischt Merle. »Alles so unehrlich, wie anstrengend, Fassadenmaler, sag ich mal.«

»Jetzt malen wir uns mal ein eigenes Bild von der Sache«, beginnt Wienke im Büro, die Fakten zu ordnen. Die beiden tupfen eine Collage aus Verdächtigen zusammen und hängen ihre Zettel an die große weiße Magnetwand im Büro: Andrea Neumann hatte als erfolgreiche Galeristin viele Feinde. Bei den verprellten Künstlern sticht vor allem ein Name hervor: Mark Rennefuß. Er wird in Berlin gerade von Kollegen des dortigen Kriminalkommissariats vernommen. Dann haben sich die örtlichen Galeristen wie Bottelbohm und Smalhüs stark verdächtig gemacht. Ihre Alibis überstanden den Test mit der Wirklichkeit nicht, aber warum logen sie?

Was sie von den 24 Stunden vor dem Absturz der Maschine erzählten, ist weitgehend erfunden. Sie waren keinesfalls bei ihren Ehefrauen zu Hause, wie alle betonten, sondern trafen sich um 19.00 Uhr mit dem Topkünstler aus dem Hause Neumann, Tom Jefferson. Das Geheimtreffen ging in einem gemieteten schwarzen Kleinbus über die Bühne. Das bestätigte der Westerländer Autoverleiher, der dank GPS-Ortung auch wusste, dass sie mit dem Wagen nur bis Archsum gefahren waren und südlich der Alten Schule **60** am Wegrand parkten.

Die Kampener Galeristen wollten Jefferson gemeinsam abwerben, boten ihm 60 Prozent des Verkaufserlöses statt der nur 40 Prozent, die er bei Andrea Neumann bekam. Außerdem wissen die beiden Galeristen, dass die Neumann ihre Künstler mit einer unzulässigen Klausel in ihren Verträgen übervorteilt: Pro Jahr müssen sie ihr ein Werk ihrer Wahl kostenfrei überlassen. Künstler akzeptieren das, denn Neumanns Galerie genießt den Ruf, unbekannte Künstler zu entdecken und groß rauszubringen. Jefferson fuhr noch am selben Abend gegen 22.00 Uhr zu seiner Galeristin, um mit ihr die Vertragsauflösung zu besprechen. Er erreichte sie aber weder persönlich noch telefonisch.

Bottelbohm und Smalhüs werden zur weiteren Vernehmung ins Polizeirevier geladen. Aber würden sie einen Mord begehen oder in Auftrag geben? Ein schräges Licht fällt auch auf Svenja, Andrea Neumanns Sexpartnerin. Zu ihren Gunsten hatte die Galeristin erst vor sechs Wochen eine Risikolebensversicherung abgeschlossen. Die 150.000 Euro erhält Svenja demnächst ausgezahlt, sofern es kein Selbstmord war. Der Lebensversicherer hat sich bei der Kripo in Westerland gemeldet und bittet um nähere Auskunft. Er will sogar einen Privatermittler einschalten. Ein Selbstmord der Pilotin jedoch scheidet nach allen Befragungen im Freundes- und Geschäftskreis der Toten für die Westerländer Kripo bisher ganz klar aus.

Svenja hatte Merle noch erzählt, dass ihre Partnerin die Risikolebensversicherung abgeschlossen habe, weil sie so ein komisches Gefühl hatte. »Wenn ich jetzt bald sterben sollte, bist du abgesichert«, hatte die Galeristin der jungen Svenja erzählt. »Die hat gespürt, dass sich gegen sie einiges zusammenbraut«, meint Svenja.

In dem Stapel an Post für das Kommissariat liegt heute eine Ansichtskarte aus Irland. »Schau mal, unser Hansen«, freut sich Merle. »Das ist er doch, vorn drauf, fährt Wake-Board im Hafen von Dublin. Sportlich, unser Chef.«

Wienke ist neugierig. »Zeig mal, und was schreibt er so?«
Merle liest vor:

»Lasse mich hier jeden Morgen am Seil auf meinem Wake-Board in den Dubliner Docklands durchs Wasser ziehen. Totale Entspannung. Abends geht's in den Temple Bar Pub. Wir lassen uns täglich neue Blumen servieren – Bierblumen. Nur beim Guinness ist kaum Schaum drauf. Dafür erstklassiger Blick oben vom Storehouse der Brauerei auf die Stadt. We love it, see you soon! Henry Hansen.«

Wienke schaut überrascht auf und wiederholt: »›We love it‹ und ›wir lassen uns täglich …‹ – wer ist denn ›wir‹?«

Merle kombiniert: »Unsere Bürgermeisterin, die ja sonst immer bei ihm ist, die ist hier, habe ich gestern gesehen. Vielleicht sein Freund Bert, der gern mit dem Porsche zum Strand fährt.« »Mmh, und warum ruft er nicht an? Der weiß von seiner lieben Bürgermeisterin doch sicher von unserem neuen Mordfall«, murrt Wienke, doch da klingelt schon das Telefon.

»Uffe Smalhüs hier, Hallöchen, ich habe vom Hangarpersonal am Flughafen gehört, dass mit dem Flugzeug unserer lieben Galeristin etwas nicht stimmte, da hat wohl einer nachgeholfen. Ich wollte Ihnen das nur erzählen, weil ich abends da zum Golfplatz fuhr und jemanden gesehen habe, der durch das Loch im Zaun zum Hangar rannte, falls Sie das interessiert«, erklärt der Kampener Galerist in einer Ruhe, als hätte er ein Mittel geschluckt, was seine Reaktionen auf Zeitlupe stellt.

»Vielen Dank, Herr Smalhüs. Können Sie eine genaue

Personenbeschreibung abgeben und kurz zu uns ins Kommissariat kommen, wir haben noch ein paar weitere Fragen an Sie«, bittet Wienke.

»Abholen wäre besser, ich, äh, ich, also mein Chauffeur hat sich heute freigenommen«, schlägt der Galerist vor.

»Verstehe, in 15 Minuten steht ein weißer Kleinbus vor Ihrer Tür, da steigen Sie bitte ein«, sagt die Kommissarin, legt auf und schüttelt den Kopf. »Entweder Ecstasy oder Likörchen«, macht sie sich gegenüber ihrer Kollegin etwas lustig über den Galeristen.

Die beiden Ermittlerinnen haben vorsichtshalber den Amtsarzt bestellt, der prüft, ob Smalhüs auch vernehmungsfähig ist. Äußerlich macht der 40-Jährige einen klaren Eindruck, auch der Arzt kann nach einer kurzen Untersuchung keine Hinweise auf die üblichen Drogen finden. Die Befragung dauert länger als erwartet, denn was Smalhüs erzählt, überrascht doch alle. Ausführlich begründet er, warum er und sein Kollege Bottelbohm anfänglich ihr Alibi erfanden, um das Treffen mit dem Kunstmaler Jefferson geheim zu halten. Dann beschreibt er die fragliche Person, die er am Zaun des Flughafens gesehen haben will: schwarz gekleidet, Pulli mit Kapuze, schwarze Handschuhe, schwarze Stiefel. Für ihn ist klar: Das war die Person, die etwas an der Neumannschen Maschine manipulierte. »Ich glaube sogar, es war eine Frau«, beendet er seine Schilderung.

»Woran wollen Sie das gesehen haben?«, fragt Wienke. Der Galerist gibt in unaufgeregtem Ton an: »Der Gang, die Hüften, der Größe nach wie die Barkeeperin im Seehecht.«

»Aha, und wie kommen Sie gerade auf Frau Wesley? Die ist doch bestimmt fast 1,80 Meter groß und hat damit nicht gerade die typische Frauenstatur«, bohrt Wienke nach.

»Ach, diese Lesbe ist doch an allem schuld, macht mit der Neumann rum und hat jetzt was mit meiner Frau angefangen. Wir haben uns getrennt, als ich das gestern erfuhr. Ist doch wohl abartig. Die wollte die Neumann aus dem Weg schaffen, mit deren 59 war das ja wohl auch nichts für die. Das ist ihr gelungen, jetzt hat sie eine Jüngere. Meine Frau ist 31«, empört sich Smalhüs.

»Das ist für Sie sicher alles tragisch, Herr Smalhüs, aber wichtig ist zunächst: Haben Sie Frau Wesley eindeutig an dem Abend am Flughafenzaun erkannt oder nicht?«, will Wienke wissen.

»Ja«, gibt er zu Protokoll.

Wie belastbar diese Aussage ist, muss sich erst noch zeigen. Der Galerist wird wieder nach Hause gebracht. Seine weiteren Aussagen trugen nicht zur Klärung bei, sondern mündeten nur in einer zusätzlichen Belastung der Barkeeperin, die nun erneut verhört wird. Sie beteuert, nicht die Person am Zaun gewesen zu sein, bestätigt aber, sich seit ein paar Wochen hin und wieder mit Uffes Frau getroffen zu haben. In diese unübersichtliche Lage platzt noch der Bericht der Berliner Kollegen von der Vernehmung des Kunstmalers »Marré« alias Mark Rennefuß. Das Gestrüpp an Widersprüchen könnte kaum größer sein. Er will das letzte Mal mit der Galeristin Neumann an dem Abend vor ihrem Tod um 23.00 Uhr telefoniert haben, was sich anhand der Verbindungsdaten auch belegen lässt. Unklar ist nur, wo er sich mit seinem Handy zu dem Zeitpunkt befand. Er behauptet, in seinem Atelier in Berlin gewesen zu sein. Eine Funkzellenabfrage beim Mobilfunknetzbetreiber aber beweist: Zumindest Rennefuß' Handy war am Tatabend in Westerland.

In dem Gespräch soll der höchst unzufriedene Kunstmaler die Galeristin an sein Ultimatum von vor zwei Wochen erinnert haben, in dem er eine Nachzahlung von 10.000 Euro für die verkauften Bilder forderte. Das Ultimatum sollte um Mitternacht ablaufen, also eine Stunde nach dem Gespräch. Den Berliner Beamten legte Rennefuß Rechnungen der Galeristin vor, die diese angeblich gefälscht hatte. Sie soll seine Bilder meistens für 5.000 Euro verkauft haben, aber ihm gegenüber nur von 2.000 Euro gesprochen haben. Von diesem Geld erhielt er 40 Prozent, wie es im Vertrag stand. »Durch Zufall habe ich einen Käufer meines Bildes in Berlin kennen gelernt«, gab Rennefuß zu Protokoll. »Da fiel mir die Preisdifferenz auf.«

»Oh je«, stöhnt Wienke, »den müssen wir jetzt einbestellen, die Schuhgröße entscheidet.« Merle hat wie Wienke auch gerade die Akten durchgesehen und schnell entdeckt, dass die Größe der am Loch des Zaunes gesicherten Schuhabdrücke bei 44 lag. Auf so großem Fuß lebt die Barkeeperin nicht. Es waren Cowboystiefel mit einer neuen Sohle. So viel konnten die Kollegen in Kiel feststellen. Wienke fragte bei allen Schustern auf der Insel, in der Hoffnung, dass die Schuhe hier frisch besohlt wurden. Einer erinnerte sich tatsächlich an dieses außergewöhnlich extravagante Paar.

Als Rennefuß in Westerland eintrifft, holen Wienke und Merle ihn vom nahen Bahnhof ab. Für zufällige Betrachter wirkt das Ganze wie ein Hotelservice, der einen Feriengast empfängt. Doch hier geht es zur Vernehmung.

»Endlich mal wieder Sylter Luft atmen, ich war zwei Jahre nicht hier«, beginnt er ein kleines Loblied auf die Insel.

»Na, dann wird es ja höchste Zeit, Herr Rennefuß«, eröffnet Wienke das Gespräch. »Haben Sie sich denn nie Ihre Bilder hier in der Munkmarscher Galerie angesehen?«, fragt sie direkt. »Nein, keine Zeit, ich muss ja ständig neue klecksen«, sagt er etwas unbeholfen.

»Sie sollen ja ein tolles Atelier in Berlin haben, ich stelle mir das hübsch vor, mit Blick auf die Rollbahn von Tempelhof«, erwidert Merle. »Haben Sie vielleicht zufällig ein paar Fotos Ihrer Bilder im Handy?«

Als sie im Vernehmungsraum angekommen sind, will Rennefuß zunächst wissen, ob er als Zeuge oder Beschuldigter vernommen wird. Das hätte ihm sein Anwalt mitgegeben, den er jederzeit anrufen könne. Wienke lässt eine Pause entstehen, dann sagt sie: »Als Zeuge für eine mögliche Anzeige wegen Abrechnungsbetrugs gegen Frau Neumann. Klar, denn Sie haben falsche Rechnungen moniert und ein Ultimatum an sie gestellt. Jetzt raus mit der Sprache: Was hat es damit auf sich?« Umständlich stapelt der Künstler seine mitgebrachten Akten, in denen sich alle Abrechnungen befinden, vor sich auf. Er zeigt alles, was ihn beschäftigt, und macht aus seinem Hass gegenüber der Toten keinen Hehl. »Ich bin am Ende, ich wohne schon im Atelier, weil ich meine Wohnung vor drei Monaten aufgeben musste. Das wenige Geld, was ich von Andrea erhielt, reichte nur zum Überleben, aber die Miete, die kann ich selbst fürs Atelier nicht mehr zahlen. Da stehe ich vor der Räumung, mein Vermieter hat die Klage gegen mich gewonnen, ich muss nächsten Monat raus, wo soll ich dann malen? Jetzt kann ich mir wenigstens die alten Bilder wiederholen, wer ist denn eigentlich zuständig, wer erbt die Galerie, an wen muss ich mich wenden?«, schildert er sein Schicksal. »Am Ende landen meine Bilder noch in der Give Box 61 in Braderup«, empört er sich.

Merle wendet nur ein: »Es gibt einen Bruder der Toten namens Altmann, der hat sich gemeldet und wird in Kürze die Galerie verkaufen. Im Moment ist sie ohnehin noch von uns versiegelt. Sie sollten zu ihm Kontakt aufnehmen, hier ist die Adresse.«

Wienke schaut Rennefuß auf die Stiefel und fragt: »Können wir mal Ihre Schuhgröße erfahren und uns die Schuhe genauer ansehen?« Überrascht zeigt der Kunstmaler seine schwarzen Cowboystiefel. »Ja, wieso? 44.« Zwei Kollegen werden bestellt, die Fotos und Abdrücke nehmen. Rennefuß macht zwar mit, schüttelt aber den Kopf.

»Wir machen mal einen Ausflug, kommen Sie mit uns beiden mit, ich habe unseren Kleinbus bestellt, der bringt uns zu ein paar Orten«, lädt Wienke den Künstler ein.

»Inselrundfahrt?«, fragt er etwas beklommen.

»Wenn Sie wollen, Sie waren ja zwei Jahre nicht hier, wie Sie sagten, da hat sich bestimmt einiges verändert«, meint Merle. Die Fahrt dauert nicht lange und führt Richtung Golfplatz in Westerland. Sie stoppen am Zaun, wo sich das Loch befand, das immer noch mit Kabelbindern geflickt ist. Rennefuß ist wenig begeistert, hält aber die Form: »Was soll das? Was wollen wir hier?«

Wienke antwortet in ruhigem Ton: »Wir möchten Ihnen zeigen, wo die Person, die den Motor von Frau Neumanns Flugzeug manipulierte, durch den Zaun kroch. Fällt Ihnen hier etwas auf?«

»Ja, das Gras, es ist niedergetreten, und diese Kabelbinder«, meint Rennefuß.

»Es gab hier Fußspuren, die wir dokumentiert haben.

Hier sind die Fotos, auch von den Abdrücken, Cowboy-stiefel, frisch besohlt, Größe 44, und im Profil stimmen sie genau mit Ihren überein, daher noch einmal meine Frage: Wo waren Sie, als Sie mit Frau Neumann in der Nacht vor ihrem Tod gegen 23.00 Uhr telefonierten?«

Der Kunstmaler antwortet nicht, sondern wählt die Nummer seines Anwalts in Berlin. Nach einem kurzen Gespräch verkündet er nur: »Ich muss gar nichts sagen, mein Anwalt kommt, er ist morgen früh hier.«

Wienke bleibt gelassen: »Das ist Ihr Recht, ich habe aber noch eine Frage: Sie waren doch nach Ihrer Schulausbildung vier Jahre bei der Bundeswehr, das habe ich in Ihrem Lebenslauf gelesen. Stimmt es, dass Sie dort eine Ausbildung zum Fluggerätmechaniker gemacht haben?«

»Muss ich darauf antworten?«, fragt Rennefuß nachdenklich.

»Nein, aber es würde unsere Arbeit erleichtern, wir fragen das sonst gleich vom Büro aus ab.«

Wienke schaut »Marré« gespannt an, dem offenbar das »Schieflachen« vergangen ist. Vorhin hatte er ihnen noch ausführlich die Bedeutung seines Künstlernamens erläutert. »Ja, ich habe genau diese Ausbildung«, sagt er dann. »Aber mit den heutigen Flugzeugmotoren kenne ich mich nicht so aus. Doch vom Fliegen bin ich immer noch fasziniert. Ich bin daher auch nach Tempelhof gezogen und habe oft auf die startenden Maschinen geschaut. Diese ein- oder zweimotorigen Sportmaschinen, wie sie sich langsam in den Himmel schrauben, herrlich, oder? Zu gern hätte ich noch eine Fluglizenz gemacht, aber ich scheiterte immer am medizinischen Test.«

Merle und Wienke schauen ihren verhinderten Flugpiloten mit großen Augen an. »Herr Rennefuß«, wird die

Kommissarin Sondermann nun offiziell, »die letzten beiden Fragen stelle ich Ihnen morgen in Anwesenheit Ihres Anwalts, bis dahin sind Sie vorläufig festgenommen.« Der Beschuldigte zeigt keinen Widerstand, lässt sich zur Wache fahren und verbringt dort die Nacht. Es bleibt nicht die einzige hinter Gittern. Ein Geständnis verweigert Mark Rennefuß, doch wird ihm durch weitere Ermittlungen und die Aussage des Schusters in Westerland nachgewiesen: Er war an dem Tag vor dem Todesflug in Westerland, nahm den Nachtzug nach Berlin um 23.22 Uhr, wo er von Zeugen gesehen wurde. Zuvor hatte er die Benzinzufuhr zum Vergaser so geschickt verkleinert, wie es nur ein Profi kann. Die Maschine von Andrea Neumann lief in den ersten fünf Minuten einwandfrei, bis kein Kraftstoff mehr nachlief und der Motor aussetzte.

Munkmarsch

Der kleine Ort mit rund 100 Einwohnern liegt verträumt am Wattenmeer. Ein Fünf-Sterne-Hotel und
ein Zwei-Sterne-Restaurant dokumentieren den geho-
benen Luxus, während das restliche Dorf eher schlicht
wirkt. Quirliges Zentrum für Wassersportler ist der
Hafen. Nördlich liegt das Weiße Kliff.

54 Der Hafen Munkmarsch (Heefwai, 25980 Sylt) war
früher das Ziel der Raddampfer vom Festland, als der
Hindenburgdamm noch nicht gebaut war – also vor
1927. Dann ging es für die Sylturlauber per Pferde-
fuhrwerk nach Westerland weiter, bis 1888 die Insel-
bahn die Strecke überwand. Heute liegen hier Jachten,
allerdings ist der Hafen wie der in Rantum von der
Tide abhängig. Bei Ebbe kann niemand hinein oder
hinaus. Ein kleines Café und ein kleiner Sandstrand
sind zu finden.

55 Der Flughafen Sylt (Flughafenstr. 1, 25980 Sylt)
wurde schon 1918 eröffnet. Heute werden dort rund
220.000 Passagiere im Jahr abgefertigt. Es gibt zahlreiche Verbindungen zu deutschen und anderen Städ-
ten in Europa. Auch werden Rundflüge, Segelflüge
und Fallschirmspringen angeboten.

56 Die Braderuper Heide ist ideal für einen Spaziergang: Das rund 137 Hektar große Naturschutzgebiet
zwischen Kampen und Braderup zieht sich entlang

des Wattenmeers bis zum acht Meter hohen Weißen Kliff östlich von Braderup. Von den Wegen aus sind Besen- und Glockenheide sowie Krähenbeeren zu sehen. Wanderschafherden sorgen dafür, dass die Heidepflanzen nicht überaltern und absterben.

57 Das Erdbeerparadies (Terpwai 17, 25996 Wenningstedt-Braderup) bietet neben dem Pflücken der Früchte auch einen Hofladen mit Bioprodukten. Sonnabends sind die Waren auf dem Wochenmarkt in Westerland zu finden.

58 Die Ledermanufaktur Braderup (M.-T.-Buchstolz-Stich 9, 25996 Wenningstedt-Braderup) bietet von Kleidung über Taschen bis hin zu Schuhen alle möglichen Produkte aus dem Naturstoff an. Es werden gern auch Einzelstücke gefertigt.

59 Das Legoland Billund (Nordmarksvej 9, 7190 Billund, Dänemark) ist das Herz der Bauklötzchenfirma und bietet einen ständig wachsenden Freizeitpark mit Hunderten von Attraktionen. Im Sommer laufen auch Shows auf den zahlreichen Bühnen. Abwechslungsreiche Landschaften sind mit Legosteinen nachgebaut. Kinder können auch selbst Objekte bauen. Von Sylt aus sind es rund 150 Kilometer mit dem Auto.

60 Vor der Alten Schule in Archsum, in der sich heute ein Lokal befindet, erinnern 65 Findlinge an ein Ganggrab, das hier gefunden wurde. Es ist rund 4.500 Jahre alt.

61 Die Give Box ist ein Unterstand an der alten Bushaltestelle (M.-T. Buchholzstich/Üp de Hiir, 25996 Wenningstedt-Braderup). Dort kann sich jeder gratis ein Teil aussuchen und mitnehmen oder selbst etwas ablegen, was er nicht mehr braucht – fröhliches Wiederverwerten.

7. DER FALLANALYTIKER MUSS RAN

Schlappe für Hansen beim Doppelmord im beschaulichen Morsum

»Du kennst Fabian doch auch, der kann doch nicht mal einer Fliege was zuleide tun, trägt jede Spinne aus der Wohnung, statt sie zu töten«, schluchzt Maria Bauer am Telefon. »Und jetzt war die Polizei bei mir. Fabian soll seine neue Freundin im Streit erwürgt haben und dann geflohen sein. Sie fahnden nach ihm. Ich bin völlig fertig.«

Keine Stunde später sitzt Maria Bauer zusammen mit ihrer Freundin Anna im Zug von Kempten nach Westerland, wo sie spät am Abend ankommen. Anna hatte sich spontan entschlossen, ihre beste Freundin in dieser Situation nach Sylt zu begleiten.

Während der langen Zugfahrt vom Allgäu an die Nordsee erzählt Maria von ihrem Sohn Fabian, seiner Arbeit als Vogelwart in der Schutzstation Wattenmeer 62 auf Sylt, die er vor sechs Wochen als »Bufdi« im Bundesfreiwilligendienst begann. Sie erzählt von seiner neuen Freundin, die er dort gleich in der ersten Woche auf einem Reiterhof kennenlernte. Sie zeigt Anna Bilder, die Fabian auf seiner Facebook-Seite postete. »Schau, wie glücklich er da ist. Nur Bilder von ihm und der Sarah. Der war total happy. Das war seine Traumfrau.«

Sie erzählt weiter, dass Sarah auch Veganerin ist wie Fabian und seine Liebe zur Natur teilte, ihn bei Nachtwanderungen begleitete, die die Nationalparkverwaltung für Schulklassen anbietet, und sogar zu den Vogelzählungen alle 14 Tage zur Springtide **63** . Bei Voll- und Neumond läuft das Wasser bei Flut besonders hoch auf und die Vögel kommen nah an die Deiche.

»Hier, da sitzen die beiden mit Spektiv und Zähluhr händchenhaltend am Deich. Und hier, da joggen sie beide am Morsum-Kliff **64** . Und gekocht haben sie auch zusammen. Guck mal, wie verliebt die beiden sich hier beim Kartoffelschälen ansehen. Und nächstes Wochenende wollten sie zusammen hoch zu Ross zur Reiterandacht vor der St.-Martin-Kirche **65** in Morsum und anschließend beim Ringreiten **66** zusehen. Ich weiß gar nicht, wie die Polizei auf so einen Verdacht kommen kann. Das ist doch völlig absurd.«

All das wird sie am nächsten Tag auch dem Polizeikommissar Henry Hansen in Westerland berichten. Am Morgen davor war Sarah Hahn, 23-jährige Lehramtsstudentin für Sport und Englisch aus Hildesheim, tot in dem Bauwagen der Nationalparkverwaltung am LKN Bauhof Deich in Morsum gefunden worden. Der kleine rote Wagen ist Anlaufstelle für Besucher, Treffpunkt für Wattwanderer und Unterkunft für den Vogelwart. Eine Lehrerin, die mit ihrer Grundschulklasse eine Wattwanderung gebucht hatte, fand Sarah erwürgt und auffällig geschminkt, als sie kräftig an die angelehnte Tür des Wagens pochte und sich diese dadurch öffnete. Von Fabian aber fehlt jede Spur. Dass er sich noch auf der Insel aufhält, schließt Hansen aus. Zu groß ist das Risiko, hier entdeckt zu werden. Allerdings wurde er auch weder am Bahnhof noch am Flughafen oder auf der Syltfähre gesehen. Aber das heißt ja auch nichts. Schließlich endeten an dem Tag die Schulferien in Bayern, und der Andrang am Bahnhof und im Lister Hafen war groß. Auch die Fährtensuchhunde der Polizei haben keine Spur entdecken können.

Die Mutter der toten Sarah wird später aussagen, dass ihre Tochter sich niemals schminkte. »Die besaß ja noch nicht einmal einen Lippenstift. Nie im Leben hätte sie sich so angemalt, da sieht sie ja fast wie eine Prostituierte aus«, gibt die Mutter entsetzt zu Protokoll.

Der Fall schleppt sich dahin. Es vergehen zwei Tage ohne konkrete Hinweise. Hansen und seine beiden Kolleginnen Wienke und Merle fassen das Wenige zusammen, was sie bisher herausgefunden haben:

»Also, Einbruch, Diebstahl, Vergewaltigung, das können wir alles ausschließen. Am Tatort gibt es darauf keine Hinweise. Die Studentin hat bei ihrem Freund nur übernachtet, eigentlich wohnt sie zusammen mit zehn weiteren Saisonarbeitskräften in einem schon etwas heruntergekommenen Haus in Morsum«, beginnt Hansen die Lagebesprechung.

»Zu dem Haus hat mir heute morgen übrigens die Frau vom Lebensmittelmarkt was erzählt«, unterbricht Wienke ihren Chef. »Das alte Gasthaus hat Dörte Jensen erst vor ein paar Monaten gekauft und dort ihre Aushilfskräfte für diese Saison einquartiert. ›Abwohnen‹ sollen die das Morsum Kayser, was so viel heißt wie verfallen lassen und dann durch einen schicken Neubau ersetzen. Die sagte auch, dass da zeitweise über 20 Leute wohnten und die Nachbarn sich manchmal beschwerten.«

»Gut, aber das interessiert uns hier ja nicht weiter«, wehrt Hansen ab. Er scheint eine andere Spur als seine Kollegin verfolgen zu wollen. »Unsere Frau arbeitete ja auch nicht im Jensen-Imperium, sondern in der Crêperie in Westerland, und das sogar schon in der zweiten Saison. Der Inhaber war von ihrer Fröhlichkeit und freundlichen Art begeistert. Man arbeitete gerne mit ihr zusammmen, ganz besonders wohl die Zwillinge Tim und Tom. Einer von beiden war immer an ihrer Seite in der Crêpe-Bude, und der Tom ritt manchmal mit ihr aus. Aber nicht nur da war sie sehr beliebt. Auch auf dem Reiterhof von Bauer Beusen, auf dem sie selber ritt und Kinder unterrichtete, sind alle voll des Lobes. Zum Erstaunen von Beusen verbrachte sie auf dem Hof viel Zeit mit Rico Richter, dem ›Mädchen für alles‹. Der 32-jährige Erntehelfer aus Tessin in Mecklenburg-Vorpommern, der schon seit mehr als zehn Jahren immer von Mai bis Oktober auf den Hof kommt, redet eigentlich nicht viel mit Menschen. Aber bei Sarah war das anders. Die hatte nämlich ein feines Händchen für schwierige Pferde und Fälle wie Rico. Und mit ihren Mitbewohnern schien sie sich auch gut zu verstehen. Deshalb kommt für mich weiterhin nur ihr Freund Fabian als Täter infrage. Wer weiß, was die für Spiele gespielt haben, die vielleicht auch ein wenig aus dem Ruder gelaufen sind. Er hat sie erwürgt und ist dann geflohen. Wir sollten uns auch an die Medien in Dänemark, Schweden und Norwegen wenden. Dass soll der Doktor Sattler mal von Kiel aus organisieren.«

»Aber vielleicht war das ja doch nicht alles so toll im Haus, wie die Mitbewohner das darstellen. Warum sonst hat sie sich auf dem Campingplatz nach einem Wohnwagen zur Miete erkundigt?«, gibt Wienke zu bedenken.

Hansen scheint wenig begeistert. »Ach, die hat sich bestimmt schon einen Wohnwagen dort für das nächste Jahr sichern wollen. Die Plätze sind doch bei Saisonkräften heiß begehrt. Wisst ihr übrigens, dass so ein Zwölf-Quadratmeter-Wohnwagen auf Sylt um die 450 Euro im Monat an Miete kostet? Und Merle, gibt es denn nichts Neues in den sozialen Netzwerken?«, fragt Hansen über den Rand seiner roten Lesebrille hinweg.

»Was die Suche nach Fabian angeht, da herrscht Ebbe beim Facebook-Aufruf. Aber was das Verhältnis zu den Mitbewohnern angeht, da müssen Sie wohl Ihre rosarote Brille abnehmen, Chef«, schlägt sich Merle auf Wienkes Seite. »Sarah wollte für die letzten vier Wochen, die sie noch auf der Insel sein würde, tatsächlich auf den Campingplatz Mühlenhof 67 ziehen. Das sagt zumindest der dortige Platzwart.« Sie fährt fort: »Soll ich mal die Vermieterin zu den Umzugsplänen befragen?«

»Ja, wenn du meinst. Schaden kann es ja nicht«, antwortet Hansen mürrisch.

»Ich sehe und höre mich dann mal auf dem Reiterhof um. Vielleicht ist dem ›Mädchen für alles‹ ja noch etwas eingefallen. Meine beiden Prinzessinnen wollten schon immer mal wieder reiten, und ich habe denen für heute Nachmittag versprochen, dass wir was Schönes zusammen unternehmen«, freut sich Wienke und ist froh, dass sie ihren freien Nachmittag trotz der Ermittlungen mit ihren Töchtern verbringen kann. »Und Chef, nehmen Sie sich doch sämtliche Mitbewohner im Kayser vor. Hier ist die Liste aller Mieter mit ihren Heimatadressen. Die habe ich von der Hausverwaltung bekommen. Die Zwillinge in der Crêperie sollten wir auch noch einmal genauer befragen. Merle, kannst du das noch übernehmen?«, schiebt Wienke mit einem leichten Grinsen hinterher.

Seine Schlagfertigkeit ist Hansen für den Bruchteil einer Sekunde abhanden gekommen. »Wer leitet denn hier eigentlich die Ermittlungen?«, fragt er sich, während er seine rote Lesebrille absetzt und sich selbst reden hört. »Ja, ja, jeder stolze Friese will lieber selbst befehlen, sagte ja schon der Sylter Lehrer Hansen vor mehr als 150 Jahren. Bei zwei Friesinnen in der Mannschaft kann ich mich nur geschlagen geben. Aber Doktor Sattler soll sich trotzdem an die Nachbarländer im Norden wenden. Dann schwärmt mal aus. Wenn ihr zurück seid, ist Burgerzeit. Hein steht nämlich gerade mit seinem Wagen vorm Muasem Hüs **68** in Morsum. Das Übliche wie immer für euch?«, flötet Hansen seinen beiden Kolleginnen hinterher. Ein zweifaches Ja erreicht sein Trommelfell.

Hansen will gerade das Büro verlassen, als die Mutter von Fabian, Maria Bauer, hysterisch heranstürmt. Sie fleht ihn an, doch endlich etwas zu unternehmen. »Sie müssen mehr tun, zur Not die ganze Insel umpflügen. Mein Fabian bringt nichts und niemanden um. Sie dürfen nicht weiter so tun, als sei er ein Mörder. Er ist Opfer. Das spüre ich als Mutter. Dem ist was zugestoßen«, macht sie ihm klar.

Da der Kripochef zwar etwas von der internationalen Fahndung nach ihrem Fabian und den weiteren Ermittlungen im Umfeld der toten Studentin erzählt, aber sie nicht überzeugt, wendet sie sich schließlich an das Kieler Landeskriminalamt. Die 60-jährige Frau wird dort auf einmal sehr resolut. Sie erreicht Doktor Roman Sattler, Hansens ungeliebten Vorgesetzten. Auch der wiegelt ab und warnt die Frau, eigene Ermittlungen anzustellen.

Maria Bauer und ihre Freundin Anna verbringen auch die weiteren Tage auf Sylt. »Wir werden ihn finden«, lautet ihre oft wiederholte, tiefe Überzeugung. Frauen in Ausnahmesituationen des Lebens mobilisieren ungeahnte Kräfte, Fremde für ihre Ziele einzuspannen.

Am übernächsten Tag kracht die Handymelodie mit »Spiel mir das Lied vom Tod« in den lauen Ermittleralltag des Westerländer Kripochefs. Hansen hatte sie zur Nummer seines Vorgesetzten Doktor Roman Sattler aus dem Kieler Landeskriminalamt gespeichert, der jetzt anrief. Kein gutes Zeichen, so knapp nach Dienstschluss.

»Hansen, Sie Null!«, schreit Doktor Sattler in den Hörer. »Weil Sie unfähig sind, hat sich die Mutter dieses Fabian selbst auf die Suche nach ihrem Sohn gemacht. Und was glauben Sie wohl, Sie Spürnase, ist da passiert? Fabian wurde gefunden! Schon mal was von Mantrailing gehört? Das sind Hunde, die Menschen von ihrem letzten bekannten Aufenthaltsort aus folgen und aufspüren können. Im Gegensatz zu den von Ihnen genutzten Fährtenhunden können Mantrailer auch auf asphaltierten Flächen oder in Gebäuden eingesetzt werden und finden die Spur auch noch Tage später. Einfach ein Wäschestück des Gesuchten unter die Nase halten und schon rennen die los. Und so einen Hund hat die Mutter Ihres Verdächtigen vom Rettungshundeverein in Lübeck zur Verfügung gestellt bekommen. Nun halten Sie sich mal gut fest: Der junge Mann, dieser Fabian, nach dem Sie ja international fahnden lassen, statt mal richtig vor der Haustür zu gucken, der Fabian liegt tot in einem Tümpel in einem kleinen Waldstück nahe dem Dammwärterhaus am Hindenburgdamm **69** in Kleinmorsum. Was für ein Skandal! Die Titelseite der ›Wild‹-Zeitung kann ich mir schon vorstellen: Polizei feiert, Bürger müssen selbst ermitteln. Auf dem Bild heute in den Sylter Nachrichten vom Poetry Slam in Morsum sind Sie ja zusammen mit der Bürgermeisterin bestens zu erkennen. Was wirft das für ein schräges Licht auf uns alle! Ich schicke Ihnen jetzt einen Fallanalytiker. Der wird Ihnen mal zeigen, wie Polizeiarbeit geht.«

Grußlos beendet der erboste Vorgesetzte das Gespräch. Hansen schluckt, starrt auf sein Handy und will es in die Ecke schleudern. »Ärgerlich!«, sagt er beherrscht, aber möchte am liebsten laut schreien vor Wut.

Wienke und Merle, die das Geschehen von der Teeküche aus verfolgen, schauen sich verdutzt an. »Oh je, das war Roman, der anrief. Wir sollten Hansen doch mal einen Boxsack schenken«, schlägt Wienke vor.

»Oder wir schenken ihm zum Geburtstag eine Urschrei-Therapie. Da kann er dann auch gleich noch den Frust mit seiner Mutter verarbeiten«, grinst Merle, während beide in Hansens Büro gehen.

»Mensch, Chef, di Kual uur ek lecht sa warem iiten, üs er apdesket uur.« (Nichts wird so heiß gegessen, wie es gekocht wird.) Wienke legt ihrem Chef eine Hand auf die Schulter und schaut ihn fragend an. Hansen erzählt, was er von Doktor Sattler hörte, von dem toten Fabian in Kleinmorsum, und kündigt an, dass er sofort zum Fundort der Leiche in das Wäldchen fährt.

Während Hansen am Golfclub Morsum 70 vorbeikommt, sinniert er selbstkritisch. Sie hatten doch auch Hunde eingesetzt, aber eben nur Fährtensuchhunde. Von diesem Mantrailing hatte er zwar schon gehört, dachte aber, dass es in Deutschland bisher kaum Hunde gäbe, die das beherrschten. »Dieser Fuulpuuper (Klugscheißer) Sattler hat vorher bestimmt noch gar nichts davon gehört, und jetzt tut er so, als sei er allwissend«, poltert Hansen und tobt innerlich immer noch. Aber er sieht ein, dass er im Moment in der Öffentlichkeit schlecht dasteht. Der private Besuch eines Poetry Slam ist ja nicht verboten, aber das Bild in der Zeitung zeigt ihn sehr groß und in ungünstiger Pose lachend, während in derselben Ausgabe ein Interview mit Fabians Mutter zu lesen ist. Darin macht sie der Polizei schwere Vorwürfe, die täte nicht genug, um ihren geliebten Sohn zu finden. Das Mutterherz weint – so in der Richtung. Ist ihm ein Fehler unterlaufen? Sein wirklicher Fehler, wie er jetzt eingesteht, war ein ganz anderer: Er hätte die DNA-Spur unter Sarahs Fingernagel mit der DNA von Fabian abgleichen müssen, von dem sich ja genug Spuren im Bauwagen hätten finden lassen. Dann wäre klar gewesen, dass diese nicht von ihm stammen und somit auch andere Täter infrage kommen. Er hatte sich zu sehr auf Fabian festgelegt. Soll er um seine Ablösung in dem Fall bitten? Hansen plagen Selbstzweifel, wie er sie bisher nicht kannte.

Die Kollegen von der Schutzpolizei haben den Fundort der Leiche weiträumig abgesperrt. Die Spurensicherung arbeitet auch auf Hochtouren. Rund 300 Details sind schon registriert. „Wann haben wir Ergebnisse, wie kam er ums Leben, wissen Sie schon was?«, fragt er seine Kollegen etwas hilflos.

»Erstochen mit einem Messer, Todeszeitpunkt haben wir in Kürze, Hansen, wir rufen Sie an«, bekommt er zu hören.

Hansen fährt nicht nach Hause, er geht wieder ins Büro, durchforstet seinen Computer, liest die Protokolle aller Vernehmungen, schaut sich die Bilder und Spuren beider Tatorte an, die die Kollegen bereits ins Intranet gestellt haben. Er sucht nach Gemeinsamkeiten – und findet identische Reifenspuren, vermutlich von einem Fahrrad. Auf dem matschigen Weg im Wald enden diese kurz vor dem Fundort der Leiche. Am Bauwagen sind sie kurz vor dem Betriebsgelände aufgenommen worden. Es ist ein Strohhalm, aber er schickt sofort eine E-Mail an die Abteilung Reifenspuren in Kiel mit der Bitte, sich diese näher anzuschauen. Im Wald bleibt seine Aufmerksamkeit noch an diversen, sehr auffälligen Pferdehufspuren hängen. Das Pferd trug Hufeisen in Eiform, und die Abdrücke sind unterschiedlich tief, woraus Hansen schließt, dass das Pferd an verschiedenen Tagen dort war. »Komisch, das ist doch keine beliebte Gegend für Reiter. Dahin verirren sich eigentlich nur mal Jogger oder Gäste des Dammwärterhauses«, sinniert Hansen, während er die Bilder der Abdrücke der Pferdehufe ausdruckt.

Es ist 23.00 Uhr, als Hansen die nächste Schlappe hinnehmen muss. Der Rechtsmediziner hat den Todeszeitpunkt bestimmt. »Eine Stunde vor dem der ermordeten Sarah«, liest er nun. Damit ist seine Haupttheorie, Fabian sei Sarahs Mörder, endgültig erledigt. Maria Bauer hatte recht. Die triumphierende Mutter wird mit ihren herzzerreißenden Geschichten noch das Herbstloch der Sylter Presse stopfen, fürchtet er nun. Und er sähe da ganz alt aus. Er muss das Gespräch mit ihr suchen, beschließt er.

Am frühen Morgen trifft Doktor Ferdinand von Hohenstein in Westerland ein. Hansen erwartet nichts Gutes von dem Fallanalytiker. Wahrscheinlich kennt er die »Flitzpiepe von der Ostküste«, Doktor Sattler, vom Golfspielen, vermutet er. Mit einem entsprechend langen Gesicht begrüßt er den Kollegen am Flughafen. Hansen hat seine junge Ermittlerin Merle mitgenommen, weil er denkt, das lenkt beide etwas ab.

»Nennt mich Ferdi, das ist einfacher, und erzählt mir das, was noch nicht in den Akten steht. Ich habe wahnsinnigen Hunger. Kann mir jemand was zu essen bestellen? Am liebsten einen Burger, zur Not geht aber auch 'ne Currywurst«, startet der neue Mann aus Kiel das Gespräch. Hansens Gesicht gewinnt augenblicklich an Farbe. Alles nicht so schlimm, wie befürchtet. »Und 'ne Zahnbürste bräuchte ich auch. Der allseits geschätzte Doktor vom Landeskriminalamt hat so einen Stress gemacht, dass ich schnellstens hierherkomme, ich hatte noch nicht mal Zeit, meine Sachen ordentlich zu packen. Völlig übertrieben. Aber wenn die Presse mit im Spiel ist, dann hat der einfach keine Nerven.«

Hansen grinst bis über beide Ohren und sagt: »Mensch, Ferdi. Als Burgerfan bist du bei uns genau richtig. Hier gibt es die besten Burger, die du jemals gegessen hast, mit Rindfleisch von echten Sylter Galloway-Rindern **71**. Unser aller Favorit ist der Burger-Meister, sozusagen das Meisterstück von Hein, der mit seinem Burgermobil mal hier, mal da steht. Genial, oder? Ganz oben auf unserer Dienststellen-Hitliste steht aber der Sylt-Burger mit Schweinehack vom Sylter Fleischer, dänischer Remoulade, Röstzwiebeln, Gurken und Rucola. Hein steht gerade noch in Morsum, das lese ich hier auf meiner App. Lass uns da stoppen und dann zu beiden Tatorten fahren. Besser kann ein Fahnder auf Sylt nicht ankommen. Und auf dem Weg gibt es den aktuellen Stand der Ermittlungen für dich.« Hansen hat wieder Schwung in seinen Sätzen. Er hat zwar wenig geschlafen, der Fall nagt an ihm, aber nun gilt es, das Beste daraus zu machen, und zwar zusammen mit dem Gesandten aus Kiel.

»Super Idee, Henry. Anscheinend hat sich ja auf Sylt auch mächtig was getan in den vergangenen Jahren. Ich war

als Kind mit meinen Eltern jeden Sommer hier, in Wenningstedt haben wir gewohnt. Direkt am Strand. Bin gespannt,
ob der ›Schuhkarton‹, wie wir das kantige Haus damals
nannten, noch steht. Aber im Osten, da waren wir früher
nie. Ist da jetzt mehr los?«, fragt Doktor Hohenstein, als
würde er gerade seine Urlaubspläne schmieden.

Hinten im Auto sitzt Merle, die flugs anstelle ihres Chefs
antwortet: »Ja, der Osten mausert sich. Zum einen haben
die Superreichen die Stille da entdeckt und kaufen wie
verrückt Häuser auf. Zum anderen aber boomt auch der
Ökotourismus mit Wohnen auf dem Bauernhof, Wandern
am Morsum-Kliff und Führungen durchs Watt. Und eine
›Piepshow‹ gibt es auch. Bist du vielleicht interessiert?«
    »Aber bitte erst nach Dienstschluss«, erwidert Doktor
Ferdinand von Hohenstein lächelnd, als freute er sich tatsächlich, sich durch ein Guckloch nackte Frauen betrach-
ten zu können. Merle nickt und fährt unbeirrt fort: »Neben
Kiebitzen, Feldlerchen und dem Großen Brachvogel brüten
hier im Nösse-Koog **72** auch Uferschnepfen. Von denen
gibt es nicht mehr viele bei uns im Norden. Und jetzt sind
ja auch gerade die ganzen Zugvögel hier und fressen sich
voll für ihre Reise in den Süden. Bis Anfang Oktober sind
Führungen. Vielleicht ergibt sich ja eine Gelegenheit für
dich morgen Abend. Ich gehe immer gern zur ›Piepshow‹
im Watt.«
    Hansen lächelt. Ferdi räuspert sich verlegen und sagt:
»Ach, so eine Piepshow, gern, das ist ja eher was für die
Ohren als für die Augen. Bin ich dabei.«
    Merle, die den kleinen sexistischen Querschläger
lächelnd übergeht, schaut unbeteiligt und wird sehr dienstlich, indem sie von ihrem Besuch bei der Vermieterin vom

Morsum Kayser, Dörte Jensen, berichtet. Sie hatte die Frau erst heute früh erreicht. Sarah hatte sich tatsächlich über die Mitbewohner beschwert. Vor allem, weil immer wieder Fremde für mehrere Wochen übernachteten, teilweise sollen mehr als 20 Menschen in den fünf Zimmer gehaust haben. Frau Jensen war Sarah für die Neuigkeiten angeblich sehr dankbar und hat ihren Mietern Abmahnungen geschickt. Die wiederum waren dann natürlich sauer auf Sarah und fingen an, sie zu schikanieren. Mal versteckten sie ihr Fahrrad, mal holten sie ihre Lebensmittel aus dem Kühlschrank und ein anderes Mal beschmierten sie ihre Zimmertür. Als sie dann noch unzählige Käfer in ihrem Bett fand, wollte sie dort nicht mehr wohnen. Frau Jensen hat erst gezögert, dann aber einer kurzfristigen Kündigung zugestimmt. Nächste Woche schon wollte Sarah ausziehen.

»Die Bewohner, sieben Frauen und drei Männer, haben wir aber alle schon überprüft. Als Täter kommt von denen keiner infrage. Alle sind zur Tatzeit zu Hause gewesen«, erzählt Hansen erleichtert und ist froh, dass er Wienkes Rat befolgt hat. Zwar nur halbherzig, aber das kann er ja hier mal verschweigen.

Nach dem Stopp bei Hein, wo der Fallanalytiker sich für einen Krabben-Burger entscheidet, fahren sie weiter zum Bauwagen und anschließend zu dem Tümpel im Wäldchen, wo gestern der tote Fabian gefunden wurde. Hansen fällt auf, wie schweigsam sich von Hohenstein die beiden immer noch abgesperrten Tatorte ansieht, hier und da noch einige Fotos macht und sich auch in der weiteren Umgebung umsieht.

»Wir können vermutlich viel von dir lernen. Wie gehst du vor, wenn du den Tatort betrachtest?«, erkundigt sich Merle.

»Ich versuche, die Handschrift des Täters oder der Täterin zu entziffern, versuche mir vorzustellen, genau wie der Täter zu sehen, zu riechen, zu hören. In geschlossenen Räumen setzen wir neuerdings sogar Laserscans ein. Da kann man sich dann am Rechner den Tatort in 3D noch einmal ganz in Ruhe anschauen und sich sogar darin selbst bewegen. Das ist total irre! Was ich sehe, gleiche ich mit den Hunderten von Spuren ab, setze die Aussagen der Zeugen dazu in Zusammenhang. So entsteht in meinem Kopf ein immer klareres Bild vom Täter.«

»Mensch, Ferdi«, wird Merle zutraulich, »dann wird das ja eine erstklassige Fortbildung für uns. Übrigens siehst du erstaunlich frisch aus, ich dachte, so ein Fallanalytiker sitzt nur in abgedunkelten Zimmern und starrt auf den flimmernden Bildschirm. Mister Mastermind kombiniert, bis die Handschellen klicken, da hätte ich ein blasses Gesicht erwartet bei dem ewigen Kunstlicht.«

Ferdi lacht herzhaft. Irgendwie gefällt ihm die ungewohnt kecke Art der jungen Kollegin. In seinen Kreisen traut sich niemand, ihn so lässig anzusprechen, zumal er vom Alter her fast ihr Vater sein könnte. »Für heute können wir nichts mehr tun. Wo geht denn der Insulaner abends so hin?«, wechselt der Fallanalytiker geistesabwesend das Thema.

»Lass uns die Fortbildung ins Café Ingwersen 73 verlagern. Da lässt sich das Ganze mit einem ›Bürgermeister‹ versüßen. So heißen die mit Marzipan gefüllten Hefestücke. Ich bin schon ganz gespannt, wann die Sylter Bäcker eine ›Bürgermeisterin‹ kreieren. Immerhin haben wir ja seit

Neuestem eine, die ist ja auch ziemlich süß«, erzählt Hansen freimütig und bringt seine Kollegin Merle zum Lachen, die sonst für die Anspielungen auf Hansens engen Kontakt mit Swantje Brackwedel zuständig ist.

Der nun sichtlich gut gelaunte Hansen schlägt weiter vor: »Danach schauen wir erst nach deinem ›Schuhkarton‹ und machen einen Strandspaziergang zum Strandbistro Wonnemeyer 74 in Wenningstedt. Die spielen eigene CD-Musik zum Sonnenuntergang und haben Leckeres in Bioqualität. Ich könnte auch Wienke noch anrufen, vielleicht hat sie ja Zeit und Lust, vorbeizuschauen.« Schließlich will er mit einem guten Betriebsklima glänzen. Ferdi, so nett er auch zu sein scheint, wird Doktor Sattler sicher alles haarklein berichten, was er hier so in der westlichen Außenstelle erlebt.

»Super Idee, Henry. Klasse. Dann hätte ich ja das gesamte Team heute schon kennengelernt. Ich weiß gar nicht, warum der Doktor Sattler mich zu euch geschickt hat. Ihr habt doch bisher eine tolle Arbeit geleistet. Und dass es ein Doppelmord ist, konnte ja niemand ahnen. Aber ich bin natürlich total happy, hier zu sein. Der Burger war schon Weltklasse und einen Bürgermeister kann ich auch nicht alle Tage vernaschen.«

Wienke organisiert kurzfristig einen Babysitter. Sie will schließlich diesen Ferdi aus Kiel auch kennenlernen. Keine Stunde später sitzt sie bei Wonnemeyer und erzählt von ihrem gestrigen Besuch auf dem Reiterhof Beusen. Ihre beiden Prinzessinnen, wie sie ihre sechs und acht Jahre alten Töchter nennt, hatten Spaß beim Reiten. Sie fragte den Erntehelfer Rico Richter, der gerade die Ställe ausmistete, nach Fabian und Sarah. Der aber reagierte unwirsch. »Heb keen

Tiet toon Plaudern und ick weet nix«, meinte der nur. Als Wienke sich als Polizistin auswies, wurde er ganz nervös.

»Bauer Beusen nannte ihn ja einen Eigenbrötler, auf mich machte der einen sehr unsicheren Eindruck. Heute bin ich dann noch mal alleine auf den Beusen-Hof gefahren. Sie hatten mir ja den Ausdruck mit den Hufspuren ins Fach gelegt, Chef. Im Stall von Beusen ist kein einziges Pferd beschlagen. Ich sollte mal auf dem Zander-Hof nach diesen Eiereisen fragen, meinte der Bauer. Die hätten dort viele Einstellpferde. Vielleicht ist es nur Zufall: Aber einer der Zwillinge, Tom, hat dort sein Pferd stehen, und Bauer Zander meinte, dass sein Zosse solche Eiereisen unter hat«, erzählt Wienke weiter. Die anderen hören gespannt zu. Die Kommissarin gibt noch Bauer Zanders Meinung wieder, der sagte: »Das sind orthopädische Hufeisen. Das Pferd scheint genau so ein Sensibelchen zu sein wie sein Reiter Tom. Der Gaul darf von niemand anderem angefasst werden. Und wenn man dem Herrn mal was sagt, ist er immer gleich eingeschnappt. Wie ein kleines Kind.«

Im weiteren Verlauf des Abends gerät Doktor von Hohenstein noch in allerbeste Plauderlaune. Er berichtet anekdotenhaft von seinen spektakulärsten Fällen. Seine Zuhörerschaft im Strandbistro biegt sich vor Lachen oder ist zutiefst ergriffen. Eine echte Performance.

Am nächsten Morgen treffen sich alle um 9.00 Uhr im Besprechungsraum des Kommissariats in Westerland.

»Also, ich habe gestern noch eine kleine Nachtschicht eingelegt. Hat übrigens den Vorteil, dass man tagsüber mal ans Sonnenlicht kommt«, meint Doktor von Hohenstein und zwinkert Merle zu. »Ich habe ein paar Flussdiagramme aufgestellt und die vielen kleinen Mosaiksteine, die ihr ja schon hattet, eingetragen. Jede Kleinigkeit, jede Entscheidung, jedes vermeintliche Motiv in den denkbaren Hypothesen«, beginnt er seinen Vortrag.

Das Sylter Ermittlerteam lehnt sich zurück und scheint tatsächlich die Fortbildung zu genießen. »Die DNA-Spuren, die unter den Fingernägeln beider Opfer gefunden wurden, sind identisch. Das hat das Labor gerade gemailt. Und da man fremde DNA ja nicht durch normales Händeschütteln unter die Fingernägel bekommt, können wir von einem Kampf zwischen dem Täter und seinen Opfern ausgehen. Fabian starb eine Stunde vor Sarah. Dass der Täter die Frau so auffällig schminkte oder sie dazu veranlasste, es zu tun, lässt auf eine ausgeprägte Persönlichkeitsstörung schließen. Ich halte einen sexuellen Hintergrund eines sozial isolierten Einzelgängers, der beide Opfer kannte, für sehr wahrscheinlich. Vielleicht ein abgewiesener Verehrer, der heimlich die Nähe der Frau suchte. Das Alter schätze ich auf etwa 30 Jahre.«

»Wieso gerade 30?«, fragt Hansen verwundert, der sich trotz seiner 49 Jahre gerade in die Rolle eines Schülers versetzt sieht.

»Der Tatort ist das Spiegelbild des Täters. Und der hat sehr rational den ersten Tatort gesäubert, das spricht gegen einen ganz jungen Mann. Wir sollten uns auf alle Männer im Alter zwischen 20 und 40 Jahren im Umfeld der Studentin konzentrieren. Zur Not laden wir alle zu freiwilligen Gentests ein. Denn obwohl die hier ermittelte DNA-Spur nicht in der DNA-Datenbank des Bundeskriminalamts gespeichert ist und es keinen vergleichbaren Fall in Deutschland gibt, muss es sich nicht zwangsläufig um einen Ersttäter handeln«, legt der Fallanalytiker seine Überlegungen offen.

Auch Wienke und Merle schauen verblüfft bis begeistert, wie ihnen der Mann unaufgeregt eine Lektion erteilt. Sie versuchen, wenigstens mit schlauen Fragen zu glänzen. Nach einer kurzen Verschnaufpause fährt er fort: »Ich gehe davon aus, dass der Täter es nur auf Sarah abgesehen hatte. Als Fabian joggen ging, hat er ihn verfolgt, um ihn in einer Gegend, wo er nicht so schnell entdeckt werden würde, zu erstechen. Dann musste er zügig zurück zum Bauwagen. Sarah starb nur eine Stunde später, und die Tatorte sind mehr als vier Kilometer auseinander. Zu Fuß ist das auf jeden Fall nicht zu schaffen. Wir sollten die Tatorte noch einmal nach Reifenspuren absuchen«, regt Doktor von Hohenstein an. »Nach den jetzigen Ermittlungen passt ein Mann genau in mein Profil: der Rico vom Reiterhof. Der Eigenbrötler ist in diversen Heimen aufgewachsen, hat keine sozialen Bindungen. Bei Gästen und Kindern ist er zwar beliebt, weil er ein Händchen für Pferde hat, besonders für die schwierigen Fälle, aber mit Menschen hat er es nicht so. Dass er sich scheinbar Sarah gegenüber anders verhielt, ist auffällig.«

»Was ist denn mit den beiden Arbeitskollegen, Tim und Struppi, ach Quatsch, Tim und Tom?«, fragt Wienke nach. »Das sind zwar keine Einzelgänger, aber Doppelgänger. Und der Tom könnte mit seinem Pferd immer wieder zum Tatort im Wäldchen geritten sein – vielleicht, um sich zu vergewissern, dass die Leiche noch da ist. Auf jeden Fall muss er den toten Fabian gesehen haben.«

»Klasse, da bin ich noch gar nicht drauf gekommen. Wir sollten beide zum Verhör bestellen«, beendet der Fallanalytiker seine Überlegungen.

»Ich gebe zu, bisher waren Profiler, wie die Amerikaner die Fallanalytiker ja nennen, für mich eher Kaffeesatzleser, tut mir leid«, gesteht Hansen ein. »Aber was wir von dir hören, ist sehr überzeugend. Also, her mit dem Rico vom Reiterhof und den Zwillingen«, freut er sich, endlich zwei heiße Spuren verfolgen zu können. »Übrigens: Die Idee mit den Reifenspuren kam mir auch schon. In der Nacht, bevor du angereist bist, habe ich mir die Bilder von den Tatorten und die gefundenen Spuren vor dem Hintergrund angesehen, dass es irgendwo Gemeinsamkeiten geben muss. Ich fand mehrere Fahrradspuren, die sehr ähnlich aussahen, und bat die Kollegen der Abteilung Reifenspuren in Kiel, sich das anzuschauen. Heute Morgen dann kam die Antwort. Zwei Spuren gehören zu einem 20-Zoll-Fahrrad, und an der Tiefe des Abdrucks ist zu erkennen, dass es sich nicht um ein Kinderfahrrad handelt, sondern um eines für Erwachsene. Wahrscheinlich so ein Faltrad, wie es zum Beispiel Segler oft auf ihren Booten haben.«

Konzentriert beginnt Hansen die Vernehmung. »Moin, Herr Rico Richter. Danke, dass Sie sich so schnell auf den Weg gemacht haben. Wir haben da noch ein paar Fragen an Sie. Es geht um Sarah und Fabian. Wo genau waren Sie letzten Montag zwischen 6.00 und 8.00 Uhr morgens?«

»Nennen Sie mich Rico, wie alle. Ich war auf der Rinderweide. Ich sollte die Tränken reparieren. Weil für den Tag Regen angekündigt war, bin ich noch vor Sonnenaufgang los. Muss so gegen 6.00 Uhr gewesen sein.«

»Hat Sie da jemand gesehen?«, hakt Hansen nach.

»Keine Ahnung, habe nicht drauf geachtet, ob da Spaziergänger oder Jogger vorbeigekommen sind. Als ich gegen 8.00 Uhr zurückkam, war der Bauer auf dem Hof. Er hat mir gesagt, was ich noch alles erledigen sollte an dem Tag.«

»Herr Richter, ganz unter uns. Sie haben keinen Zeugen für Ihr Alibi?«, flüstert Hansen.

»Nein, aber warum sollte ich das brauchen? Ich habe mit den Morden nichts zu tun.«

»Vielleicht, weil Sie in Sarah eine Seelenverwandte zu finden geglaubt hatten. Sie war eine Pferdeflüsterin, so wie Sie. Und es gab noch etwas, was Sie verband: Sie sind im Heim aufgewachsen und auch Sarah war eine Zeit lang in einem. Sie stellten sich eine gemeinsame Zukunft mit ihr vor. Aber dann kam Fabian, in den Sarah sich verliebte, und sie verbrachte immer weniger Zeit mit Ihnen. Diese traute Zweisamkeit der beiden konnten Sie nicht aushalten. Fabian musste aus Sarahs Leben verschwinden. Aber dann standen Sie auf einmal im Bauwagen und Sarah wies Sie ab. Haben Sie ihr noch erzählt, dass Fabian tot ist? War sie nackt oder haben Sie sie ausgezogen, nachdem Sie sie erwürgt haben?«

Rico hält sich beide Ohren zu und schreit: »Hören Sie endlich mit dieser Lügengeschichte auf! Sie wollen mir einen Mord unterschieben, nö, so nicht! Ja, Sarah war der erste Mensch in meinem Leben, dem ich vertraut habe. Aber genau deshalb bringe ich sie doch nicht um. Ich sage gar nichts mehr. Ich will sofort meinen Anwalt sprechen, Sie Scheißbulle.«

Hansen übergeht den »Scheißbullen« und verlässt wortlos den Raum. Auf dem Flur fängt ihn Wienke ab, die zwischenzeitlich den eingetroffenen Tom Thaler nach seinem Alibi befragt hat. Er behauptet, zusammen mit seinem Bruder Tim an dem Morgen bis ungefähr acht Uhr in seinem Apartment in Hörnum gewesen zu sein. Wie jeden Tag seien sie dann zum Frühstück in das Café Lund **75** gegangen. Die Kollegen in Hörnum hat sie gerade telefonisch gebeten, im Café nachzufragen, ob sich da jemand an die Zwillinge erinnert.

Hansen und Wienke gehen gemeinsam zu Zwillingsbruder Tom.

»Herr Thaler, Sie haben doch Ihr Pferd in Morsum stehen. Wo reiten Sie denn am liebsten so lang?«, beginnt Hansen das Verhör.

Tom ist überrascht von diesem Themenwechsel, räuspert sich und antwortet druckreif: »Ich reite gerne durchs Watt. Ich mag die Einsamkeit, die Weite, das Licht, besonders am frühen Morgen. Außerdem hat mein Pferd empfindliche Gelenke und braucht weichen Boden.«

»So wie im Wald?«, ergänzt Hansen.

»Wieso Wald?«, fragt Tom überrascht nach.

»Na, da sind Sie doch die vergangenen Tage auch häufiger geritten.«

Tom erwidert aufsässig: »Ist das verboten?«

»Nein, Herr Thaler, ist es nicht. Nur haben Sie dabei mit Sicherheit die Leiche von Fabian gesehen und das nicht der Polizei gemeldet.«

»Sie spinnen sich da ja was zurecht. Nichts habe ich gesehen. Ich war gar nicht im Wald.«

»Aber Ihr Pferd war da. Und wir wissen, dass Sie niemand anderen darauf reiten lassen«, macht ihm Hansen klar.

»Dann war ich eben erst im Wald, da ist es auch einsam, und dann im Watt. Was versuchen Sie denn gerade, mir zu unterstellen?«, fragt er mit nicht mehr ganz fester Stimme.

»Nichts, Herr Thaler. Wir wollen nur einen Doppelmord aufklären.«

Hansen verlässt das Zimmer und geht in den Nebenraum, in dem Merle mit dem anderen Thaler sitzt, Tim Thaler. Der Kriminalist blinzelt mehrmals mit den Augen, als würde er diesen nicht trauen. Anderer Raum, Merle statt Wienke – aber scheinbar derselbe Verdächtige.

»Sagen Sie mal, Herr Thaler, wie können Fremde Sie beide eigentlich unterscheiden?«

»Auf den ersten Blick gar nicht. Aber ...«, Tim unterbricht seine Erklärung. »Warum wollen Sie das wissen?«

»Herr Thaler, wir ermitteln in einem Mordfall und hätten schon gerne gewusst, wen von Ihnen beiden wir vor uns haben. Wir können Sie auch amtsärztlich untersuchen lassen!«, wird Hansen etwas lauter.

»Also, mein Bruder hat Narben am linken Unterarm, weshalb wir beide immer nur langärmlige T-Shirts tragen. Er ...« Tim holt tief Luft und ergänzt: »Er ist Borderliner, er ritzt sich die Arme auf.«

»Danke für Ihre Ehrlichkeit, Herr Thaler«, antwortet Hansen mitfühlend und schaut ihm tief in die Augen. »Das muss für Sie sehr schwer sein, denn Sie scheinen eine symbiotische Beziehung zu pflegen, abgesehen von der Reiterei machen Sie ja alles zusammen. Dieselbe Schule, gemeinsames BWL-Studium, das Sie zur selben Zeit abgebrochen haben. Und jetzt Psychologie. Im wievielten Semester sind Sie?«

»Im zwölften. Sagen Sie mal, bin ich hier zu einer Studie über Zwillingsforschung, oder was? Was wollen Sie von uns?«

»Wo waren Sie am Montagmorgen zwischen 6.00 und 8.00 Uhr, Herr Thaler?«

»Ich war mit meinem Bruder bis ungefähr acht Uhr in unserem Apartment in Hörnum, von wo wir wie immer zum Frühstücken in das Café Lund gingen. Das kann Ihnen übrigens die Bedienung dort bestätigen. Stina arbeitet da jeden Morgen. Kann ich jetzt gehen?«

»Eine Frage nur noch: Sind Sie mit dem Fahrrad hier?«

»Nein, mit dem Auto. Aber auch das ist bekanntlich nicht verboten.«

»Nein, selbstverständlich nicht. Ich begleite Sie gerne dorthin. Einen kleinen Moment noch.«

Hansen geht in sein Büro zurück und ruft den Staatsanwalt in Kiel an, der einen Durchsuchungsbeschluss für Thalers Wohnung und das Auto genehmigt. Hansen begleitet zusammen mit zwei Polizisten der Wache Tim Thaler zu dessen Auto. Der junge Mann händigt widerstandslos den Schlüssel aus, obwohl der Beschluss noch nicht eingetroffen ist. Wie Hansen vermutete, befinden sich im Kofferraum des Mini Clubman zwei Klappräder. Er öffnet die beiden senkrechten Hecktüren des Autos und sieht eines der Räder mit verkrusteten Erdresten.

»Herr Tom Thaler. Ich nehme Sie fest wegen des Verdachts auf Doppelmord an Sarah und Fabian. Ich bin mir sicher, dass die Erdreste im Profil Ihres Faltrades aus dem Wäldchen in Morsum stammen. Das werden wir aber sehr schnell abgleichen. Wir haben übrigens auch den genetischen Fingerabdruck des Täters«, sagt Hansen emotionslos.

Tom Thaler starrt den Kripochef an, als hätte er seine Worte nicht verstanden.

»Herr Thaler, Sie wussten von Sarah, dass Fabian morgens immer joggen geht und die beiden dann anschließend zusammen vor seinem Bauwagen frühstücken. Dieses idyllische Bild konnten Sie als großer Verehrer von Sarah nicht ertragen. An dem Morgen sind Sie Fabian auf Ihrem Rad bis ins Wäldchen gefolgt. Es wird so 6.30 Uhr gewesen sein. Fabian trug diese übergroßen Kopfhörer, er wird Sie nicht gehört haben. In der Nähe des Tümpels haben Sie ihn dann überwältigt und erstochen. Als Sie sicher sind, dass er tot ist, fahren Sie zum Bauwagen zurück, wo Sie gegen 7.00 Uhr ankommen. Die Tür vom Bauwagen ist nicht abgeschlossen. Sie schleichen sich hinein, erwürgen Sarah im Schlaf. Sie schminken sie. Haben Sie sie noch lange betrachtet?«

»Das ist doch Schwachsinn. Wie soll ich denn dann um 8.00 Uhr in Hörnum gewesen sein? Das sind fast 25 Kilometer. Und das bei Gegenwind aus Südwest mit Windstärke fünf. Das ist unmöglich«, schießt es aus Tom heraus, fast so, als hätte er sich diesen Satz lange vorher zurechtgelegt.

»Stimmt. Aber mit dem Auto ist es kein Problem. Ihr Faltrad passt ja selbst in Ihren Mini problemlos rein, wie wir hier sehen. Aber wozu haben Sie sie noch geschminkt?«, fragt Hansen mit jetzt ruhiger, weicher Stimme nach. Es entsteht eine peinliche Pause, in der Tom krampfhaft seinen linken Daumen mit der Hand umklammert.

»Ich wollte sie haben. Ich wollte endlich etwas für mich ganz alleine haben. Sie sollte sich für mich hübsch machen und tanzen. Aber sie schrie mich an, dass ich verschwinden solle. Ich wollte doch nur, dass sie nicht mehr schreit. Sie sollte doch meine Königin sein.«

Am nächsten Tag verabschieden Hansen, Merle und Wienke Doktor von Hohenstein am Bahnhof.

»Klasse, Henry. Meisterleistung. Schade aber, dass ich jetzt schon wieder nach Kiel zurückmuss. Aber ich werde Doktor Sattler vorschlagen, dass ich eine zweiwöchige

Fortbildung ›Kriminalistik 3.0‹ erarbeite. Die Theoriewoche machen wir dann hier auf Sylt, da kann mich dann mein Mann begleiten. Und für die Praxiswoche kommt ihr nach Kiel, da zeigen wir euch dann mal die Ostküste. Ach so, wo kriege ich denn jetzt noch ein paar dieser leckeren Bürgermeister her? Davon würde ich meinem Mann ja gerne welche mitbringen. Dann können wir die gemeinsam vernaschen«, fragt Doktor von Hohenstein und schaut in überraschte Gesichter.

Einen Mann in Kiel, denkt sich Wienke schmunzelnd, den werde ich eines Tages vielleicht auch einmal haben.

»Wir haben da etwas vorbereitet«, freut sich Merle über ihre Idee, dem Fallanalytiker eine Sylt-Erinnerungskiste zu schenken. Während sie die überreicht, erzählt sie dazu: »Morsumer Kartoffeln, eine Tüte der Sylter Vollmilch **76**, einen Sylt-Burger, einen Burger-Meister und natürlich zwei Bürgermeister!«

Morsum

Das Ringdorf mit neun Ortsteilen befindet sich im »ruhigeren« Osten der Insel. Es ist flächenmäßig die größte Gemeinde und dörflich sowie von Landwirtschaft geprägt. Wer Sölring live hören möchte, findet hier Gelegenheit.

62 Die Schutzstation Wattenmeer ist in einem roten Bauwagen am LKN Bauhof (Ende des Liiger Wal, Parkplatz am Deich, 25980 Sylt-Morsum) untergebracht (Apr.-Sept.). Von hier starten die Watt- und Nachtwanderungen, der Vogelwart erläutert auch die »Piepshow im Watt«.

63 Springtide: Bei Voll- und Neumond läuft das Wasser bei Flut besonders hoch auf und die Vögel kommen außergewöhnlich nah an die Deiche.

64 Das 1.800 Meter lange und bis zu 21 Meter hohe Morsum-Kliff (rund zwei Kilometer östlich von Morsum, Aussichtsplattform 500 Meter vom Parkplatz am Nösistich entfernt), bereits 1923 unter Naturschutz gestellt, zeigt Einblicke in zehn Millionen Jahre Erdgeschichte. Das Besondere: Eiszeitgletscher haben die Schichten vor rund 150.000 Jahren schräg gestellt. Dadurch liegen sie gut sichtbar nebeneinander. Auch das Farbspiel des Nationalen Geotops ist einmalig: Zum Rot, Weiß und Blau der Kliffböden kommen das Gelb der Dünen, das Grün des Strandhafers, das Violett der Heide und der blaue Himmel. In der Morsumer Heide liegt das größte zusammenhängende Hünengräbergelände in Deutschland. Dazu gehören die bronzezeitlichen Grabhügel Munkhoog und Markmannhoog.

65 In der typischen nordfriesischen, spätromanischen und weiß leuchtenden St.-Martin-Kirche sind Konzerte ein besonderes Erlebnis. Zusammen mit der Keitumer ist dies die älteste Kirche der Insel, gebaut im 13. Jahrhundert. Mit Tuffstein im Chorraum, gemauertem Kirchenschiff und separatem hölzernen Glockenturm ist sie ein Kleinod. Im September gibt es sogar eine Pferdeandacht.

66 Morsum ist eine Hochburg der Ringreiter. Die Lanze muss im Galopp in einen 11, 18 oder 22 Millimeter großen Ring gestoßen werden. Schon der Aufschrei der Reiter(innen) dabei ist ein Erlebnis. Turniere sind zwischen Pfingsten und August im Freizeit- und Kurpark (Bi Miiren, 25980 Sylt-Morsum) zu sehen.

67 Der Campingplatz Mühlenhof (Melnstich 7, 25980 Sylt-Morsum) liegt inmitten der Wiesen. Er hat einen Biotop-Teich, Sauna und moderne Sanitäranlagen.

68 Das Muasem Hüs mitten im Dorf (Bi Miiren 17, 25980 Sylt-Morsum) wird für Konzerte, Lesungen und Dichterwettbewerbe genutzt. Der älteste Weihnachtsmarkt der Insel ist immer am Wochenende des ersten Advent zu sehen.

69 Seit 1927 verbindet der Hindenburgdamm Sylt mit dem Festland, aber nur für den Eisenbahnverkehr. Das Betreten ist verboten.

70 Der Golfclub Morsum (Uasterhörn 37, 25980 Sylt-Morsum) ist der wohl exklusivste auf Sylt. Er wurde 1964 als Privatclub von Verleger Axel Springer gegründet. Noch heute zählt er nur 220 Mitglieder.

71 Sylter Galloways - die zotteligen, sehr robusten Galloway-Rinder aus Südwest-Schottland weiden ganzjährig in den Sylter Salzwiesen. Gourmets schätzen das marmorierte und kurzfaserige Fleisch. Das gibt es in Hofläden zu kaufen; einige Restaurants servieren es.

72 Der Nösse-Koog ist einer der letzten Standorte in Schleswig-Holstein, an dem Uferschnepfen in den Wiesen brüten. Der Nössedeich dazu zieht sich von südlich Morsum bis zum Rantumbecken nach Westen. Auch Kiebitze, Feldlerchen und Große Brachvögel sind hier anzutreffen. Die Lebensräume der Bodenbrüter sind sonst weitgehend zerstört, dies ist eines der letzten Refugien.

73 Das Café Ingwersen (Terpstig 76, 25980 Sylt-Morsum) ist eine Traditionsbäckerei. Ein Stück Friesentorte – innen oder in den Sitzecken des Gartens genossen – wird mit einer Kanne Friesentee kombiniert. Auch zum Frühstück ist das Angebot groß und schmackhaft.

74 Das Strandbistro Wonnemeyer (Am Strand Nr. 1, 25996 Wenningstedt-Braderup) ist nur zu Fuß zu erreichen und serviert Gerichte mit Zutaten von Bioland. Die Traumlage am Strand zieht die Gäste in Scharen an. Es gibt nette Unterhaltung.

75 Café Lund (Rantumer Str. 1-3, 25997 Hörnum) ist ein beliebter Treff für Frühstücks- und Kuchenfreunde.

76 Im Osten der Insel verkaufen Landwirte ihre Produkte auf dem Hof und in Kartoffelkisten. Der letzte Milchbauer auf Sylt heißt Jens Nielsen, wohnt in Morsum (Hooger Wal 33) und liefert seine Milch an Abnehmer auf der Insel. Auch Gäste sind bei ihm willkommen und genießen die »Sylter Vollmilch«.

8. ZÜNDENDE LÖSUNG

Was für ein Zirkus beim InselCircus in Wenningstedt

Henry Hansen und Swantje Brackwedel halten die Luft an. Wie sich diese Schlangenakrobatin Bine da im Kopfstand auf der einen Hand ihres Partners Boy verbiegt, und das in schwindelerregender Höhe, ist einfach Weltklasse.

»Dass die sich in ihrem Alter noch so verbiegen kann. Ich wäre ja schon froh, wenn ich wenigstens bei gestreckten Beinen mit den Fingerspitzen auf den Boden käme«, sagt die Bürgermeisterin sichtlich begeistert. »Danke für die Einladung, Henry. Und dann auch noch erste Reihe. Klasse!«

»Ja, ich gehe jedes Jahr in den InselCircus **77** , wenn es geht, sogar mehrmals. Die Künstler wechseln ja. Diese beiden sind aber bei jeder Eröffnung dabei. Und immer wieder staune ich über deren neue Nummer. Auch die Leistung von dem Boy ist doch unglaublich. Der muss ja jeden einzelnen Muskel seines Körpers komplett beherrschen. Und wie leicht das alles aussieht«, zeigt sich auch Hansen von dem Akrobatik-Duo begeistert. »Die sind übrigens auch privat ein Paar, lustige Vögel. Voriges Jahr saß ich nach der Show plötzlich neben den beiden an der Bar.«

»Ach, dann lade ich dich und die doch nach der Show gerne auf ein oder zwei Drinks ein. Echte Artisten würde ich ja auch gerne mal kennenlernen«, zeigt sich Swantje Brackwedel Feuer und Flamme.

»Die Einladung nehme ich gerne an. Falls wir sie nicht treffen, kannst du auch ein Mittagessen mit den Artisten 78 buchen. Aber werde bloß nicht noch zum Groupie«, lacht Hansen. »Übrigens, freitags um 17.00 Uhr präsentieren Kiddies, was sie in der Woche in Workshops einstudiert haben. Auch das ist absolut sehenswert.«

Es ist erst fünf Uhr am nächsten Morgen, als Hansens Diensthandy ihm die Miss-Marple-Melodie trällert. Er versucht, den Ohrwurm in seinen Traum einzubauen, aber es will nicht passen.

»Moin, Henry, hier ist Mike von der Feuerwehr Wenningstedt. Wir haben einen Brand im Zirkuswagen und einen Verkohlten!« Hansen ist hellwach. Hat er da etwas verpasst gestern Abend?

Er alarmiert seine junge Mitarbeiterin Merle Petersen, die zeitgleich mit ihm am Kampener Weg in Wenningstedt ankommt.

»Haben Sie Wienke auch angerufen?«, fragt diese mit einer gewissen Vorahnung.

»Nee, die soll man ausschlafen, die hat doch genug um die Ohren mit ihren beiden Töchtern«, antwortet Hansen obenhin.

»Dann schicke ich ihr aber wenigstens eine Kurznachricht, immerhin sind ihre beiden Prinzessinnen ab heute beim Mitmachzirkus angemeldet, aber der wird ja bestimmt ausfallen müssen«, entgegnet Merle bestimmt.

Der verbrannte Wohnwagen, an dessen verkohlter Außenwand noch ein in Rot und Schwarz gespraytes ›Egomanen-Arschloch‹ zu lesen ist, gehört Boy Bleicken. Während die Leiche bis zur Unkenntlichkeit verbrannt ist, werden von der Spurensicherung unter dem Wagen Brandbeschleuniger und mehrere Fackeln gefunden, wie sie von Feuerkünstlern benutzt werden. Die tatsächliche Identität der Leiche jedoch müssen erst die Rechtsmediziner feststellen. Aber für Hansen riecht es nicht nur rauchig, sondern alles nach Mord an Boy Bleicken, dem von ihm bewunderten Akrobatik-Künstler. Gestern Abend sah er ihn also zum letzten Mal.

Hansen lässt sich von Zirkusdirektor Martin Schäfer eine Liste aller Artisten und sonstigen Bewohner des Zirkuslagers geben. Nacheinander müssen sie in einem vom Zirkus zur Verfügung gestellten Wagen zur Vernehmung erscheinen.

Um neun Uhr kommt auch seine Kollegin Wienke Sondermann, begleitet von ihren beiden Kindern Nele und Nora, am InselCircus an. Sie raunzt ihren Chef an: »Können Sie nicht mal anrufen? Zum Glück hat Merle mir eine Nachricht geschickt, und ich konnte für meine Prinzessinnen einen Platz im Alternativprogramm ergattern, das der Clown mit den Jonglierern außerhalb des Geländes anbietet. Und überhaupt, dass Sie mich immer erst Stunden später informieren, nervt mich eh schon lange. Da werde ich mich mal in Kiel beschweren.«

»Ach, Wienke, wie sagen die Sylter: ›Di Kual uur ek lecht sa warem iiten, üs er apdesket uur.‹ Das soll bedeuten: Nichts wird so heiß gegessen, wie es gekocht wird. Hat doch alles noch geklappt«, beschwichtigt sie der Vorgesetzte. »Und außerdem gibt es für Kinder in der Saison hier so viele Angebote. Schick sie doch zur Piratenwanderung des Naturzentrums Braderup **79** oder melde sie zum Holz- und Schmiedeworkshop **80** auf dem Biolandhof an.«

Gegen Mittag, nach unzähligen Gesprächen mit allen Artisten und sonstigen zum Zirkus gehörenden Personen, meldet sich bei den Ermittlern der Hunger. »Burger-Zeit«, beschließen sie unisono. Während sich Hansen und Merle einen »Burger-Meister«, diese besonders dicken Burger mit Dry-Aged-Beef, Mango-Chili-Creme, Ananas und spanischem Käse bei Hein Ingwersen bestellen, der mit seinem Burgermobil gerade vor dem Denghoog **81** in Wenningstedt nahe der Friesenkapelle **82** steht, entscheidet sich Wienke wie fast immer für den Veggie-Burger mit getrockneten Tomaten, Pesto & Mozzarella. Die Bestellung ihrer beiden Töchter, die mit lustig geschminkten Clownsgesichtern vor ihr stehen, lautet: Spongebob-Burger mit Fischstäbchen und Pommes.

»Kinder, wir machen mal einen auf Burger-Bringdienst und schauen uns vorher den Denghoog an. Wisst ihr, was das ist?«, fragt Wienke pädagogisch wertvoll.

»Mordsgeschichten von früher«, zwinkert Hansen den beiden Mädchen zu.

Als Wienke mit Kindern und Burgern im Gepäck zurückkommt, kann sie sich ein »Hansen, wieder ein neuer Burger-Meister für Sie, leider ohne Anhang, also ohne ›in‹, aber das hatten Sie ja gestern erst« nicht verkneifen.

Merle, die die Anspielung auf die seltsam geartete Beziehung zwischen ihrem Vorgesetzten und der Sylter Bürgermeisterin immer zu einem breiten Grinsen zwingt, sagt keck: »Super lecker, da kann man sich alle Finger nach lecken.« Alle lachen, auch Hansen. Der kneift sogar ein wenig die Augen zu.

»Ich fasse mal zusammen, Mädels«, beginnt er eine längere Erklärung. »Schlagt mal die Tür zu. Der Brand ereignete sich gegen 4.00 Uhr heute Morgen. Es war Brandstiftung. Die Fackeln kommen höchstwahrscheinlich aus Bleickens eigenem Bestand, der hat in seinen Auftritten ja auch Feuerelemente. Den Brandbeschleuniger hat aber jemand mitgebracht. So etwas wird von niemandem hier benötigt. Der Tote ist 38 Jahre alt, in Wenningstedt aufgewachsen, hat allerdings schon mit zehn Jahren zusammen mit seiner Mutter und seinem Bruder die Insel verlassen. Sein Vater aber lebt immer noch hier. Und seit der Insel-Circus hier vor fast 20 Jahren begann, hatte er jedes Jahr seinen Auftritt. Boys langjährige Partnerin, auch privat, war Sabine Möller, aber nur bis vor Kurzem. Die Bine ist zwei Jahre jünger als Boy, also 36. Privat trennte sich das Paar schon vor ein paar Monaten, beruflich war das hier ihr letztes gemeinsames Engagement. ›Es ist an der Zeit, sich niederzulassen, eine Familie zu gründen‹, meinte sie zu mir. Das mehr als 30 Jahre harte Training haben bei ihr auch körperliche Schäden hinterlassen. Aber Boy wollte weitermachen, nahm keine Rücksicht auf ihre Beschwerden, geschweige denn auf ihre Wünsche. ›Der wollte noch mal ganz neu durchstarten. Irgendwo mal ankommen, sich heimisch fühlen, Verantwortung übernehmen, nee, das hat den in Panik versetzt‹, erzählte seine frühere Partnerin Bine. Im September startet sie ihre neue Karriere als Lehrerin für junge Artisten in Hamburg. Boy dagegen wollte mit der jungen Ukrainerin Swetlana weitermachen, als Duo ›SweetBoy‹. Schon am Sonntag wollten die beiden für vier Wochen an Bord des Kreuzfahrtschiffes *Costa Constanza* gehen. Täglich 20 Minuten sollten sie dort mit einer ganz neuen, atemberaubenden Show die Kreuzfahrer unterhalten. Angeblich gönnt Bine der jungen, ihr sympathischen Artistin diesen gut dotierten Vertrag. Mehrmals betonte sie, dass sie mit ihrer aktiven Karriere, und erst recht mit Boy, abgeschlossen hätte. Auch dass diese Swetlana sich angeblich schon das Bett mit Boy teilt, sei ihr völlig gleichgültig. Obwohl das alles sehr schlüssig klingt, sollten wir sie im Auge behalten: Aus Rach- und Eifersucht mussten ja schon viele Menschen ihr Leben lassen.«

Hansen hat noch mehr herausgefunden: Die Neue an Boys Seite, beruflich und im Bett, war gestern Abend in ihrem Wohnwagen, den sie sich noch mit ihrem jetzigen Partner der Show teilt: Stangenakrobat Boris, der wie Swetlana auch von der Krim stammt, aber nach dem letzten Auftritt hier im InselCircus zurück in seine Heimat will, auch wenn die jetzt russisch aussieht. Immerhin sind die beiden erst 18, und er hat Heimweh. Swetlana meinte, dass Boy nach der Show mit seinem Vater und seinem Bruder verabredet war. Wo, das wusste sie nicht. Beide waren bisher nicht erreichbar. Der Vater wohnt hier nicht weit entfernt vom Gedenkstein der Segelflieger 83 , wo einst dessen berühmter Verwandter Bleicke Bleicken 84 spektakuläre Fotos schoss. Ich werde bei ihm jetzt gleich mal vorbeifahren, vielleicht ist der Bruder ja auch noch da, der wohnt eigentlich in Celle. Kommst du bitte mit, Wienke?«

»Ach, für den Erstbesuch bei Angehörigen von Toten scheinen Sie mich ja gerne einzuspannen«, antwortet Wienke etwas schmallippig. »Aber ich begleite Sie natürlich trotzdem, wenn auch nicht wirklich gern.«

Merle Petersen, die sich bei einigen Artisten und Künstlern umgehört hat, steuert ihre Erkenntnisse bei: »Mir haben zwei Zirkuskünstler erzählt, der Bauchredner und der Trapezkünstler, dass Boy ein Zocker war, auf vielen Ebenen. Beim Black Jack und Roulette in Casinos 85 , beim

Pokern in irgendwelchen Hinterzimmern und im Internet hat der wohl immense Summen verloren. Und mit Frauen hat er angeblich auch gerne gespielt. Woher er das Geld hatte, ist ihnen ein Rätsel, denn als Artist verdient man nicht mehr als das, was man gerade zum Leben braucht. Die Einzige, die Boy gestern Abend noch gesehen haben will, ist die Seiltänzerin. Sie meint, dass er kurz nach 20.00 Uhr in den Wohnwagen des Zirkusdirektors gegangen ist.«

»Wienke, wir hören uns mal an, was der Vater zu sagen hat, lass uns losfahren. Und Merle, kümmere du dich in der Zwischenzeit bitte um die Finanzen von Boy. Vielleicht hat der am Ende sein Leben regelrecht verspielt«, stellt Hansen eine Vermutung in den Raum.

»Oder seinem Leben selbst ein Ende gesetzt oder einfach zu viele Frauen gehabt. Meine Oma sagte immer: ›Vermutungen sind der Anfang allen Übels‹. Mal sehen, was von dem wirklich wahr ist, was Ihre feine Nase da erspürt haben will«, traut sich Merle, ihren Chef mit seinem prägnanten Sinnesorgan zu konfrontieren, worauf sich dieser naserümpfend zusammen mit Wienke verabschiedet.

Hansen und Wienke treffen den Vater des Toten. Er ist sichtlich erschüttert und sitzt verstört in seinem schlichten Einfamilienhaus mit der Einliegerwohnung. Über Boys Tod hat Bine ihn schon informiert.

»Was für ein Jammer, dass die sich getrennt haben. Sonst würde er bestimmt noch leben«, beginnt der alte Bleicken das Gespräch.

»Wie kommen Sie denn darauf?«, fragt Wienke.

»Jetzt mit so einer 18-Jährigen noch mal neu starten zu wollen, das ist doch utopisch«, antwortet der Vater erregt.

»Die will doch nur von seinen Kontakten profitieren. Sie müssen wissen, mein Boy, der hat alles gewonnen, was es an Akrobatik-Preisen zu gewinnen gibt, der war absolute Weltklasse. Aber über dreißig, da hat man als Akrobat ja leider seinen Zenit überschritten. Die Bine, die ist bodenständig, die hat das erkannt. Boy aber jagte immer noch dem nächsten großen Event entgegen. Dabei sind auch die Gagen in den letzten Jahren immer weiter rückläufig gewesen. Aber das hat ihn gar nicht interessiert. Für ihn zählten nur Scheinwerfer und Applaus.«

»Hätte er denn weiterhin davon gut leben können?«, hakt Wienke nach.

»Hm, was soll ich sagen?« Der alte Bleicken überlegt lange, scheint seine Worte gedanklich hin und her zu bewegen. »Ja, von den Gagen hätte er weiterhin gut leben können.«

»Aber?«, rutscht es Wienke und Hansen zeitgleich heraus.

»Ja, aber …«, stammelt der Vater. »Boy ist seit ein paar Jahren spielsüchtig. Und da habe ich ihm immer mal wieder unter die Arme gegriffen. Erst letzte Woche habe ich ihm wieder 40.000 Euro überwiesen.«

»Das war dann ja nicht das erste Mal. Mit wie viel haben Sie denn schon ausgeholfen?«, prescht Wienke vor.

»Keine Ahnung. Ich führe darüber kein Buch. Ich habe genug gespart, und wenn einer meiner Söhne jetzt etwas braucht, will ich da sein. Als sie klein waren, habe ich so viele Fehler gemacht. Wenigstens jetzt will ich helfen«, bekennt der Vater des toten Boy.

»Wann haben Sie Boy denn zuletzt gesehen oder gesprochen?«

»Gestern Abend. Er kam nach der Show gegen 18.00 Uhr. Wir haben bei mir zu Abend gegessen. Mein Sohn Busso war auch dabei. Boy hat von seiner neuen Partnerin und dem Engagement auf dem Kreuzfahrtschiff geschwärmt. Er ging aber schon gegen 20.00 Uhr wieder. Er wollte angeblich früh zu Bett gehen, aber ich fürchte, dass er noch im Casino in Westerland war.«

»Wo können wir denn Busso erreichen? Wir würden ihn gerne auch noch kurz befragen«, schaltet Wienke um.

»Busso ist noch bis Sonntag bei mir zu Besuch, wollte jetzt kurz zur Sturmhaube 86 am Roten Kliff, sich vom Wind die Gedanken vertreiben lassen und, wie ich annehme, sich bei Wonnemeyer mit dem ein oder anderen Drink ablenken. Als kleiner Bruder hat ihn die Nachricht auch total mitgenommen.«

»Hier ist meine Handynummer, Herr Bleicken. Wenn Ihr Sohn zurückkommt, wäre es nett, wenn er sich bei uns melden würde«, leitet Hansen die Verabschiedung ein.

Im Auto fasst Hansen das Gespräch zusammen: »Also, die Spielschulden wurden wohl immer von Papa bezahlt, wie praktisch. Da scheint es keine weiteren Motive zu geben. Wir müssen uns auf Eifersucht und Rache konzentrieren.«

»Na ja, wir wollen mal hören, was der Bruder so sagt. Besonders toll wird der das nicht gefunden haben, dass sein Vater immer mal den einen oder anderen Tausender zum Bruder wandern ließ«, entgegnet Wienke.

»Aber als erfolgreicher Strafverteidiger wird der Bruder keinen Notstand haben«, ergänzt Hansen sein kurzes Resümee.

»Ja, doch in Familiengeschichten geht es selten um rationale Dinge. Wer weiß, welche Kindheitstraumata da nicht verarbeitet wurden?«, überlegt Wienke laut. Und denkt bei sich: Bei der Vernehmung will ich unbedingt dabei sein.

Wieder zurück im provisorischen Büro im InselCircus, kann Merle von ersten Ergebnissen zur finanziellen Situation erzählen. »Boy hatte zwei verschiedene Bankverbindungen. Während auf dem einen Konto seine Gagen eingingen, wovon er scheinbar seinen Lebensunterhalt bestritt, gingen bei der anderen Bank in unregelmäßigen Abständen große Beträge ein. Das Geld stammte vom alten Bleicken, wie dieser ja auch erzählte. Allein in den vergangenen Jahren summierten sich die Zahlungen auf 180.000 Euro. Und die Frau des Zirkusdirektors, Lorraine Schäfer, die mir bei der Befragung von Boys Kollegen zufällig über den Weg lief, gab auf mehrmaliges Nachfragen zu, dass Boy gestern Abend bei ihr war. Ihr Mann sei derweil in List mit einem dänischen Artisten verabredet gewesen, den er als Ersatz für Boy im nächsten Jahr engagieren wollte. Sie selbst sei mit Boy schon seit Jahren befreundet gewesen und sie hätten bei einer Flasche Wein nett geplaudert. Um halb zehn sei er zu seinem Wohnwagen zurückgegangen. Mehr war von der Schäfer nicht in Erfahrung zu bringen.«

»Und, Merle, hatten die was miteinander? Was sagt dein Bauchgefühl? Möglich scheint bei dem Boy ja alles gewesen zu sein«, will Hansen noch wissen.

Merle schlägt vor: »Da sollten wir mal den Herrn Zirkusdirektor befragen. Vielleicht kann der uns ja was zu den Verhältnissen hier sagen.«

Auf einmal klopft es an der Tür des Zirkuswagens, in dem die Ermittler kurzfristig ihr Quartier aufgeschlagen haben. Busso Bleicken, der Bruder des Toten, steht vor der Tür.

»Vielen Dank, dass Sie gleich gekommen sind, Herr Bleicken. Wir haben da ein paar Fragen zu Ihrem Bruder. Wie standen Sie beide zueinander?«, prescht Hansen vor.

»Ach, wir hatten eher gar keine Beziehung. Im Gegensatz zu meinem Bruder bin ich bodenständig, lebe auf einem Dorf bei Celle, bin seit 15 Jahren verheiratet, habe zwei fantastische Kinder und mache Urlaub irgendwo in Deutschland, statt in die Ferne zu reisen. Wir waren für ihn die Spießer, die ihm seinen Erfolg neideten, was gar nicht stimmt. Ich freute mich für ihn, wenn er mal wieder einen Preis gewann oder im Fernsehen zu sehen war. Aber uns verband halt nichts. Unserem Vater zuliebe trafen wir uns einmal im Jahr hier auf Sylt, wenn er im InselCircus auftrat. Ansonsten hatten wir keinen Kontakt.«

»Und wie fanden Sie es, dass Ihr Vater Boy immer wieder mit größeren Geldbeträgen unter die Arme griff?«, hakt Hansen nach.

»Ach, das wissen Sie? Das hat mich sehr aufgeregt. Mir ging es gar nicht so sehr um mein Erbe, was sich so langsam in Luft auflöst. Ich dachte eher, dass mein Vater das Geld sicher einmal für sich selbst brauchen würde. Er lebt hier ganz alleine und will partout nicht weg von der Insel. Da ist doch ein Umzug in ein Seniorenstift vorprogrammiert. Ich weiß, was das kostet, meine Frau muss jeden Monat 1.000 Euro für ihre Eltern abdrücken. Die leben im Heim. Auch gestern war das wieder Thema. Ich bezeichnete ihn als egozentrischen und narzisstischen Peter Pan. Da sprang er auf, verließ wutschnaubend das Haus. Mein Vater tat mir da sehr leid.«

»Und was machten Sie, als Ihr Bruder dann weg war?«

»Mein Vater war sehr traurig und wollte nicht mit mir reden. Er ging ins Bett, ich machte mir ein Bier auf und zappte durch das Fernsehprogramm. Das war aber nicht so nach meinem Geschmack. Dann telefonierte ich noch kurz mit meiner Frau, erzählte ihr von dem Streit und ging zu Bett.«

»Gingen Sie als Kind eigentlich auch in den KinderCircus so wie Ihr Bruder?«, wechselt Wienke, die sich bisher zurückgehalten hatte, das Thema.

»Ja, aber ich war nicht so talentiert wie er. Akrobatik war schon mal gar nichts für mich. Ich habe dort das Jonglieren gelernt und mir tatsächlich während meines Studiums damit ein bisschen Geld verdient, in den Semesterferien sogar auf La Gomera am Strand.«

»Da will ja einer sehr bewusst den rechtschaffenen, treusorgenden Ehemann und Vater geben. Der ist doch Strafverteidiger in Celle. Unsere Kollegen dort haben mir erzählt, dass der nicht nur Kleinkrimelle vertritt. Russenmafia, Drogenbosse, Mitglieder von Rockerclubs gehen bei dem ein und aus. So ganz bürgerlich klingt das ja auch nicht«, platzt es aus Merle heraus, als Busso Bleicken außer Hörweite ist.

»Ja, finde ich auch«, pflichtet Wienke ihr bei. »Und am Strand von La Gomera, da gibt es doch jeden Abend diese genialen Feuershows, bei denen jeder mitmachen kann. Wir sollten mal Auto und Haus des lieben Busso durchforsten. Was meint ihr?«

»Gute Idee, Wienke«, bestätigt Hansen. »Ich besorge einen Durchsuchungsbefehl. In der Zwischenzeit lasse ich aber den Zirkusdirektor noch einmal in unserer kleinen Manege hier auftreten.«

»Herr Schäfer, wie war denn Ihr Verhältnis zu Boy und vor allem das Verhältnis Ihrer Frau zu Boy?«, kommt Hansen sofort zur Sache, als Schäfer durch die Tür in den Wagen kommt.

»Ich hatte schon mal bessere Zeiten mit Boy. Seit Bine sich von ihm getrennt hat, ist doch keine Frau vor dem sicher. Das bringt Unruhe, die ich hier nicht gebrauchen kann. Und außerdem: Der Jüngste ist er ja auch nicht mehr. Ich wollte ihn für das nächste Jahr nicht mehr engagieren und ihm das an seinem letzten Tag mitteilen.«

»Und, hat er es auch bei Ihrer Frau versucht? Wir wissen, dass Boy gestern Abend bei ihr war.«

Der Zirkusdirektor wird blass, legt seine rechte Hand auf sein Herz und antwortet langsam und leise: »Herr Kommissar, das ist mir zu privat. Aber ich verstehe, dass Sie alles wissen wollen. Also. Ich war gestern mit einem dänischen Artisten in List verabredet. Den wollte ich im nächsten Jahr als Ersatz für Boy verpflichten. Wir wurden uns schneller handelseinig als gedacht. Er nahm das letzte Schiff um 21.25 Uhr zurück nach Rømø. Ich kam also viel eher als geplant zurück und …« Nach einer kurzen Atempause fährt er noch leiser fort: »… und fand meine Frau zusammen mit Boy im Bett unseres Zirkuswagens. Ich war fassungslos und schlich mich aus meinem Wagen. Ich ging erst zum Haus am Kliff **87** in Wenningstedt und trank einen Pharisäer **88** . Anschließend bin ich stundenlang am Strand entlanggelaufen, irgendwann habe ich mich in einen Strandkorb gesetzt und bin dort eingeschlafen. Wann ich genau aufgewacht und dann zu meinem Wohnwagen zurückgegangen bin, weiß ich gar nicht.«

»Hat Sie dort am Strand jemand gesehen oder haben Sie jemanden gesehen, der Ihre Angaben bestätigen kann?«, will Hansen wissen. »Sonst müssten wir davon ausgehen, dass Sie kein Alibi haben.«

»Verdächtigen Sie mich etwa?«

»Nein, Herr Schäfer. Wir ermitteln, und das in alle Richtungen.« Mit diesen Worten entlässt Hansen den Zirkusdirektor.

»Was für ein Zirkus! Ich werde erst mal ein paar Jogging-runden um den Dorfteich 89 in Wenningstedt drehen und meine Gedanken ordnen«, kündigt Hansen seinen Kolle-ginnen an.

»Nee, Chef, das machen Sie doch nur zweimal im Jahr, in Ihrem Alter ist plötzlicher Sport so schädlich wie gar kein Sport«, belehrt ihn Merle.

»Wer weiß, wer mir da noch alles über den Weg läuft. Das nennt man übrigens laufende Ermittlungen, und beim Run ums Rantumbecken will ich nächstes Jahr dabei sein«, kontert Hansen und ist verschwunden.

Am nächsten Morgen stehen Merle, Wienke und Hansen schon um 6.30 Uhr vor dem Wohnhaus des alten Bleicken. Hansen informiert seine Kolleginnen noch darüber, dass bei dem Toten eine hohe Dosis an Schlaftabletten festgestellt wurde, so dass der wohl deshalb den Brand nicht bemerkte.

»Wienke, du gehst in die Garage und schaust dir mal Bussos Auto genauer an. Und Merle, du hältst dich bitte ein wenig zurück und beobachtest vor allem Bussos Reak-tionen«, sagt Hansen noch, bevor er klingelt und gleich-zeitig energisch an die Tür klopft.

Als die Tür sich öffnet, stehen Busso und sein Vater vor den Ermittlern. »Guten Morgen die Herren Bleicken, wir haben einen Durchsuchungsbeschluss für Ihr Haus und Ihre Autos. Würden Sie bitte beide Ihre Autoschlüssel mei-ner Kollegin aushändigen?«

Während Busso Bleicken sich über die Hausdurchsu-chung aufregt und die Beamten beleidigt, fragt der Vater nur: »Busso, hast du was mit Boys Tod zu tun?«

In der Garage stehen die Autos vom Vater und von Busso Bleicken. Wienke nimmt sich Bussos Auto vor. Volltreffer, denkt sie sich, als sie im Kofferraum des Autos mehrere Fackeln und eine Spiritusflasche entdeckt, die sie vorsichtig in Plastiktüten packt. Mit einem Lächeln und blitzenden Augen übergibt sie Hansen, den sie in die Garage gerufen hat, ihren Fund.

Hansen und Wienke belehren den Bruder des Toten, was seine Rechte angeht, und konfrontieren ihn anschließend mit dem Fund. Dieser streitet erst alles ab, will die Fackeln gekauft haben, um endlich mal wieder mit dem Jonglieren anzufangen. Doch als Merle dann noch mit drei leeren Packungen Schlaftabletten erscheint, die sie aus dem Müll gefischt hat, gesteht er:

»Ja, ich habe Boy beim Abendessen Schlaftabletten unter seinen Kartoffelbrei gemischt. Gegen drei Uhr bin ich zum InselCircus gegangen und habe den Brand unter seinem Wagen gelegt. Ich konnte es einfach nicht mehr ertragen, wie er unseren Vater ausnahm und dieser ihn trotzdem bewunderte, seinen Liebling. ›Bei dir läuft doch alles wie geschmiert, aber Boy, der hat es ja nicht leicht und kann jeden Cent gut gebrauchen‹, rechtfertigte er sich immer vor mir.«

Der Vater bricht in Tränen aus. »Ich habe alles falsch gemacht. Alles. Dabei wollte ich doch immer nur euer Bestes. Warum, Busso? Warum musste Boy sterben? Es war doch nur Geld! Und davon hast du doch genug. Warum, Busso?«

Hansen schließt die Akten und betont bei der Pressekonferenz am nächsten Tag, dass der InselCircus frei von jedem Makel sei. Denn der mache pädagogisch wertvolle Zirkusangebote für Kinder und Jugendliche sowie für Menschen über 30 Jahre. Dafür erntet Hansen erstmals Lob von unerwarteter Seite – von seiner Kollegin Wienke. Sie hatte ihm das allerdings auch vorher mit auf den Weg gegeben. Und dann klopft ihm natürlich die Bürgermeisterin auch auf die Schulter, aber das sieht niemand.

Hansen dankt seinen beiden Ermittlerinnen und verneigt sich vor ihnen. »Gute Teamarbeit, darauf lasst uns doch heute mal richtig essen gehen. Ich lade euch ein. Bring gerne auch deine Prinzessinnen mit. In dem Restaurant am neuen Kliff kann man nämlich am Tisch Stockbrot braten. Das wäre doch was für die beiden.«

»Klasse Idee, danke, Chef«, antworten die beiden.

»Kennt ihr übrigens diese Internetseite, auf der es falsch verstandene Songtexte gibt?«, wechselt Merle das Thema.

»Nee.«

»Ich schaue da öfter zum Ablenken mal rein. Gestern fand ich diesen hier: ›I can see clearly now, the rain has gone‹ – daraus wird bei falschem Hinhören: ›… Lorraine has gone‹.«

Hansen lacht: »Lorraine? Der arme Boy Bleicken hätte wohl klarer gesehen, wenn Lorraine gar nicht erst gekommen wäre.«

Wenningstedt

Es ist ein Familienbad mit Tradition. Der lange Sandstrand, das neue Kurhaus am Kliff, die auffällige Bogen-Grasdach-Architektur des Fischtempels von Gosch oder auch der Dorfteich mit der Friesenkapelle und dem regen kirchlichen Angebot setzen deutliche Akzente. Auch die Gastronomie hat einen klaren Schritt nach vorn gemacht. Historisch bedeutend ist der Denghoog nahe der Kirche, ein Steinzeitgrab.

77 InselCircus (Bi Kiar, 25996 Wenningstedt-Braderup): Jedes Jahr im Juli und August zeigen internationale Zirkusartisten in wöchentlich wechselnden Showprogrammen ihr Können. Dazu gibt es Workshops für Kinder und Erwachsene. Eine Schauspielschule gehört dazu. Kinder ab neun Jahren können eine Woche auch im Zirkuswagen übernachten, mit Artisten aus aller Welt essen und sich täglich im MitmachCircus ausprobieren und an Fim- oder Kameraworkshops teilnehmen. Kinder können bei Tagesveranstaltungen im Zirkus auch Wissenschaft mit allen Sinnen erfahren, gehen gemeinsam auf Exkursion und dann ins Experimentierlabor. Die Einrichtung im Sommer hat lange Tradition in Wenningstedt.

78 Lunch mit Artisten ist ein neues Angebot für alle. Spaghetti mit Artisten im Circorante essen – was für ein Erlebnis.

79 Das Naturzentrum Braderup (M.-T. Buchholzstich 10 a, 25996 Wenningstedt-Braderup) ist ein Anlaufpunkt an der Wattseite. Die kleine, liebevolle Ausstellung der Naturschutzgemeinschaft Sylt zeigt Watt und Wale, Küstenschutz und Grundwasser. Es gibt gut geleitete Exkursionen, etwa durch die Braderuper Heide oder den Kräutergarten. Auch eine Wattführung speziell für Kinder ist im Programm.

80 Holz- und Schmiedeworkshops auf dem Biolandhof (M.-T. Buchholz-Stich 6, 25996 Wenningstedt-Braderup) sind beliebt. Hier üben Kinder den Umgang mit Sägen und Feilen und stellen ihre eigenen Holzschalen, Skulpturen oder Schnitzereien her. Auch Schmieden oder Wippdrechseln kann gelernt werden.

81 Der Denghoog (Bi Kiar, 25996 Wenningstedt-Braderup) neben der Friesenkapelle ist ein rund 5.000 Jahre altes Steinzeitgrab, eines der bedeutendsten in Nordeuropa. Im »Hügel auf der Wiese«, wie die Übersetzung von Denghoog lautet, befindet sich eine begehbare Grabkammer. Sie ist etwa fünf Meter lang, drei Meter breit und zwei Meter hoch. Ein sechs Meter langer Gang führt hinein. Neben Skeletten von den Beigesetzten wurden Meißel, Flintbeile, Bernsteinperlen sowie Keulen aus grünem Porphyr gefunden. Ein Teil der Funde ist im Sylter Heimatmuseum in Keitum zu bewundern.

82 Die Friesenkapelle (Bi Kiar 3, 25996 Wenningstedt-Braderup) hat eine auffällig gestaltete Altarwand mit Kacheln. Mit antikem Kronleuchter, Votivschiff und einer kleinen Orgel vermittelt sie das Gefühl, sich in einer größeren Friesenstube zu befinden. Ein Spruchband unterhalb des Deckengewölbes zeigt das Vaterunser auf Sölring an, der sylterfriesischen Sprache.

83 Der Gedenkstein der Segelflieger (Weg von der Westerstr. zum Roten Kliff) erinnert an die Kapriolen der Segelflieger. Sie fanden hier ideale Aufwinde. Die Segelflugschule befand sich von 1928 bis 1939 in den Dünen. Hier fotografierte auch Bleicke Bleicken.

84 Bleicke Bleicken gehörte einer alten friesischen Familie an, die ursprünglich von Sylt stammt. Als Stammvater gilt Matz Bleicken, der 1707 in Keitum geboren wurde und Seefahrer war. Bleicke Bleicken wurde 1898 in Keitum geboren, war Lehrer zunächst in Hörnum, wo er im Raum unter dem Leuchtfeuer die Kinder unterrichtete. Später machte er spektakuläre Fotos von der Insel und hielt ab 1935 Lichtbildervorträge. Bis zu seiner Pensionierung 1962 arbeitete er als Lehrer, dann in Kampen. Auch nach seinem Tod 1973 wurden seine Schwarz-Weiß-Fotos weltberühmt und zieren heute manchen Fotoband von der Insel.

85 Das Casino befindet sich im Westerländer Kurhaus (Andreas-Nielsen-Str. 1, 25980 Sylt) und bietet Spielfreunden eine passende Umgebung.

86 Die Sturmhaube am Roten Kliff (Riperstig 1, 25999 Kampen) ist seit Generationen der Treff für Partygänger, Gourmets und Promis. Ob auf der Außenterrasse oder innen, überall werden Events veranstaltet. Die reichen von der Halloweenparty über die Präsentation von Neuwagen bis zum Austernfestival oder DJ-Musik.

87 Das Haus am Kliff (Strandstr. 25, 25996 Wenningstedt-Braderup) ist 2015 eröffnet worden, es beherbergt Läden, eine Bäckerei und einen Eissalon sowie die Tourist-Information. Der Kursaal hat sich schnell zu einem markanten Veranstaltungsort entwickelt. Eine große Fensterfront zeigt zur Nordsee.

88 Pharisäer ist ein Mischgetränk aus Kaffee und Rum mit einer Sahnehaube. Er wird ungerührt getrunken, ist heiß und soll in Nordfriesland erfunden worden sein. Zum Namen des Getränkes kam es, als ein Pastor zur Taufe bei einem Bauern eingeladen war. Zu diesem Anlass Alkohol auszuschenken, war nicht vorgesehen, doch der Bauer mischte die erwähnten Bestandteile zusammen. Die Sahne obendrauf sollte den Rumgeruch unterdrücken. Auch der Pastor trank, aber einen normalen Kaffee mit Sahne. Doch er entdeckte die Mischung mit dem Rum und tadelte die Runde mit »Oh, ihr Pharisäer!«. Im Neuen Testament werden Vertreter der Pharisäer als Heuchler bezeichnet.

89 Der Dorfteich (Am Dorfteich, 25996 Wenningstedt-Braderup) ist ein Entspannungsort mitten in Wenningstedt. Enten, Gänse und andere Vögel lassen sich gern auf den beiden Inseln nieder. Nördlich befindet sich die Friesenkapelle. Am Westrand lädt ein Restaurant-Café zum Verweilen ein. Auf einem Weg lässt sich der Teich leicht umrunden.

9. EIN MESSER
UND DREI VERDÄCHTIGE

*Wie vorbildlich Keitumer mit Asylbewerbern und Flücht-
lingen umgehen – und dann das!*

»Evîna te«, sagt der junge Mann vor dem früheren Keitumer Polizeihaus, in dem jetzt Asylbewerber und Flüchtlinge leben. Es ist Qasim Uca, ein 32-jähriger Jeside aus
dem Norden Iraks. Er spricht Kurmandschi wie alle seine
Landsleute. Seine freundliche Begrüßung der Vorbeifah-
renden heißt nichts weiter als »Deine Liebe«. Die meisten
Keitumer haben Qasim seit seiner Ankunft vor zwei Monaten ins Herz geschlossen. Er wirkt bescheiden, freundlich
und hilfsbereit. Die Pastorin der St. Severin Kirche **90**, der
ältesten auf Sylt, hat ihn neulich beim Nachmittagskaffee
der Gemeinde vorgestellt. »Dieser Mann hat viel erlitten,
er ist froh, hier sein zu dürfen. Dafür will er sehr gerne bei
uns in der Gemeinde mit anpacken«, verkündete Pastorin Salomé van Vesten ihrer Zuhörerschaft in der Runde.
Dann kam Qasim selbst zu Wort. Die Aussprache der deutschen Sätze hatte er sich in Kurmandschi-Lauten aufgeschrieben. Sein Lächeln, seine Fröhlichkeit steckten alle
an. Der schlanke, athletische, schwarzhaarige Angehörige
der religiösen Minderheit, die verteilt auf Irak, Syrien und
die südöstliche Türkei sowie auch Armenien lebt, erfüllt
offensichtlich die Vorstellung der Einheimischen von einem
bedauernswerten und liebenswerten Flüchtling.

In seiner Unterkunft trifft seine Art bei den anderen Asylbewerbern und Flüchtlingen nicht unbedingt auf Zuneigung. Er biedere sich an, meinen einige. Andere drücken ihre Skepsis auch so aus: »Ez dicim!« Dieser Ruf ist auch Kurmandschi und heißt »ich gehe« und soll ihn zum Weggehen auffordern. Qasim ist der einzige Jeside hier in Keitum. Neben ihm wohnen Menschen verschiedener Kulturen und Länder: Sunniten, Schiiten, Afghanen und Jemeniten. Ein buntes Gemisch von Menschen, die jeden Dienstag, Mittwoch und Donnerstag die Integrationskurse besuchen. Sie werden unter dem Dach der Kirchengemeinde gegeben. Da wird Deutsch gelernt, werden Geschichte, Recht und Kultur gepaukt. Der Test »Leben in Deutschland« soll schließlich nach 660 Stunden bestanden werden.

Am Dienstag der folgenden Woche ist Qasim, der sonst immer schon vor Beginn der Kurse ungeduldig wartet, nicht zum Unterricht erschienen. Auch am Mittwoch bleibt sein Stuhl leer. Das »Team Asyl«, das sich intensiv um die Flüchtlinge kümmert, schlägt Alarm. Seine Nachbarn in der Unterkunft quittieren alle besorgten Nachfragen nur mit einem Schulterzucken. Beunruhigt meldet Salomé van Vesten ihn bei der Polizei als vermisst, nachdem sie zuvor bei den anderen Gemeinden auf Sylt nachgefragt hat. Nirgends ist etwas von dem 32-Jährigen zu hören oder zu sehen. Es vergehen zwei Wochen. Außer Beten für den Vermissten, beunruhigten Nachfragen und der oft geäußerten Vermutung: »Der hat sich verliebt und ist weg nach Dänemark« tut sich nichts. Ein Teilnehmer einer ornithologischen Führung **91** will ihn gesehen haben, aber das erweist sich bald als Falschmeldung. Auch der Hinweis von einem Paar, das bei der Dorfführung 92 dabei war, entpuppt sich als verkehrte Wahrnehmung.

Als Henry Hansen in seinem Kommissariat in Westerland die Nachricht von einem Toten in der Keitumer Schwimmbadruine 93 erhält, entfleucht ihm: »Ach, so ein Mist, ich wollte heute Nachmittag mal frei machen und die vielen Überstunden abbummeln.« Er hatte schon eine Rundmail vorbereitet, in der er das seinen Freunden mitteilen wollte, auf Sölring: »Lewer me dit Weel tö Strön, üs me en Porsche tö Aarber.« Die Übersetzung vom Sylter Friesisch wollte er erst morgen schicken: »Lieber mit dem Fahrrad zum Strand als mit dem Porsche zur Arbeit.« Doch blieb nun alles im Stadium von »Entwürfe«, wo er die Mail auch ablegte.

Hansen ist wenig begeistert. Die leicht grün gefärbte männliche Leiche, eingewickelt in einen alten Orientteppich, muss schon seit mehreren Tagen in der abgezäunten Schwimmbadruine in Keitum gelegen haben. Während Vorbeischlendernde seit Jahren über den unfertigen Bau, mit dem Politik und Verwaltung mehrere Millionen in den Sand gesetzt haben, die Nase rümpfen, muss Hansen seine empfindsame, etwas zu groß geratene Nase eher vor dem unangenehmen Geruch des Toten schützen.

Er wendet sich dem Spaziergänger Udo Matthiessen zu, dessen Jagdterrier den Toten aufspürte und der nun auf den Kommissar warten sollte. Aufgeregt erzählt der Mann: »Ich war mit meinem Bono auf dem Weg zu dem Hügelgrab Tipkenhoog 94 und weiter zum Strand. Da hinten am Zaun, da hat er dann kräftig angeschlagen. Ich wusste sofort, dass er was in der Nase hat, und habe ihn losgemacht. Als er dann auf mein Rufen nicht zurückkam und weiter Laut gab, wusste ich, dass er etwas aufgespürt hat. Durch den Zaun sah ich, dass er einen Teppich bewindete – das heißt beschnuppern – und weiter aggressiv Laut gab. Sie müssen wissen, dass mein Bono mir mit unterschiedlichen Melodien und Lautstärken anzeigt, was er gefunden hat. Dazu kommt noch die Stellung der Rute. Und da war mir klar, das ist ein Fall für die Polizei. Ich rief die 110 an.«

Hansen: »Vorbildlich!«

»Ja, und Ihre Kollegen sind richtig schnell, Herr Hansen. Die waren nach fünf Minuten hier. Das kenne ich von zu Hause in Kiel gar nicht«, verkündet der Spaziergänger. Hansen schmunzelt, als er Kiel hört und an seinen von ihm wenig geschätzten Vorgesetzten beim Landeskriminalamt, Doktor Roman Sattler, denken muss. »Wir leben ja hier nicht hinterm Mond, auch wenn das manche denken«, quittiert der Kripochef dem Befragten freundlich sein Lob.

Dann hakt er nach: »Sind Sie mit dem Hund in den letzten Tagen schon mal hier langgegangen?«

Matthiessen erklärt: »Nein, wir sind gestern Abend erst auf der Insel angekommen. Aber mein Hund ist speziell zur Jagd abgerichtet. Der hat Spürhundqualitäten.«

Hansen bedankt sich, die Kollegen von der Spurensicherung befassen sich mit der Leiche. Schnell stellt sich heraus: Es ist der vermisste Qasim Uca, von hinten mit einem etwa 20 Zentimeter langen Messer traktiert, schwer verletzt durch zahllose Stiche, einer davon durch den Rücken ins Herz. Von der Tatwaffe fehlt jede Spur. »Mehr können wir erst nach der Obduktion sagen«, versucht der Leiter der Spurensicherung Hansens drängenden Fragen nach dem Todeszeitpunkt auszuweichen.

»Aber klar ist, dass die Leiche hier schon vor längerer Zeit abgelegt wurde.«

Das »Danke« von Hansen fällt eher mürrisch aus.

Hansen fährt zur Asylunterkunft und sieht sich in dem Zimmer von Qasim um. Er redet mal mit diesem, mal mit jenem, soweit das eben geht. Weit komme ich hier nicht, ich brauche eine Handvoll Dolmetscher, denkt er sich. Und seine Kollegin Wienke, die ein Händchen für solche Fälle hat, startete ausgerechnet vergangene Woche ihre Mutter-Kind-Kur. Sie ist vier lange Wochen weg. Bad Oeynhausen am Teutoburger Wald. »Ich dachte erst, das wäre in Bayern«, ulkt Hansen, der wieder zurück ins Präsidium gefahren ist. Dort liegt eine Postkarte der Kollegin. Alle starren das farbige Stück an, als sei es außerirdisch. »Mensch, eine echte Postkarte, so wie früher. Hat Wienke etwa Handy- und Internetverbot? Könnte ihr guttun«, frotzelt Hansen und liest vor.

»Liebe Kolleginnen und Kollegen, eigentlich mache ich ja eine Kreuzfahrt. Das sagte zumindest der Conférencier, der gestern Abend im Varieté GOP unterhaltsam durch das atemberaubende Programm führte. Alles Gesunde und Unterhaltsame liegt hier nämlich so eng beieinander wie auf einem Kreuzfahrtschiff. Der Ort ist spannender und hat mehr zu bieten, als ich vorher dachte. Das Quellwasser hier schmeckt übrigens nur fast so gut wie das aus unserer Syltquelle. Zu allem Übel piept es jetzt bei mir auch. Der Tinnitus soll nun im Spezialzentrum in Bad Salzuflen behandelt werden. Das ist nicht weit von hier und gehört zu den ›gesunden 4‹. Ich kannte bisher nur die Fantastischen Vier, die Sänger. Mal sehen, was mir besser gefällt. Bis

bald. Herzliche Grüße in die nordischen Ermittlerkreise. Wienke.«

»Oh je, Tinnitus, kein Wunder bei dem Stress, den die hatte«, stellt Merle fest. »Chef, ich bin ja ab morgen drei Tage auf Seminar an der Deutschen Hochschule der Polizei in Münster, danach habe ich auch noch eine Woche Urlaub.«

»Was? Daran habe ich gar nicht mehr gedacht. Kannst du das nicht verschieben?«, fragt Hansen. »Polizei, Social Media und Kriminalistik 2.0, das kann ich nicht schon wieder verschieben«, beharrt Merle. »Es geht da um Pressearbeit, aber auch um Fahndung und Zeugenaufrufe im Netz, Facebook und so weiter. Neue Ermittlungsmethode, Chef«, kündigt die Polizistin an.

Hansen erwidert nur spöttisch: »Jedenfalls haben wir dann schnell ganz viele neue Freunde auf Facebook, die wir nicht kennen, ist doch so, oder?« Merle lächelt und verabschiedet sich mit einem unguten Gefühl. Ihr Chef so ganz allein mit diesem schwierigen Mordfall, Wienke mit Tinnitus und weit weg – irgendwie hatten sie zusammen schon bessere Zeiten.

Hansen bestellt sich Dolmetscher für Arabisch, Kurdisch, Kurmandschi, Paschtu und Persisch. Sie alle sind erst am übernächsten Tag da. Bis dahin werden sämtliche Anwohner rund um den halbfertigen Bau befragt. Aber niemand will etwas Verdächtiges wahrgenommen haben. Die Übersetzer bilden eine lustige Runde, alles Männer, alle schwarzhaarig, alle sehr höflich. Hansen eröffnet ein kleines Büro in der Keitumer Unterkunft der Asylbewerber und Flüchtlinge im ehemaligen Polizeihaus. »Fühle mich wie zu Hause«, sagt er leise zu sich. Er hat eine Liste aller 18 Bewohner vor sich liegen und »knöpft« sich einen nach dem anderen vor. Es ist ermüdend. Es sind immer dieselben Fragen, dieselben Antworten. Sehr hilfreich steht ihm das Team Asyl zur Seite, das recht schnell eine Demonstration für die Asylbewerber organisiert und zusammen mit der Kirche und dem Ortsbeirat einen Gesprächskreis gründet. Auch wenn die Flüchtlinge von den meisten Syltern sehr offen aufgenommen wurden, gibt es auch auf der Insel hier und da fremdenfeindliche Schmierereien.

Hansen geht alle Fälle mit rassistischem Hintergrund durch, die in den vergangenen sechs Monaten auf Sylt aktenkundig wurden. Immer wieder tauchen die Namen zweier Männer auf: Karl und Josef. Mal besprühten sie Häuser, in denen Flüchtlinge leben, mal zogen sie grölend und ausländerfeindliche Parolen skandierend durch Keitum. In einer ersten Vernehmung geben die beiden kräftigen Brüder an, dass sie täglich zwischen Niebüll und Sylt pendeln, wo sie als Maurer und Reetdachdecker arbeiten. Die vergangenen Monate seien sie meist auf einer Baustelle nahe des Keitumer Bahnhofs **95** im Einsatz gewesen, wie sie erklären.

Hansen braucht dringend eine Ablenkung und besucht das Sylter Heimatmuseum **96**. Wie immer geht er zuerst in den »Ziegenstall« **97**, einen Nachbau der legendären Kampener Bar, die sich hier im ersten Stockwerk befindet, und kauft anschließend neue Postkarten mit Sprüchen auf Sölring, die dort im Ständer stehen. Zu gern würde er das Sylter Friesisch fließend beherrschen. »Das lerne ich jedenfalls eher als Arabisch«, sagt er zu der Frau an der Kasse.

»Wenn ich die ganzen Protokolle ausdrucken würde, hätte ich schon hundert Meter«, stöhnt Hansen am Nachmittag. Er geht abends zum Grünen Kliff 98 und lässt beim Spaziergang seinen Gedanken freien Lauf. Ihn beschäftigen die Alibis von vier Befragten – von Ali, Laith, Hamid und Aschraf. Auch der nächste und übernächste Tag bringen wenig neue Erkenntnisse. Hansen kennt weder den genauen Tag der Tat noch die ungefähre Uhrzeit.

Im Büro in Westerland findet er die nächste Postkarte von seiner Kollegin auf Kur. Wienke schreibt:

Das Dröhnen im Ohr ist stark zurückgegangen. Ich bin jetzt täglich in Bad Salzuflen im Institut in Behandlung. Macht euch keine Sorgen, ich werde euch bald wieder alle verstehen, jedenfalls akustisch ;-)) Morgen mache ich mit meinem Kurschatten einen Ausflug nach Bad Pyrmont, wo es die nördlichste Palmenfreianlage Europas geben soll. Bis zu elf Meter hoch ragen die 330 Palmen da auf. Ich bin sehr gespannt. Außerdem möchte ich mit meinem Begleiter in der Therme abtauchen. Ich denke wenig an euch - das verlangt der Arzt. Meinen beiden Prinzessinnen geht es super hier. Noch gute Ermittlertage. Bis bald. Wienke.

»Wann war ich mal zur Kur?«, grübelt Hansen. »Noch gute Ermittlertage«, wiederholt er. »Kurschatten, was ist das wohl für einer? Und warum erwähnt sie das? Sie lebt doch scheinbar ganz zufrieden hier mit ihren beiden Töchtern, aber Stress und Tinnitus, das klingt nicht gut«, überlegt er weiter. Selbstkritisch reflektiert er seine Verbindung zu der Kollegin und gesteht sich jetzt ein, wohl manchmal etwas harsch mit ihr umgesprungen zu sein. »Wahrschein-

lich will sie in allem perfekt sein, als Mutter, als Kriminal-
beamtin, als Exfrau und als Tochter, aber irgendwo klemmt
es da immer.« Bevor Hansen seinen Ermittlertag beendet,
schaut er die Protokolle seiner Vernehmungen nochmals
durch. »Irgendwo hier muss doch ein Hinweis auf den
oder die Täter stecken«, fragt sich der Kripochef von Sylt.
»Und wo ist das verdammte Messer?«

Ihm lässt aber auch das Schicksal dieser Männer und Frauen
keine Ruhe. Sie sind hier nach irgendeinem Zufallsprinzip
auf einer der schönsten Ferieninseln in Deutschland gelan-
det, lernen eine fremde Kultur und Sprache im Schnellver-
fahren, sitzen abends mit Videospielen und Internet sowie
beim Skypen mit Freunden in der Welt in der Ecke oder
rauchen gemeinsam. Sie leben abgeschottet, gehen nicht
»unters Volk«, sondern hocken dicht zusammen, ohne
viel miteinander anfangen zu können. Was will ein Sunnit
mit einem Jesiden oder Afghanen auch an Gemeinsamem
teilen? Andererseits ist das doch aber auch eine Chance,
nicht nur Krieg und Elend, sondern auch den Zwängen
der eigenen Kultur zu entkommen und sich Neuem zu
öffnen. Morgen ist er bei der Pastorin. Salomé van Vesten ist eine Fachfrau für fremde Kulturen und sie kannte
den Toten sehr genau. Vielleicht kann die mir helfen, diese
Menschen besser zu verstehen, überlegt Hansen. In der
ersten Vernehmung sagte sie allerdings auffallend wenig,
wie er fand.

Hansen fährt an der Keitumer Kirche sowie dem Weinberg **99** und dem Hopfenanbau **100** vorbei zum frisch
renovierten Gemeindehaus in Keitum. Beim Tee sitzen
sie zusammen und plaudern. Salomé hat den Eindruck, es

könne keiner der 18 Asylbewerber und Flüchtlinge gewesen sein. »Ich kenne sie alle, da halte ich keinen für fähig, einen von den anderen zu ermorden«, berichtet sie Hansen. »Haben sie dir gegenüber denn etwas gesagt in den Tagen danach? Haben sie getrauert? Haben sie an der Trauerfeier teilgenommen?«, will der Ermittler wissen.

»Ja, alle sind gekommen, haben getrauert, Blumen niedergelegt, aber zwei kamen mir unnatürlich vor – Ali und Laith. Die haben die Trauer, glaube ich, nur gespielt, ich sehe so etwas.«

Sie plaudern noch ein wenig über die Situation der Flüchtlinge und das große Engagement der Kirchengemeinde für diese. »Vieles ist dir ja zu verdanken«, lobt Hansen Salomé van Vesten, die er sehr schätzt und in ihrer kirchlichen Arbeit für sehr weltlich hält.

Hansen hat in der Sylter Landschlachterei **101** für heute Abend eingekauft und sich in den Gold- und Schmuckwerkstätten Keitums **102** etwas umgeschaut. Heute Nachmittag will er noch einmal ein paar ausgewählte Bewohner des ehemaligen Polizeihauses befragen. Reine Routine – denkt er. Doch gerade hat ein Wattspaziergänger weit draußen vor dem Altfriesischen Haus **103** das vermutliche Tatmesser gefunden. Die Spurensicherung ist schon vor Ort, untersucht auch das Messer im Labor, der Finder wird vernommen. Er stammt aus Keitum. Hansen sitzt währenddessen in seinem provisorischen Büro in der Asylunterkunft, erhält die Erkenntnisse über SMS, E-Mails und dann auch am Telefon und bittet Ali ins Zimmer. »Es gibt eine Neuigkeit, wir haben das Tatmesser gefunden«, berichtet Hansen ganz so, als sei das schon bewiesen. Doch er will die Reaktion seines Gegenübers testen.

»Können Sie daran Spuren ablesen? Mir gehört das Messer jedenfalls nicht«, lässt Ali den Dolmetscher sagen. Der Syrer setzt dazu einen traurigen Gesichtsausdruck auf.

»Sind Sie traurig, dass Qasim Uca nicht mehr lebt, Ali? Sie sagten in der ersten Vernehmung, Sie hätten ihn gehasst, weil alle ihn liebten. War das so?«, fragt Hansen.

»Nein, so habe ich das nicht gesagt«, schränkt der Syrer ein. »Ich bin traurig, ich glaube, der Mörder lebt im Haus hier.«

Hansen wird hellhörig: »Wie kommen Sie darauf, wer ist es Ihrer Meinung nach?«

»Sed, der Sunnit, der war es«, beschuldigt Ali seinen Mitbewohner. »Ich habe gehört, wie er das Laith erzählte, der ist Schiit und aus dem Irak.«

Hansen fragt ruhig nach: »Aber warum soll Sed ihn getötet haben?«

Ali springt auf und ruft: »Weil er ihn hasste, weil er ihm schon seine Familienfotos zerrissen hatte, weil er selbst zerrissen ist und nicht weiterleben will.«

Hansen unterbricht die Vernehmung und lässt Sed suchen. Doch der ist nicht zu finden. Inzwischen übermitteln seine Kollegen Details zum Messer: Es ist eindeutig die Tatwaffe, sonstige Spuren aber hat das Meerwasser verschluckt. Die 22 Zentimeter lange, leicht gebogene Stahlklinge steckt in einem stark verzierten Horngriff, der beige leuchtet, fast wie Elfenbein. Auffällig ist ein eingravierter kleiner Löwe. Ein Bild dieser Tatwaffe hängt an der Mail, die Hansen auf seinem Handy anschaut.

Er vergrößert es und zeigt es Ali, der gerade gehen will. Für lange Sekunden starrt der Syrer auf das Foto vom Messer, schluckt mehrfach, knirscht mit den Zähnen und sagt schließlich: »Kenne ich nicht!«

»Ali, setzen Sie sich!«, fordert der Kripochef ihn auf. »Sie wissen, wie wichtig dieses Messer ist, um den Mörder zu fassen. Sie haben es vorher schon gesehen, da bin ich mir sicher. Sie wissen auch, wem es gehört. Also bitte, sagen Sie mir das jetzt auch!«, stellt Hansen klar und spricht eine Spur lauter als sonst. Der Befragte zieht die Mundwinkel nach unten, schaut den Dolmetscher an, schiebt beide Schultern kurz hoch und sagt: »Keine Ahnung!«

Sed ist immer noch nicht zu finden. Das Team Asyl will sich darum kümmern. Hansens Handy vibriert. Es ist sein Kieler Chef, Doktor Roman Sattler. »Ja, Hansen hier!«, meldet er sich abwehrend.

»Mensch, wie läuft es bei Ihnen mit dem Toten in der Ruine? Die letzten zwei Tage kam ja nichts Neues. Ich muss doch mal nachfragen, obwohl ich gerade unter Palmen sitze, habe spontan eine Woche frei genommen und bin in den Süden gefahren. Aber der Dienst lässt mich nicht los, wissen Sie doch, Hansen.«

»So, so, wo stehen denn die Palmen, verehrter Doktor Sattler, Gardasee oder Tunesien?«

»Nein, so weit fährt mein Auto nicht, die stehen im Palmengarten von Bad Pyrmont, sollten Sie mal sehen, einzigartig und so schattig.«

Hansen ist tatsächlich verblüfft. Von Urlaub hat der Polizeioberrat in den vergangenen drei Jahren, die er mit ihm zu tun hat, nie etwas erzählt. Er weiß nicht einmal, ob er allein lebt, Familie hat oder eine Partnerin. Bei Bad Pyrmont muss er natürlich an Wienke denken, die da gerade zur Kur ist. Fast hätte er sogar erwidert: »Schattig oder kurschattig?« Aber es gibt wohl mehrere Filter im Gehirn, die spontane Aussprüche nochmals einer blitzschnellen Endkontrolle unterziehen, bevor sie über die Lippen gehen.

»Das freut mich, da haben Sie sicher einen Helm auf, denn wenn da die Kokosnüsse herunterfallen, das kann tödlich sein, Herr Doktor Sattler«, spottet Hansen lieber, denkt aber weiter an Wienkes Postkarte und den darin erwähnten Kurschatten. Sattler kontert in Urlaubslaune: »Ich sitze lieber unter Dattelpalmen, die Früchte mag ich ohnehin viel lieber, aber jetzt gehe ich zum Erdbeertempel. Da höre ich eine Lesung.«

»Eine Lesung mache ich auch gleich, Sie werden dann alles in den Akten lesen, wenn Sie aus Ihrer Sommerfrische zurück sind, Doktor Sattler. Wir haben die Tatwaffe im Watt gefunden. Ich würde mal sagen: Morgen habe ich den Täter.«

»Hansen, dann hätten Sie mal wieder Nase gezeigt, Sie Spürnase, Sie«, flötet der Kieler Chef durch die Handyverbindung.

»Danke für Ihr Lob, das speichere ich mir für die nächsten Fälle. Ihnen noch schattige Stunden, und lassen Sie sich von nichts mehr auf die Palme bringen«, sagt Hansen. Er ist weiter überrascht, wie locker sein sonst so miesepetriger Chef auf einmal sprach. Ein Lob von ihm, zudem für einen noch nicht aufgeklärten Fall – das ist eine Uraufführung.

Laith wird vernommen. »Was bedeutet eigentlich Ihr Vorname Laith auf Deutsch, Herr al-Askari?«, fragt Hansen den Dolmetscher, der für den Iraker übersetzt.

»Löwe«, sagt der stolz und schlägt dabei seine rechte Hand auf sein Herz.

»Herr al-Askari, kennen Sie dieses Messer hier? Das ist doch Ihres, oder? Da ist ein Löwe drauf zu sehen, ganz klein, hier unten.« Hansen zeigt ihm das Bild auf seinem Handy. Der Iraker betrachtet es lange regungslos, bis er schließlich beteuert: »Nie gesehen!«

Der Ermittler holt tief Luft. »Wenn Sie so ein Messer hätten und wollten jemanden töten, wohin würden Sie ihm das rammen, ins Herz, in den Rücken, in den Unterleib?«, beginnt Hansen seine Befragung von der anderen Seite, denn bisher sind öffentlich keine Details über die tödlichen Stiche bekannt geworden.

»Von hinten ins Herz«, bekennt Laith freimütig. »Das führt am sichersten zum Tod und sehr schnell. Das Opfer leidet nicht, das wäre mir wichtig.«

»So, so«, bohrt Hansen weiter. »Haben Sie es bei Qasim auch so gemacht? Ihnen gehört doch das Messer, oder?«

»Ja, schon, aber …«, stottert Laith auf einmal, »aber wir haben ihn nicht getötet. Wir waren neidisch auf ihn, klar. Er war der beliebte Ausländer, der vermeintliche Christ, wir die Blöden, die Moslems, die keiner mag. An dem Abend haben wir ihm die Füße mit zwei Stricken eng zusammengebunden, wie man das bei Kamelen macht. So können sie zwar kleine Schritte machen, aber nicht weglaufen. Das war im Garten neben dem Eingang, wo wir alle wohnen. Sed war dabei, Ali auch. Es war ein Spaß. Doch er wurde wütend, sehr wütend, schrie uns an, bis wir wegrannten. Als ich in meinem Zimmer war, merkte ich, dass mir mein langes Messer fehlte, dieses da.« Laith zeigt auf Hansens Handybild. »Es war ja Mitternacht, und irgendwann kam Qasim in den Schein der Straßenlampe vor dem Haus, setzte sich auf die Bank. Das Messer und den abgeschnittenen Strick hatte er in der Hand.«

»Was bitte passierte dann?«, fragt Hansen überrascht.

»Zwei Männer tauchten aus der Dunkelheit auf, schubsten Qasim um, nahmen ihm das Messer ab und setzten es ihm an die Kehle. Dann verschwanden alle drei im Dunkeln. Wir blieben zunächst in unserem Haus, schlichen dann hinterher. Wir dachten, das ist wieder so eine Drohung von denen, wie sie es schon öfter gemacht haben. Diese Pöbler.«

»Ach, und das soll ich glauben, warum haben Sie das nicht bei der ersten Vernehmung gesagt? Was haben Sie zu verlieren? Unterlassene Hilfeleistung, warum haben Sie nicht die Polizei gerufen? Irgendwie stimmt die Geschichte nicht, Laith, was wollen Sie noch dazu sagen? Waren Sie einer der beiden unbekannten Männer?«

Hansen holt Ali und auch Sed, der inzwischen wieder aufgetaucht ist. Er konfrontiert beide mit dieser Version des Geschehens. »Und? Wen würden Sie als Dorfsheriff von Faluja festnehmen, wem den Arm abhacken, weil er lügt?«, wird Hansen etwas drastischer. Alle drei Asylbewerber schauen betroffen zu Boden.

Ali, Sed und Laith sehen sich kurz an, dann sagt Ali: »Sie haben ja recht, wir alle haben ein schlechtes Gewissen, wir hätten die Polizei alarmieren müssen, wir schämen uns, machen uns Vorwürfe. Wenn wir nicht solche Angsthasen wären, würde er noch leben. Scheiße. Wenn seine Familie davon erfährt, die bringen uns um.«

Sed bricht in Tränen aus.

Hansen hat einen Mannschaftswagen bestellt. Die weitere Befragung der drei Asylbewerber, die noch eine Stunde dauert, endet im Kommissariat in Westerland. Hansen zeigt ihnen eine Mappe voller Fotos von Typen, die in den vergangenen Monaten wegen rassistischer Handlungen aufgefallen sind. Alle drei deuten unabhängig voneinander auf Karl und Josef.

Hansen lässt die Bauarbeiter zur Fahndung ausschreiben, holt sich beim zuständigen Staatsanwalt einen Haftbefehl und fährt mit zwei uniformierten Kollegen im Streifenwagen zur Baustelle, wo beide arbeiten. Er verhaftet sie an Ort und Stelle in Keitum und belehrt sie über ihre Rechte. Dann geht es ohne Umwege gemeinsam nach Westerland. Im Verhörraum des Reviers konfrontiert Hansen beide mit den Aussagen der Flüchtlinge.

Als sie hören, dass sie bei ihrer Tat gesehen worden sind, hören sie sich die Zeugenaussagen an und sehen keinen Ausweg. Sie geben schließlich beide ihre Tat zu und schildern sie so: Nach der Arbeit auf der Keitumer Baustelle zogen sie ab 16.30 Uhr, jeder mit einer »Männerhandtasche«, also einem Sechser-Träger Bier, und einer Flasche Korn versorgt, durch den Ort, wie sie es öfter taten. Zwischendurch schliefen sie auf der Bank an der Bushaltestelle ein und zogen weiter zur Munkmarscher Chaussee. Da wollten sie »den Schmarotzern mal zeigen, wo der Hammer hängt«. Und dann saß da einer von denen vor dem Haus herum, spielte mit einem Messer und einem Strick in der Hand. Sie beschimpften ihn mit »Du alter Araber, was nimmst du uns hier den Wohnraum weg, hau ab!« und fielen über ihn her. Sie waren voller Wut, denn noch vor einem Jahr hatten beide Bauarbeiter jeweils ein Zimmer in Keitum. Nun konnten sie es sich nicht mehr leisten. Sie verdienten nicht genug, um die 600 Euro Kaltmiete für die 20 Quadratmeter zu zahlen. Und das jeden Monat. »Sauerei, und diese Herrn Flüchtlinge bekommen hier ein Haus mit Möbeln und Bettwäsche gestellt und müssen keinen Finger dafür krümmen, wir wollen hier diese Terroristen nicht!«, grölten sie, wie sie jetzt nochmals wiederholen.

»Und weiter?«, fordert Hansen sie auf. Karl und Josef fesselten den Jesiden, drehten in einer Art Polizeigriff seinen rechten Arm auf den Rücken und führten ihn in der Dunkelheit zum Watt. Um Qasim, der sich verzweifelt wehrte, zum Schweigen zu bringen, hielten sie ihm das Messer an die Halsschlagader, die sie auch leicht verletzten. Sie drangen durch den Zaun vom Watt her in die Schwimmbadruine ein, es kam zum Handgemenge. Der Jeside kämpfte um sein Leben und verletzte Karl am Oberarm. Die Wunde lässt Hansen sich zeigen. Ein etwa 30 Zentimeter langer Riss, der langsam zuheilt. Doch die beiden kräftigen Bauarbeiter sind selbst mit Alkohol im Blut dem schmächtigen Jesiden körperlich überlegen. Josef stößt dem Opfer, nachdem dieser Karl die Schnittwunde zugefügt hat, wie besessen das Messer mehrfach von hinten in den Rücken. Qasim stirbt. Das Blut, die Spuren, alles können die beiden verwischen. Sie finden einen alten Teppich in der Ruine, in den sie die Leiche einwickeln und in eine nicht einsehbare Ecke der alten Mauern zerren. Den Zaun reparieren sie wieder notdürftig mit Kabelbindern. Mit dem letzten Zug um 1.15 Uhr sind sie dann nach Niebüll zurückgekehrt.

Hansen lässt die beiden abführen. Sie unterschreiben ihr Geständnis.

»Warum habt ihr nicht die Polizei geholt? Das ist bei uns so üblich!«, brüllt Hansen Ali, Sed und Laith an, die er im nächsten Raum hat warten lassen. Die Lautstärke lässt alle zusammenschrecken. »Ihr habt zugelassen, wie euer Mitbewohner, euer Mitflüchtling, euer Bruder abgeschlachtet wird – von ein paar Idioten? WARUM?«

»Wir hatten wirklich große Angst, die beiden haben uns auch schon oft beschimpft, wenn wir vor dem Haus saßen und die vorbeikamen«, erwidert Sed. »Aber dass die ihn umbringen, hatten wir doch nicht geahnt, das sagten wir doch schon. Jetzt aber haben wir noch mehr Angst, dass uns die Familie von Qasim hier findet und plattmacht. So ist das bei uns«, fügt er hinzu. Die anderen beiden nicken.

Hansen blickt in drei verstörte Gesichter. »Plattmachen wird euch hier niemand, aber die deutsche Justiz wird euch nicht ohne Folgen davonkommen lassen«, sagt Hansen. Er ist stinksauer, müde und sehr erschöpft.

»Da kommt viel Arbeit auf die Gemeinde zu, die Kirche, das Team Asyl, auf den Ortsbeirat, die Menschen auf Sylt«, denkt er laut nach, aber niemand ist mehr da, der das jetzt noch hören könnte. Ein uniformierter Kollege, der im Gang steht und die gemurmelten Worte doch gehört hat, springt ihm bei: »Das läuft gerade an vielen Orten in Deutschland ab. Das hat nichts mit Sylt und unserer Wohnraumknappheit zu tun. Die Unbelehrbaren sind einfach da, manche werden gewalttätig. Sie laden ihren Hass, den sie in sich tragen, auf Schwächere ab, da kommen ihnen die Flüchtlinge wie gerufen. Was wollen Sie machen?«

»Frühzeitig die Menschen aufklären, ihnen die Lage der Flüchtlinge schildern, an die eigene deutsche Geschichte erinnern, in der wir selbst Flüchtlinge waren oder welche aufnahmen, mehr Verständnis wecken, die Fremden freundlich empfangen … Mein Gott, das wird doch auf Sylt auch vorbildlich getan«, zeigt sich Hansen immer noch sehr erregt, »ich bin fassungslos!« Hansen beschließt, morgen Kontakt mit dem Team Asyl aufzunehmen und sich selbst für die Flüchtlinge zu engagieren – als Privatmann.

Die Nacht kann Hansen kaum schlafen. Selten hat ihn ein Fall so aufgewühlt. Am nächsten Morgen ist er um sieben Uhr im Büro. Auf seinem Schreibtisch findet er wieder eine Postkarte. Wienke scheint sich nun in Bad Pyrmont festgesetzt zu haben. ›Tatmesser gefunden, bravo, das bringt euch voran‹, schreibt sie. Hansen stutzt und sagt nur leise zu sich: »Kurschattig komisch, woher sie das wohl weiß, die Gute?«

Merle ruft an, und das zu dieser frühen Stunde: »Hey, Chef, haben Sie schon den Täter in Keitum? Ich habe hier etwas Unglaubliches im Netz gefunden. Wir sollten im Seminar herausfinden, auf welche Seiten Menschen Handyvideos mit verbotenen Inhalten stellen. Eklig, was man sich da alles angucken muss. Dabei bin ich auf einen Film gestoßen, auf dem ein Mann erstochen wird, und – halten Sie sich fest – im schwachen Lichtkegel ist unsere Schwimmbadruine in Keitum zu sehen.«

Hansen ist erneut fassungslos: »Mensch, Merle, die beiden haben gestern gestanden. Aber dass die das auch noch gefilmt haben, das ist ja wohl das Allerletzte. Schick mir doch den Link, ich werde ihn an die Staatsanwaltschaft weiterleiten, aber ohne ihn anzusehen. Ich bin diesmal echt geschafft.«

»Ach, Chef, wenn Sie das schon sagen, Sie Leuchtturm, dann muss es ja echt übel gewesen sein. Aber bald sind wir ja alle wieder da. Doch jetzt fahre ich erst noch in den

Urlaub, ich twitter Ihnen mal was vom Palmenstrand«, verabschiedet sich Merle am Telefon.

»Schön, offenbar leben alle meine Kolleginnen und Kollegen gerade in einer Welt voller Palmen«, stöhnt Hansen. Er ruft die Bürgermeisterin an. »Swantje, gibt es bei uns eigentlich auch irgendwo Palmen? Lass uns am Strand einen Cappu nehmen«, schlägt er ihr vor.

»Was ist denn mit dir los, so früh schon Pause?«, fragt sie zurück.

»Du weißt, wie mir dieser Mord an dem Asylbewerber an die Nieren geht, ich muss mal durchatmen.«

Swantje denkt, sie muss jetzt unbedingt sein Seelenheil retten, und sagt knapp: »Bin bereit, mein Lieber.« Nach dem Strandausflug drehen sie noch eine Runde durch Keitum, kehren im Teekontor **104** ein, kaufen dort größere Mengen Tee und schauen einfach mal bei einer Tasse Tee in die grüne Marschlandschaft. »Das beruhigt«, sagen sie beide gleichzeitig und lachen.

Dann fährt Hansen zurück ins Büro. Endlich kann er seine Rundmail verschicken, die er unter »Entwürfe« gespeichert hatte: »Lewer me dit Weel tö Strön, üs me en Porsche tö Aarber.« Gerade will Hansen seinen Computer herunterfahren, da sieht er noch eine Mail, die zur selben Sekunde eintrifft. Sein Freund Bert hat schon geantwortet: »Wir sind bereits mit dem Porsche zum Strand gefahren!«

Keitum

Es ist ein Dorfidyll mit Reetseligkeit. 200 Jahre alte Kapitänshäuser, Boutiquen, Cafés und Restaurants liegen zwischen Friesenwällen und unter Laubbäumen versteckt. Kulinarisch und kulturell hat Keitum viel zu bieten. Die Kirche St. Severin ist mehr als eine weithin sichtbare Landmarke. Hier sind neben Gottesdiensten auch Konzerte und Lesungen zu erleben.

90 Die St. Severin Kirche (Munkmarscher Chaussee, 25980 Sylt) gehört zu den bekanntesten Gotteshäusern auf der Insel. Die spätromanische Seefahrerkirche aus dem frühen 13. Jahrhundert liegt auf einem Geestkern und ist weithin sichtbar. Die Renaissancekanzel aus Dänemark, der Taufstein und der spätgotische Schnitzaltar zählen zu den Besonderheiten. Daneben breitet sich ein großer Friedhof aus. Neben Kapitänen aus früherer Zeit sind viele prominente Bewohner oder Freunde der Insel dort begraben.

91 Ornithologische Führungen veranstaltet die Schutzstation Wattenmeer. Sie hat einen Bauwagen am Schöpfwerk stehen (Koogstr., 25980 Sylt).

92 Dorfführungen werden mehrmals wöchentlich angeboten, da der Ort ein Idyll ist und es sich über die alten Kapitänshäuser viel sagen lässt. Sie sind in der Tourist-Information (Gurtstig 23, 25980 Sylt) zu buchen, wo sie auch beginnen.

93 Die Ruine Altes Schwimmbad (Am Tipkenhoog, 25980 Sylt) ist das sichtbare Ergebnis einer Fehlspekulation. 2004 hatte die Gemeinde beschlossen, das alte Meerwasserschwimmbad von 1968 abzureißen, da es nicht mehr zeitgemäß war. Eine neue Therme mit Hotel, Wellness und Arztpraxen sollte errichtet werden. Doch es gab mehrfach falsche Entscheidungen von und mit Investoren. So steht hinter einem Bauzaun mühsam verdeckt ein halbfertiges Gerippe.

94 Die Steinzeitgräber Tipkenhoog und Harhoog (Am Tipkenhoog, 25980 Sylt) befinden sich nahe am Watt südöstlich der Schwimmbadruine. Der Riese Tipken soll hier seinen Wachturm gehabt haben. Ein Grashügel ist der Überrest. Die Steine des Harhoogs erinnern an ein Megalithgrab, das rund 4.500 Jahre alt ist. Es wurde hierher versetzt, da es 1954 der Flughafenerweiterung weichen musste.

95 Der Keitumer Bahnhof (Bahnhofstr. 37, 25980 Sylt) ist 2015 restauriert worden, beherbergt eine Glasgestalterin mit Werkstatt und Verkaufsraum und soll zum Zentrum für junge Kunsthandwerker ausgebaut werden. Das Haus wurde schon 1926 errichtet und gehört seit 2007 der Gemeinde.

96 Das Sylter Heimatmuseum (Am Kliff 19, 25980 Sylt) ist das Zentrum für alle, die mehr über die Inselgeschichte, die Pflege der Sprache Sölring und den Nationalhelden Uwe Jens Lornsen wissen möchten. Im Kapitänshaus von 1759 werden auch wechselnde Ausstellungen gezeigt; Lesungen und Vorträge sind zu erleben. Der Verein »Sölring Foriining« kümmert sich um die Pflege des Brauchtums und die Erinnerung an die Tradition. Die engagierten Mitglieder informieren die Öffentlichkeit aber auch offen, kritisch und unparteiisch über die aktuellen Themen der Insel. Dazu gibt es ständig neue Veranstaltungen.

97 Im ersten Stockwerk des Heimatmuseums befindet sich ein Nachbau des *Ziegenstalls*. Es ist eine legendäre Kampener Bar, die der Berliner Tänzerin Valeska Gert (1892–1978) gehörte. Sie wurde in den 1920er-Jahren durch Stummfilmrollen und getanzte Satiren berühmt. In dem Nachtlokal *Ziegenstall*, 1951 eröffnet, verkehrten hauptsächlich Künstler. Der Boden in dem skurrilen Etablissement war mit Stroh bedeckt. Nach Gerts Tod übernahm der Fernsehjournalist Werner Höfer das Haus, ließ es 1981 aber abreißen.

98 Das Grüne Kliff (Tipkenhoog bis Klentertal) erstreckt sich als rund zwölf Meter hohe Steilküste an der Wattseite auf rund drei Kilometern Länge. Ein Fußweg führt daran entlang. Gräser, Flechten und Moose wachsen dort.

99 Dieser Weinberg (Munkmarscher Chaussee, 25980 Sylt) ist der nördlichste Deutschlands, wird seit 2009 bewirtschaftet und hat mehr als 1.600 Rebstöcke. Mehr als 550 Pächter haben sich beteiligt. Die rund 600 Flaschen, die nach der Lese abgefüllt werden, gehen zum Großteil an die Pächter.

100 Der Hopfengarten neben dem Weinberg ist die Grundlage für das Sylter Champagnerbier. Die Spezialität ist in einigen Geschäften der Insel sowie auf dem Festland zu kaufen und schmeckt feinsäuerlich.

101 Die Sylter Landschlachterei (Bäderstr. 2, 25980 Sylt) verkauft Steaks aus eigener Galloway-Zucht, die auf den Salzwiesen grasen. Auch Gewürze und Öle oder Felle sind im Angebot in dem kleinen Haus südlich des Bahndamms.

102 In den Gold- und Schmuckwerkstätten Keitums sind seltene Ringe und ungewöhnlich designte Modeaccessoires zu finden. Sich hier umzuschauen, ist für die meisten Besucher, die sich für Schmuck aller Art interessieren, ein Gewinn.

103 Sylter Lebensart und Wohnkultur wird im Altfriesischen Haus (Am Kliff 13, 25980 Sylt) präsentiert. Das frühere Domizil eines Walfängers, vermutlich schon vor 1700 gebaut, gehörte später dem Sylter Chronisten Christian Peter Hansen. Er richtete dort eine heimatkundliche Sammlung ein und legte so den Grundstock für das heutige Museum.

104 Das Teekontor (Siidik 15, 25980 Sylt) liegt südlich der Bahn in Keitum am Rande der Marschwiesen. Mehr als 100 Teesorten sind im Angebot. Es gibt auch Teeseminare und Konzerte. Im Laden lassen sich bequem größere Mengen an allen möglichen Teesorten kaufen. Von der Terrasse aus öffnet sich der Blick in die grüne Weite Richtung Deich.

10. VERSACKT IM EIDUM-TIEF

Ein Immobilienhai macht sich nicht nur im Rantumer Hafen unbeliebt

»Wir haben Hochsaison, die Insel ist voll und ein Mord das Letzte, was wir jetzt gebrauchen können. Unser Tourismus bricht ein, wenn alle Welt von einer Leiche auf Sylt spricht. Ich habe ernste Sorgen. Wann kannst du Ergebnisse liefern?« Henry Hansen muss mehrmals schlucken, als das Gespräch abrupt beendet wird und er sich in seinem Polizeiwagen wieder auf das Geschehen auf der Straße nach Rantum konzentriert. Dass ihn, den Kripochef aus Westerland, die neue Bürgermeisterin Swantje Brackwedel auf dem Diensthandy anruft, ist ungewöhnlich. Aber dazu dieser Ton wie die Brandung von Nordseewellen – das muss sich doch ein gestandener Kommissar wie er nicht bieten lassen.

Der 49-jährige Westerländer ist gerade auf dem Weg zum Unglücksort am Rantumer Hafen `105`. Es gab einen Toten vergangene Nacht, von Mord ist keine Rede. Oswald Nielsen, der Vorsitzende des Nordfriesischen Segelvereins, hatte den jungen Heiko von Ludendorff erschlagen auf seiner Segeljacht gefunden. Allerdings nicht im Hafen von Rantum, sondern draußen im Watt, wo sie trockenfiel. Nielsen rief die Polizei an.

Als Hansen am Südrand des Rantumbeckens `106`, wo der Hafen liegt, ankommt und die Wagentür öffnet, empfängt ihn heftiger Regen. Oswald Nielsen wartet schon am Steg, den Kopf in seiner zu großen Kapuze der geölten schwarzen Regenjacke versteckt. Der Vorsitzende des Nordfriesischen Segelvereins ist aufgebracht, kommt auf Hansen zu, vergisst zu grüßen und redet ohne Punkt und Komma: »Kennst du das Buch ›Nimm zuerst ein kleines Boot‹? Das hätte der Schnösel mal lesen sollen. Da hätte er viel über das Segeln lernen können, aber noch mehr über das Leben. Aber der dachte ja, mit Papas Geld alles kaufen und kontrollieren zu können. Frauen, Boote, Häuser und neuerdings ganze Straßenzüge hier auf der Insel. Dass er jetzt vom Großbaum seiner eigenen Jacht erschlagen wurde, geschieht ihm ganz recht, diesem Angeber«, spult Nielsen seine Sätze herunter, die von Abscheu über diesen Segler erfüllt sind. »Hier in Rantum muss man halt segeln können. Der vornehme Herr mit seiner 17 Meter langen Jacht hätte lieber in Hörnum oder List seinen Liegeplatz nehmen sollen. Da kann ja jeder Depp anlegen. Da ist immer genug Wasser. ›Vanity‹ heißt die Jacht, was bedeutet das eigentlich?«

Hansen hört geduldig zu, nickt, schaut hoch und sieht, wie seine junge Kollegin Merle Petersen gerade mit dem E-Bike vorfährt. Er hatte sie gebeten, ebenfalls hier zu sein. Ihre gemeinsame Kollegin Wienke Sondermann ist nach ihrer Kur jetzt noch zwei Wochen in Urlaub. Merle trägt regenfeste Kleidung samt Hose und Gummistiefeln. »So ein Sauwetter«, lacht sie die beiden griesgrämig dreinblickenden Männer an. Nielsen baut ein kleines »Moin« in seinen Vortrag ein. Er hat sich in Rage geredet. So kennt Henry den alten, graubärtigen Seebären gar nicht.

Der kleine Rantumer Hafen ist neben dem in Munkmarsch auf Sylt der einzige, in dem bei Ebbe die Schiffe regelmäßig trockenfallen. Sie stecken dann mit dem Kiel im Schlick – ein bizarres Bild. Wer durch das Fahrwasser in den Rantumer Hafen fahren möchte oder hinaus, muss genau auf die Tide achten und tatsächlich etwas Erfahrung mit an Bord haben. Es bleibt nur ein Zeitfenster von wenigen Stunden, um durch die dann genug Wasser führende Fahrrinne zu schippern. Das Eidum-Tief **107** hat es in sich. Der Name erinnert an ein altes Kirchdorf, was längst die Wellen verschlungen haben.

Für unerfahrene Segler, wie es der Tote wohl gewesen ist, bedeutet dieses Eidum-Tief eine Falle. Dass der junge Hamburger hier im Nordfriesischen Segelverein andockte, hatte jedoch einen besonderen Grund.

»Der Blödmann wollte anscheinend bei ablaufendem Wasser rausfahren, war aber wohl wieder zu spät dran. Hier auf der Wattseite der Insel kann man ja immer nur zwei Stunden vor oder nach Hochwasser rein- oder rausfahren. Wie oft habe ich ihn schon oben von unserem Panoramafenster im Segelvereinshaus aus gesehen, wie er sich wieder im Schlick festgefahren hat. Dann muss er bis zur nächsten Flut auf seiner Luxusjacht sitzen. Durch das Watt laufen, das geht nämlich nicht. Da sackst du weg«, erläutert Nielsen weiter. Hansen und Merle lauschen seinen Erklärungen, die ihnen allerdings nicht ganz neu sind. »Nu fahr mal los, Nielsen, sonst stecken wir noch fest«, treibt Hansen den redseligen Skipper an.

Sie tuckern mit dem Boot Nielsens zu der Jacht im Watt. Die Kollegen von der Spurensicherung sind mit dem Luft-

kissenboot schon hingefahren, haben alles an Spuren aufgenommen, aber die Leiche noch nicht aufgeladen.

»Was heißt denn nun ›Vanity‹?«, will der 65-jährige Nielsen wissen, der mit seinem runden Gesicht und einem hell-
grauen Fünftagebart an einen gemütlichen »Seebären« erinnert. »Eitelkeit«, übersetzt Merle, die nicht nur Englisch
nahezu perfekt beherrscht, sondern auch Französisch und
Spanisch spricht. »Scheint doch zu passen«, schmunzelt sie.

»Warum hat sich der Schnösel, wie du ihn nennst, überhaupt bei euch einen Liegeplatz gemietet? Hast du 'ne
Idee?«, fragt Hansen. Der Himmel hängt immer noch voller grauen Wolken, der Regen aber wird dünner.

»Der von Ludendorff wollte hier auf Sylt eine große
Nummer werden. Ein Grundstück nach dem anderen
kaufte er auf. Dabei hatte er so 'ne fiese Nummer drauf,
hatte sich auf Erbfälle spezialisiert. Wenn er nicht sogar
nachgeholfen hat, dieser Mister Skrupellos aus Hamburg.
Kaum sind die Alten unter der Erde, steht er bei den Erben
auf der Matte, macht auf verständnisvoll. Du weißt doch,
wie das hier ist. Die Kinder sind meist seit Jahren auf dem
Festland, arbeiten dort, haben da ihre Familie. Es kann sich
doch kaum noch einer leisten, hier zu wohnen, wenn er
Normalverdiener ist. Dann kommt dieser von Ludendorff,
lockt mit schneller Abwicklung, bietet sogar öfter Häuser und Eigentumswohnungen in Hamburg zum Tausch.
Mein Freund Johann hier aus Rantum, der hat mir neulich gesagt, der von Ludendorff lässt auch mal was Bares
rüberwachsen. Auf jeden Fall kann er Menschen in so
einer Situation richtig gut manipulieren. Und irgendwie
kann ihm keiner. In der Sylter Rundschau stand neulich,
der hätte sogar …«

Die letzten Worte des Vorsitzenden gehen im Wind unter. Alle beugen sich zur Seite, denn das kleine Motorboot von Nielsen macht an der Vanity fest. Die drei Kollegen von der Spurensicherung begrüßen die Ankömmlinge, die nun an Bord der Jacht gehen. Der tote von Ludendorff liegt noch in seiner Blutlache an Deck. Die Beine sind angewinkelt. Aus Mund und Nase quillt Blut. Am Großbaum über ihm ist eine Blutspur zu sehen. Dieses mächtige Querholz hat ihn offenbar erschlagen. Ein Unfall also. »Hansen, sehen Sie mal!«, leitet einer der Polizisten dessen Blick auf die Scherben einer zersplitterten Rotweinflasche. »Glasscherben hat der Tote auch im Handgelenk«, fügt er noch hinzu. Der Großbaum hat den Segler sehr wahrscheinlich im Genick getroffen. »Der hatte mehr als eine Flasche intus«, bestätigt später der Gerichtsmediziner. »1,9 Promille.« Der Arzt attestiert Genickbruch und weist auf eine sehr große Hinterkopfwunde hin.

»Ach, Oswald, was stand da neulich in der Zeitung über ihn?«, fragt Merle jetzt nach. »Ich hatte das bei dem Wind nicht verstanden.«

»Der hat mehrere Klagen am Hals, der betrog die Erben um fünf Millionen, die werden nicht froh, sondern verlieren ihre Häuser an ihn und das Geld noch dazu«, erklärt Nielsen. »Dem wird kein Hahn nachkrähen.« Hansen und Merle schauen sich an Bord noch etwas um, dann fährt sie Nielsen in seinem Boot wieder zurück zum Hafen. Henry Hansen ruft die neue Bürgermeisterin an, die, anders als sonst, heute sofort am Handy ist. »Moin, Swantje, hier Henry«, sagt er mit fester Stimme.

»Na endlich!«, raunzt sie ihn an. »Was hast du rausbekommen?« Hansen dreht sich aus dem Wind, weil die anderen sein vertrauliches Gesäusel nicht hören sollen, lässt seine Stimme etwas feierlich klingen und sagt: »Alles sieht nach Unfall aus, wir sollten das heute Abend bei mir feiern, ein Gläschen Schampus habe ich da. Sylt bekommt keine schlechte Presse, das ist doch was, meine Liebste!« Merle, die bei diesem Wort hellhörig wird, dreht sich lächelnd zur Seite. Da läuft also doch was zwischen den beiden, denkt sie.

»18.00 Uhr bei dir, gerne, Sarah übernachtet heute bei einer Freundin«, antwortet die allein erziehende Bürgermeisterin dem Chefermittler. »Wirklich gut und schnell«, lobt sie Hansen. Der wird aber noch einmal dienstlich: »Da fällt mir noch eine Frage ein, Swantje. Nicht für meine Akten, aber warum meintest du, es könnte ein Mord sein, und wer hat dir überhaupt von dem Unfall erzählt?«

Swantje erläutert: »Das war Hein, der mit dem Burgermobil, kennst du doch, der sieht und hört alles. Große Ohren hat er ja. Der wusste schon davon.«

»Joh, bis nachher dann, mien Deern«, flötet Hansen zart ins Handy. Da legt Nielsen schon am Steg im Rantumer Hafen an. Hansen freut sich auf einen »Jean de Villaré Brut Edition Sansibar«, den er heute bei Swantje öffnen will. Sein feiner Geruchssinn verschafft ihm einen Hochgenuss, allein schon, wenn er die Nase über das perlende Getränk hält. Eine Genießerleidenschaft, die er mit Swantje teilt und die weit über guten Champagner hinausgeht.

»Merle, wir haben noch was vor: Kannst du diesen Artikel aus der Sylter Rundschau heraussuchen? Und dann müssen wir noch zu Hein mit dem Burgermobil und einen Burger essen«, formuliert Hansen Aufträge an seine Kollegin.

Im Internet findet die junge Kriminalistin rasch den gewünschten Artikel über von Ludendorff. »Che-eef, da ist mächtig was fa-ul!«, stört sie die heitere Stimmung ihres Vorgesetzten. »Lesen Sie mal: ›Hamburger Tauschgeschäft geplatzt – Sylter Erben verklagen Immobilienaufkäufer – Boden verseucht‹.« Hansen überfliegt den Artikel und sagt: »Feinde hatte der wohl genug, aber es sieht alles nach Unfall aus. In zwei Stunden habe ich den Bericht der Spurensicherung. Dann schauen wir mal weiter.«

Die Erben, die ihn um Millionen verklagen, scheint er gezielt betrogen zu haben, so heißt es in dem Artikel. Von Ludendorff hatte in Rantum schon die halbe Hafenstraße vom Meerkabarett der Sylt-Quelle **108** bis zum Minigolfplatz **109** übernommen. Den Alteigentümern überschrieb er dafür nahezu wertlose Grundstücke am Rand von Hamburg, die aber angeblich Bauland werden sollten. Zehnfacher Wert und mehr, hatte er versprochen. Leider ist das gesamte Areal mit Altlasten verseucht, der Boden muss meterhoch abgetragen und als Sondermüll behandelt werden. Drei Erbengemeinschaften haben ihn verklagt, darunter die Familie von Oswald Nielsen. Aber es gibt dem Bericht nach noch mehr Geschädigte.

»Nielsen, verstehen Sie, Chef, der alte Nielsen, der uns gerade hinausgefahren hat und seinen Hass ablud, ist also nicht ganz unbeteiligt, und noch eins: Der Brand der Fischräucherei von Ole Werther vorige Nacht am Rantumer Hafen, der könnte damit zusammenhängen, denn Werther stand mit von Ludendorff auch auf Kriegsfuß. Der wollte nicht an ihn verkaufen«, betont Merle. Während sie immer neue Verdächtige aufspürt, scheint Hansen noch an einen

Unfall zu glauben. Hansen schaut sie mit großen Augen an. »Was läuft da alles und woher weißt du das, Mädel?«

Merle, die diese abwertende Anrede zwar gewohnt, aber nicht davon begeistert ist, atmet einmal tief durch, lässt die Sylter Luft durch ihre Lungenflügel strömen, was sie schon immer beruhigt hat, schließt kurz die Augen und sagt dann mit dem schönsten Grinsen ihres Spitzmundes: »Ich denke, wir wollten Burger essen gehen, nichts wie los – Chefchen!« Wenn Hansen dieses betonte »Chefchen« von ihr hört, weiß er: Das ist ihre Revanche für »Mädel«.

Hansen ahnt, dass das mit dem Unfall immer unwahrscheinlicher wird. Und ein wenig könnte er einen vermeintlichen Täter sogar verstehen, denn auch ihn schmerzt, wie alte, windschiefe Reetdachhäuser mit langer Geschichte und Charakter einfach so mit Bagger und Radlader abgeschoben werden. In solch einem schrägen Haus ist auch er groß geworden, zwar nicht auf Sylt, aber in Büsum, ein paar Kilometer weiter südlich auf dem Festland. Anstelle des Einfamilienhauses werden dann sechs Hausscheiben gebaut. Diesen Begriff für die Minimalwohnungen mit eigenem Zugang, die trotzdem eine halbe Million Euro kosten, gibt es wohl nur auf Sylt. Dieser Markt boomt seit Jahren und ist heiß umkämpft. Von Ludendorffs Tod wird also so manchen Makler freuen. Das heißt: noch mehr Verdächtige.

Henry und Merle fahren gemeinsam zu Hein Ingwersen. Der 29-Jährige hat sein fahrbares Burgermobil heute am Hafen von Hörnum stehen. »Einen Sylt Burger für meinen Chef, Herrn Hansen, und einen für mich, mein Süßer«, gibt Merle die Bestellung auf.

»Moin, Herr Hansen«, hebt Hein die Stimme.

»Moin, Hein, na, heute nicht viel los, was?«, meint der. Es entwickelt sich ein Gespräch über Sturmfluten, die das Südkap bei Hörnum umspülen, über das Aussterben der Insulaner, die beiden Strandsaunen in Rantum **110** und die Preise für Champagner in der Sansibar **111** in den Rantumer Dünen. »Was war denn gestern Abend am Rantumer Hafen so los?«, fragt Hansen beiläufig.

Hein Ingwersen stand an dem Abend mit seinem Mobil auf dem Parkplatz am Rantumer Hafen. »Das Segelboot habe ich von Weitem gesehen«, erinnert sich Hein, der gerade einmal wieder seinen Schluckauf bekämpft. Er stellt sich immer dann ein, wenn er nervös wird. Das ist so wie bei anderen, die vor Aufregung stottern. Heins Neugierde ist groß, so dass er sein Burgermobil gern auch mal verlässt. Merle hört lächelnd zu. Sie weiß, seine »Hicks« zu deuten, denn die beiden kennen sich seit der gemeinsamen Kindergartenzeit in Morsum. Hein macht sich immer wieder Hoffnungen, sie beide könnten mal ein Paar werden. Sie, die fesche, schlanke, blonde Friesin, die ein lockeres Mundwerk und einen funkelnden Intellekt hat, und er, der kleine Friese mit kompakter Taille, schiefem Mund und kräftigen Oberarmen. »Nee, dat ward nix mit üs«, flötet Merle dann immer dem geschäftigen Freund zurück, wenn er ihr mal wieder vorschlägt, sie könnten sich doch verloben. »Na gut, Freundschaft, liebe Merle«, quittiert er ihr dann dafür. Damit scheinen beide gut zu leben.

»Es war nicht viel los an meinem Food Truck, ich machte das Licht bald aus, wollte gerade den Motor starten, als einer vom Segelverein herüberkam und mich nach Heiko von Ludendorff fragte«, erzählt Hein, an Hansen und Merle gewandt. »Den kannte ich. Der feine Herr Immobilienkrösus aß fast täglich bei mir einen Burger. Und dann hat dieser gelackte, oberflächliche Typ natürlich Champagner dazu verlangt, den ich extra kühl stellte. Und beim Lachen riss der seinen Mund so obszön weit auf. Ekelig.« Hein blickt Merle an. »Weißt du, was der alles kaufen wollte?«

Sie antwortet: »Nee, erzähl mal!«

»Der hat jeden hier im Gewerbegebiet gefragt, ob er nicht seinen Schuppen an ihn verkaufen will, die ganze Hafenstraße vom Meerkabarett in der Sylt-Quelle bis hier zum Hafen hat er abgeklappert.« Hein wird noch etwas deutlicher: »Er hatte so viel Geld, er hätte alles aufgekauft und dann – jetzt halt dich fest –, dann hätte er ein Fischimperium aufbauen wollen, um dem Gosch in List Paroli zu bieten. Dem *Gosch*, verstehst du? Er wollte ein Heiligtum der Insel stürzen.«

In dem Moment hat sich Merle kräftig verschluckt und muss husten. »Jetzt habe ich mal Schluckauf«, sagt sie verstört und prustet. »Hat er dir das selbst erzählt so beim Burgeressen?«, bohrt sie.

»Och, weiß ich nicht mehr«, wehrt der Burger-Mobil-Betreiber ab. Merle fällt aus allen Wolken und denkt: Das ist ja der Hammer, dann wäre ja die halbe Insel unter Verdacht, denn ein Angriff auf so einen wie Gosch, der bundesweit bekannt ist und seine Restaurants sogar auf Kreuzfahrtschiffen betreibt, wühlt die Gemüter mächtig auf.

Hansen und Merle bedanken sich. Hein zeigt sein überlegenes Ihr-wisst-doch-gar-nicht-worum-es-geht-Lächeln. Hansen legt das Geld auf den Tresen und sie fahren in ihrem Dienstwagen zurück nach Westerland. »Ich wollte ja nichts sagen, aber das Gerücht mit dem Fischimperium gegen Gosch höre ich zum ersten Mal. Glaubst du das? Da werde ich heute Abend mal Nachforschungen anstellen«, kündigt Hansen an.

»Verstehe, Chef«, kichert Merle, die aus dem mitgehörten Telefonat weiß, dass der Termin »Bürgermeisterin Swantje« heißt.

Hein ruft Merle an: »Du, komm noch mal ran, ich habe da noch was …« Sie zögert keine Sekunde, fährt zu ihm nach Hause. Er wohnt nur ein paar Straßen weiter in Tinnum, wo der Wohnraum noch bezahlbar ist. »Meen Deern, ick weet noch mehr«, beginnt er seine Erzählung, die er in Gegenwart von Hansen offenbar nicht zu Ende führen wollte.

»Gestern Abend war Heiko von Ludendorff nicht allein an Bord. Neben ihm saß Peter, der gerade den Deal seines Lebens geschlossen hatte: Sein Reetdachhaus in Rantum, das zu gleichen Teilen auch seinen beiden Schwestern gehört, geht für drei Millionen Euro an von Ludendorff, wovon vorab 50.000 Euro in bar an Johann fließen sollen, und zwar nur an ihn.«

Merle ist total verblüfft: »Hammer. Weiter.«

»Kennst du Johann Peter, der sich einem gern auf Kragenweite nähert, um dann so zu reden, als stehe er noch immer wie bei den Marinefliegern unter laufenden Motoren? Er arbeitet in Rantum in der Tischlerei.«

Die liegt nicht weit vom Campingplatz Rantum 112. »Klar, kenne ich. Weiter.«

»Bevor überhaupt Geld an Bord der Vanity fließen soll, entkorken die beiden eine Flasche Rotwein. Während sie so dasitzen, gleitet das blöde Boot langsam weiter ins Watt.

Plötzlich bleibt es stecken, von Ludendorff holt das Segel ein, der Großbaum trifft den gelackten Typen am Kopf. Bumms.«

»Mensch, Hein, woher weißt du das alles?«, kreischt Merle, die spürt, dass sich hier ein großer Fall zu entwickeln scheint, und sie als junge Kripobeamtin steht mittendrin.

»Johann hat mir alles erzählt«, entgegnet Hein, »der hat manchmal einen äußerst sparsamen Sprachverbrauch, typisch norddeutsch eben, aber mir sagt er alles. Ich glaube ihm.« Und Hein setzt hinzu: »Aber ich möchte ihn nicht belasten, ein feiner Kerl, ehrlich, darum erzähle ich es nur dir, nicht deinem Chef.«

»Hein, aber das kann ich nicht für mich behalten, das ist eine hammerharte Entwicklung in dem Fall. Wir müssen ihn vorladen, was denkst du denn, das ist ja der Hammer«, erwidert die junge Polizistin. »Hast du eigentlich auch was vom Brand der Fischräucherei am Rantumer Hafen mitbekommen?«, setzt sie nach.

Hein gibt an: »Nein, da war ich schon zu Hause, davon habe ich erst am Morgen gehört.«

Hansen und die neue Bürgermeisterin Swantje Brackwedel haben derweil die Flasche Champagner geleert, sitzen eng nebeneinander auf seiner Couch und haben sich die Schuhe ausgezogen. Sie schauen sich in die Augen und erzählen sich Geschichten aus ihrer Kindheit. Plötzlich verkündet sie: »Jetzt muss ich aber los.« Henry blickt sie mit großen Augen an. Dann schlägt sie ihm vor: »Nächstes Wochenende ist Sarah bei ihrem Vater, da habe ich frei, ideal für unser nächstes Treffen, oder?«

Henry nickt und lächelt. »Freue mich, dass wir uns nach der langen Zeit jetzt öfter wieder sehen, seit du auf der

Insel bist«, sagt er nur. Doch von einem Fischimperium gegen Gosch, davon hat Swantje auch noch nichts gehört.

Nachdem Merle am nächsten Morgen Hansen alles erzählt, was sie von Hein erfahren hat, ist der Chef ziemlich überrascht. Zum einen, was die Wendung des Falles angeht, er fragt gleich bei der Spurensicherung nach, ob sie Anhaltspunkte für eine zweite Person an Bord haben. Zum anderen, was die junge Kollegin so alles an Neuigkeiten aus ihrem Netzwerk auf der Insel herausfischt. »Kompliment!«, zischt er nur kurz. »Du bist einfach super verdrahtet.«

Hansen besucht Johann in seiner Tischlerei in Rantum. Der 36-Jährige zeigt sich wenig überrascht über den Besuch des Ermittlers, den er kennt. »Na, geht es um den blöden von Ludendorff?«, empfängt er Hansen. Im Gespräch ist Johann weitgehend offen. Er erzählt freimütig, wie er an dem Abend auf der Vanity die 50.000 Euro von von Ludendorff erhalten sollte und wie es überhaupt dazu kam. »Aber das vertraue ich nur Ihnen an, Hansen«, flechtet er immer wieder in seine Erzählungen ein, während sie draußen vor der Tischlerei stehen.

»Haben Sie denn das Geld auch bekommen, Johann?«, fragt Hansen nach.

»Nee, der wollte mich übers Ohr hauen«, sagt der Tischler erbost. Johann bittet Hansen noch um eins: »Kein Wort zu meinen beiden Schwestern!«

Als Hansen wieder zurück im Büro ist und seiner Kollegin davon erzählt, verdreht sie die Augen. Merle Petersen schaut ihren Chef durchdringend an. »Kein Geld geflossen, meinen Sie, sondern nur Rotwein?« Hansen schaut zurück in ihre stahlblauen Augen, die so bohrend sein können wie die Fragen aus ihrem süßen, spitzen Mund. »So hat er es gesagt, ich glaube ja auch nicht alles, aber wir brauchen jetzt Beweise, Mädel.« Sie verabschiedet sich mit den Worten: »Ich muss mir noch die abgebrannte Fischräucherei in Rantum ansehen – bis später.«

Das Feuer in der Fischräucherei am Rantumer Hafen am Abend vorher war schnell gelöscht, aber das Häuschen ist nicht mehr zu benutzen. »Brandstiftung war das«, behauptet der Inhaber Ole Werther. Merle lässt sich von ihren Kollegen vor Ort die Spuren zeigen. Es deutet tatsächlich alles auf Brandstiftung hin, nur, wer hat daran ein Interesse?, denkt sie sich. Die Schadenabteilung der Versicherung aus Hamburg will einen Gutachter schicken. »Ich habe sogar Verdienstausfall mitversichert, ich will Kohle sehen«, posaunt Ole aus. »Kohle hast du doch genug hier herumliegen«, rutscht es Merle heraus, die dafür böse Blicke erntet. Sie hat noch nicht viele Fälle wie diesen miterlebt, einen Toten auf dem Segelboot am Abend und eine brennende Fischräucherei kurz danach – alles Zufall?

»Hier«, sagt Polizeikollege Tom, der in den Trümmer stochert, zu Merle, »das ist eine dünne Seglerjacke, schau mal, was da drinsteht.«

Merle dreht sie um. Eingestickt ist ein Name: Heiko von Ludendorff. Was hatte der in der Fischräucherei zu suchen?

»Also haben die beiden Fälle offenbar doch etwas miteinander zu tun«, stellt Hansen trocken fest, als er von Merle die Einzelheiten ihres Besuchs erfährt, und reibt sich seine etwas zu groß geratene Nase. Wegen dieses »Riechers«, der ihn schon auf viele erfolgreiche Fährten geführt hat, ist er inselweit bekannt. Doch »Nase« dürfen ihn nur seine engsten Freunde nennen, nicht die Kollegen. Inzwischen ist auch das Segelboot genau untersucht worden. In einer Kajüte gibt es ein Geheimfach. Darin befindet sich die gesuchte Geldtasche. Es sind 13 Hunderter drin, mehr nicht. Fehlt der Rest? Wer hat dann die 48.700 Euro, wenn von Ludendorff wirklich die 50.000 dabeihatte, um sie Johann zu übergeben? Hat Johann das Geld vielleicht doch in seine Tasche gesteckt?

Die nächsten Tage sind stürmisch, was das Wetter angeht, bei den Ermittlern herrscht jedoch Flaute. Nur die Spurensicherung arbeitet stetig und zuverlässig, indem sie mitteilt: Ja, Johann war an Bord, das haben die Fingerabdrücke belegt. Und der von Ludendorff wurde mit einem schweren Gegenstand gegen den Hinterkopf erschlagen. Das ist eindeutig die Todesursache. Die Version, dass es der Segelbaum war, ist höchst unwahrscheinlich. Die Verletzungen sind zu schwer.

Heute früh erst hatte sich Polizeioberrat Doktor Roman Sattler aus Kiel gemeldet. Er fragte einen Zwischenbericht bei Hansen, mit dem ihn seit der gemeinsamen Polizeiausbildung eine Hassliebe verbindet, ab. Der helle, klare Hansen aus dem Norden, wegen seiner Größe auch »Leuchtturm« genannt, fasst das Gespräch mit seinem Vorgesetzten gegenüber Merle so zusammen: »Die Flitzpiepe vom Festland war dran, hat noch Fragen wegen des toten Seglers, macht sich Sorgen, dass wir das nicht schaffen, und will noch einen Sonderermittler schicken. Ach, übrigens besuche ich eben noch den Ole Werther mit seiner Räucherei, bis später.« Merle muss lächeln, wie sie das immer tut, wenn sie mehr denkt als sagt.

»Is klar, Chef«, kommt ihr noch über die Lippen. »Ich habe dann Dienstschluss und ermittele dann beim Kitesurfen weiter – mit Hein«, kündigt sie an und lächelt immer noch. Doch den Zielort ihrer abendlichen Recherchen will Hansen gar nicht wissen, er ist schon auf dem Weg nach Rantum. Ihm kommt da eine Idee.

»Nein, ich habe meine Hütte nicht selbst angesteckt, warum auch?«, verteidigt sich Ole auf die Fragen des Westerländer Polizeikommissars.

»Warm abreißen, Scheck von der Versicherung, Neubau«, kontert Hansen.

»Quatsch hoch drei, Hansen, und woher die blöde Jacke kommt, weiß ich auch nicht, der Typ lief doch hier überall herum.«

Hansen guckt den Räuchermeister fragend an. »Der wollte doch deine Räucherei und dein Wohnhaus kaufen, was hat er dir geboten?«, will der Kripochef wissen. Ole schweigt und ist überrascht, dass Hansen das weiß. Hansen schweigt mit. Draußen kreischen die Möwen, als wollten sie zur Aufklärung beitragen und erzählen, was sie gesehen haben. Gern hätte Hansen die Möwen befragt, denn er spürt, dass er hier nicht weiterkommt. Wie soll er die Mauer des Schweigens brechen?

»Doktor Sattler war wieder dran«, leitet Merle am nächsten Morgen das Gespräch mit ihrem Chef im Büro ein.

»Und? Glaubt der immer noch, Sylt läge in der Ostsee?«, knurrt Hansen.

»Nee, davon war nicht die Rede, nur von der Hallig

Langeneß und dass da noch eine Teilzeitstelle frei sei für Sie, die schnell besetzt werden muss.«

Hansen schüttelt den Kopf und meint: »Ich wusste gar nicht, dass es da überhaupt Polizisten gibt.«

Merle stellt kurz und klar fest: »Nee, Chef, noch nicht, aber dieser Sattler hat ja wohl viel Einfluss.«

Hansen geht einiges durch den Kopf: So einen skrupellosen Immobilienhai zu beseitigen, der hier reihenweise Grundstücke und Häuser kauft, fänden wohl viele Einheimische verlockend. Doch wer hat den unerfahrenen Segler ermordet? Ein Unfall wird immer unwahrscheinlicher. Verdächtig ist auf jeden Fall dieser Johann, der mit ihm an Bord war. Der kann nicht einmal erklären, wie er vom feststeckenden Boot zum Festland kam und warum er keine Erste Hilfe an Bord leistete. Aber es gibt keine schlagenden Beweise gegen ihn, wenn man mal den möglichen Schlag gegen von Ludendorffs Hinterkopf ausklammert. Dazu ruft ständig dieser Oberrat aus Kiel an. Doktor Sattler hat alle Dokumente intern online gelesen und beanstandet die Ermittlungen. Mich nach Langeneß abzuschieben, ist natürlich nur eine ironische Drohung, aber einen Sonderermittler könnte er mir schon vor die Nase setzen, sinniert Hansen.

»Chef, warum so mürrisch heute? Hat es was mit Doktor Sattler zu tun? Ich kann Ihnen auf jeden Fall noch etwas Interessantes von meinem Abend gestern berichten«, kündigt Merle fröhlich an. Hansen schaut auf: »Der ist morgen hier.«

»Ach, lerne ich ihn auch mal kennen«, lacht die junge Polizistin. »Führt er uns dann gleich den Mörder vor oder müssen wir noch selbst ermitteln bis morgen?«

»Mensch, dein Mundwerk möchte ich haben, Mädel, aber vielleicht kannst du das dann morgen bremsen, solange Sattler hier herumkriecht«, entgegnet Hansen.

Merle grinst. »Ach, Chefchen, Hein und ich haben am Strand da beim Möwennest **113** nördlich von Hörnum gestern beim Kitesurfen eine gelbe Tasche gefunden. Hier sind Fotos.« Die gelbe Umhängetasche aus alter Lastwagenplane befindet sich seit gestern Abend im Labor, wo Merle sie abgab.

»Hat wohl die Post verloren«, frotzelt Hansen.

»Nein, Herr Hansen, eher der Geldbote, es waren genau 48.500 Euro drin.«

Der überraschte Chef rechnet schnell. »Wenn das Geld tatsächlich von Bord der Vanity kommt, dann fehlen also nur 200 Euro, denn 1300 Euro steckten ja im Geheimfach der Jacht. Schnell ins Labor mit dem Zeug.«

»Das habe ich schon gestern Abend gemacht, Chef«, sagt Merle. Das Labor bestätigt nun: Die Tasche und die Scheine tragen von Ludendorffs Fingerabdrücke. Zum Glück sind keine der neuen Fünfer und Zehner dabei, auf denen sich keine Fingerabdrücke mehr nachweisen lassen. Hansen steht mit den Ermittlungen unter Druck. Er bestellt Ole, den Inhaber der Fischräucherei in Rantum, und Johann, den Tischler, zu sich in die Dienststelle.

Gegen 12.00 Uhr treffen Ole und Johann zur weiteren Vernehmung in der Kriminalpolizeiaußenstelle in Westerland ein. Auf Sölring, dem Sylter Friesisch, heißt sie so schön: ›Kriminaalpolitsai - Bütenkantoor‹.

Innen herrscht heitere Stimmung. »Chef, jetzt wird's ernst«, sagt Merle gutgelaunt. »Wir sind fast am Ziel.«

Hansen keucht. »Ich hoffe, wir sind bis 18.00 Uhr fertig, da habe ich noch einen Termin.« »Wieder Champagner?«, vermutet Merle richtig. Doch eine Antwort erwartet sie nicht ernsthaft.

Merle und Hansen sitzen als Fragesteller auf der einen Tischseite, Ole auf der anderen. Mitten über dem Tisch im Vernehmungszimmer baumelt eine schwarze Lampe wie im Hinterzimmer einer Mafiakneipe. Ole gibt schon bald zu: »Ich wollte von Ludendorff tatsächlich töten. Er wollte meine Existenz vernichten, meine Räucherei und mein Haus anzünden, wenn er nicht alles für 50.000 Euro bekommt. Ich wollte aber nicht verkaufen, und wenn, dann für das Zehnfache.«

Ole erzählt weiter: »Als ich von meiner Räucherei aus sehe, wie von Ludendorffs Jacht im Watt feststeckt, fahre ich kurzentschlossen mit meinem Flachbodenboot los, das geht bei dem niedrigen Wasser gerade noch so, wenn man sich auskennt, ich dachte, ich bringe ihn einfach um und lasse es wie einen Unfall aussehen. Mist, was sehe ich, als ich näher komme? An Bord ist Johann. Sonst ist niemand zu sehen. Ich lege mit meinem kleinen Boot an. Johann winkt und ruft: ›Komm schnell, hier liegt der von Ludendorff!‹«

»Und dann hast du zugeschlagen?«, unterbricht ihn Merle.

Johann wird im schalldichten Nebenraum verhört. Merle und ihr Chef pendeln zwischen den Räumen, denn die Befragungen ziehen sich in die Länge. Bisher hat Johann alles bestätigt, was Ole erzählt hat. Sie haben sich gut abgesprochen oder sagen die Wahrheit. Hansen und Merle müssen genau das herausfinden.

Die Befragung ergibt folgendes Bild: Die beiden Rantumer sind überrascht und erfreut, sich hier an Bord der Jacht zu treffen. Schockiert starren sie auf den bewusstlosen Skipper, der auf dem Deck mit angewinkelten Beinen liegt, Blut quillt aus Mund und Nase. Beide wollen sein skrupelloses Geschäft beenden, was ihrer Meinung nach nur durch seinen Tod geschehen kann. Ole will seinen Erpresser loswerden, Johann wünscht, dass in Rantum alles beim Alten bleibt. Jetzt hat das Schicksal vorgearbeitet und ihnen den vom Großbaum umgehauenen von Ludendorff vor die Füße gelegt. Ist er schon tot? Beide stehen ratlos vor dem Bewusstlosen. In dem Moment kommt das nächste Flachboot vom Hafen her, das Oswald Nielsen vom Nordfriesischen Segelverein steuert. Er hatte gesehen, dass die Vanity schon wieder feststeckt, ein Flachboot hinausfuhr, das nicht wiederkam, und will nachschauen, was mit diesem von Ludendorff los ist, bevor die Ebbe jede Fahrt unmöglich macht. Dass er nun Johann und Ole vor dem leblosen Segler sieht, überrascht ihn.

»Den hat wohl der Teufel geholt. Oder hat den einer von euch beiden erschlagen?«, murmelt er nur kurz. Johann und Ole zucken mit den Schultern. »Ist der wirklich tot?«, erkundigt er sich bei den beiden. Sie nicken stumm, ohne es genau zu wissen. »Lass uns fahren«, sagt Ole. Johann springt zu ihm ins Flachboot. Beide Boote gleiten mit dem letzten Wasser unter dem Kiel zurück zum Rantumer Hafen. Geschafft. »Wer ruft die Polizei?«, fragt Nielsen.

»Du«, antworten die beiden anderen einstimmig. Nielsen übernimmt das.

Es ist schon 16.00 Uhr. Doktor Sattler steht in der Kriminalpolizeiaußenstelle wie eine Buhne in der Brandung. Sekretärin Elke Habermas schaut auf und tut überrascht.

»Moin, habe mich doch angekündigt, wo ist Hansen?«, grummelt der Polizeioberrat aus Kiel, »ich muss dringend mit ihm sprechen.«

Elke Habermas stellt sich weiter ahnungslos: »Geht es um den Fall von Ludendorff?«

Dr. Sattler prahlt: »Jo, aber vielleicht auch bald um den Fall Hansen.«

Habermas erklärt: »Herr Hansen und Frau Petersen sind bis 17.00 Uhr in einer Besprechung und möchten nicht gestört werden, nehmen Sie gern Platz.«

Dr. Sattler ist empört: »Besprechung. Wenn das hier die Arbeitsmoral ist, dann können Sie doch die ganze Westküste kriminalistisch gesehen vergessen, Frau Habermann, das grenzt doch an Sabotage, das ist doch Unfähigkeit im Dienst, dieser Hansen ist so effektiv wie ein Leuchtturm bei Stromausfall, Frau Habermann.« Die Sekretärin blickt stumm zu dem Mann aus Kiel hinüber und sagt dann vernehmlich: »*Habermas*, Herr Doktor Sattler, ich heiße *Habermas*, wenn Sie gestatten.«

Während der Vorgesetzte aus Kiel sich eine Entschuldigung zurechtstammelt – »Sorry, Frau Habermann« –, steht auf einmal der 1,93 Meter große Henry Hansen hinter ihm. »Moin, Herr Kollege, der Leuchtturm meldet sich dienstfähig!«

»Eins zu null für mich«, denkt sich Hansen, denn seinem Vorgesetzten ist sofort klar, dass Hansen seine abfälligen Bemerkungen über ihn gehört hat.

Aber die Wellen schlagen hoch in Kiel. »Was meinen Sie, wem ich alles schon Fragen wegen des toten von Ludendorff beantworten musste«, stöhnt Dr. Sattler. »Der hatte doch Kontakte bis ganz oben ins Ministerium. Mensch, Hansen, was wissen wir denn bis jetzt?«

Henry Hansen setzt eine ernste Miene auf, während ihn innerlich ein Gefühl von Überlegenheit durchströmt. Jetzt ist dieser Sattler doch das arme Würstchen oder besser gesagt die heulende Kegelrobbe auf dem Trockenen, denkt sich Hansen, so, so, ist er also unter Druck geraten in seinem Landeskriminalamt.

Einen Moment lang kostet der Kriminalpolizist noch die knisternde Stille aus, während im Gesicht seines Vorgesetzten vor Aufregung die linke Wange zuckt.

»Wir haben einen Mörder, wir haben ein Geständnis: Der Herr von Ludendorff wurde mit einem Hammer erschlagen, und zwar von Ole Werther, dem Fischräuchereibesitzer. Sie erinnern sich an das Protokoll der ersten Vernehmung?«

»Das ist ja einer der Gründe, warum ich hier bin, Hansen, da stimmt was nicht«, hechelt der Polizeioberrat schnell.

Hansen fährt fort: »Ja, da fehlte natürlich etwas, deshalb haben wir ja gerade Johann und Ole zum Verhör hier. ›Ole und Johann standen ratlos vor dem Bewusstlosen‹, steht da, das war allerdings nicht alles. Dann traf Oswald Nielsen mit seinem Flachboot ein. Doch schon vorher hatte Ole den Hammer von seinem Flachboot geholt und damit den von Ludendorff, der bereits vom Querbaum seiner Jacht getroffen worden war und auf dem Deck lag, endgültig ins Jenseits befördert. Johann stand tatenlos daneben. Doch dann gab es Streit zwischen ihnen um die gelbe Geldtasche mit den 50.000 Euro drin. Johann wollte das Geld einstecken, wie vereinbart, doch als Ole von dem Inhalt erfuhr, riss er die Tasche an sich. Es gab ein heftiges Gerangel. Die

Tasche ging über Bord und trieb davon. Zwei Hunderter hatte Johann herausgenommen. Sie fielen ins Wasser. In dem Moment traf Nielsen mit seinem Boot ein. Beide kümmerten sich nicht mehr um das Geld, um keinen Verdacht bei Nielsen zu erregen. Der sah weder die zwei Hunderter, die schnell im Schlick lagen, noch die gelbe Tasche.«

»Wow, Hansen, Sie sind ein Ass!«, entfährt es Doktor Sattler, der völlig erleichtert ist. Im Ministerium kann er nun auftrumpfen. Er hat die Mundwinkel bis an die Ohrläppchen hochgezogen und umfasst in einem Anflug von Sentimentalität beidhändig den Unterarm des »Leuchtturms«. Nach wenigen Sekunden hat er sich aber gefangen und schaltet wieder in seinen Vorgesetzten-Modus: »Aha, oh, na bitte, musste ich also erst kommen!«

Hansen bleibt sachlich: »Und die Brandstiftung in der Fischräucherei haben wir auch gleich geklärt. Werner Jacobs, ein 51-jähriger Bauarbeiter aus Rantum, hat das in von Ludendorffs Auftrag erledigt, für 500 Euro. Das hat meine junge Kollegin Merle herausgefunden, darf ich vorstellen?«

Da federt Merle in den Raum. Doktor Sattler ist erfreut: »Habe schon viel von Ihnen gehört, Sie bringen den Hansen ja in Höchstform, Sie …« Ein passendes Wort fällt ihm nicht ein. Merle lächelt, schüttelt dem Kieler Polizeioberrat die Hand und dankt für die Lorbeeren.

Die Sekretärin gießt die Blumen, hat alles mitgehört, lächelt und wendet sich Merle zu: »Na, ihr beiden seid ja auch ein perfektes Gespann. Da kann unser Leuchtturm wieder rundherum strahlen und die auf Langeneß warten weiter auf einen Polizisten.«

Rantum

Das Gourmetdorf mit dem Sternekoch im edlen Sölring Hof und der legendären Sansibar schwankt auch
stimmungsmäßig zwischen brandender West- und
friedlicher Wattküste. Seitenwechsel fällt hier leicht:
Es sind (teilweise) nur 500 Meter. Mehrmals wurde
der Ort von Sturmfluten zerstört oder von Flugsand
zugeschüttet, vier Kirchen verschwanden. Ende des
19. Jh. hatte Rantum nur noch sieben Häuser. Das
»Meerkabarett« an der Sylt-Quelle funkelt im Sommer als kulturelles Highlight der Insel.

105 Der Rantumer Hafen ist der jüngste und zugleich
kleinste Hafen der Insel. Er dient Jacht- und Sport-
booten mit einem Tiefgang bis zu 1,20 Meter als
Liegeplatz, der allerdings fällt bei Ebbe trocken.
Beliebter Treff von Radlern und Deichgängern.
Nachdem die Fischräucherei im Sommer 2014 abge-
brannt war, ging sie im Juni 2015 wieder in Betrieb –
allerdings auf dem Flughafen Sylt, gegenüber der
Feuerwache.

106 Rantumbecken – das 568 Hektar große Wattge-
biet sollte ein Flughafen für Wasserflugzeuge werden, darum deichte man es 1936/37 ein. Es erwies
sich als untauglich, jedoch wurde daraus bald das
größte und artenreichste Seevogelschutzgebiet der
deutschen Küste. Oft sind riesige Schwärme von
Alpenstrandläufern, Knutts und anderen Küsten-

vögeln zu beobachten. Das geht am besten vom rund elf Kilometer langen Deichweg, der um das Rantumbecken herumführt.

107 Der Name Eidum-Tief erinnert an ein Dorf, das die Sylter »Aidem« nannten. Es ging im 15. Jahrhundert unter und lag mehrere Hundert Meter vor der heutigen Sylter Westküste bei Westerland. Sturmfluten gingen mehrfach über das Dorf hinweg. Jedes Mal bauten es die Einheimischen weiter östlich auf. Bis zur großen Sturmflut von 1634 gab es noch Reste des Deichs von Eidum südlich der Vogelkoje beim heutigen Rantumbecken. Das Tief ist ein Abzweiger des Hörnumtiefs nordöstlich von Hörnum.

108 Meerkabarett und Sylt-Quelle: Im gläsernen Pavillon in den Dünen (Hafenstr. 1, 25980 Sylt) wird seit 1993 jodhaltiges Süßwasser aus einer Quelle in 650 Metern Tiefe gefördert, in elegante Wasserflaschen abgefüllt und an Gastronomiebetriebe und Supermärkte der Insel verkauft. In den Sommermonaten verwandeln sich die hinteren Räume der Sylt-Quelle in das Meerkabarett, das ein buntes Programm angesehener Künstler aus Musik, Kabarett, Comedy und Theater bereithält – das kulturelle Highlight der Insel. Im benachbarten kunst:raum sylt quelle sind ganzjährig Ausstellungen, Lesungen und Diskussionsrunden zu erleben.

109 Der Minigolfplatz liegt etwas versteckt in der Nähe des Hafens. Dieser kleine Platz bietet Spaß für Freunde des Schlags gegen die kleine, harte Kugel (Hafenstr. 12, 25980 Sylt).

110 Strandsaunen gibt es zwei am Rantumer Weststrand. In der Sauna Samoa (Hörnumer Landstr. 70, 25980 Sylt) schweift der Blick beim Schwitzen durch Panorama-fenster auf die Wellen, ein Dampfbad gehört dazu. Die Strandsauna Sylt (Dünengrund 30, 25980 Sylt) liegt am Dünenübergang am Campingplatz, bietet Voll-mondsauna sowie finnische Sauna.

111 Oft ist die Sansibar, Deutschlands berühmteste Strandbar, die der schwäbische Chef Herbert Seckler 1978 als »Kiosk in den Dünen« übernahm, brechend voll (Hörnumer Str. 80, 25980 Sylt). Und das, obwohl nach den Umbauten innen 300 Gäste, außen 360 Platz finden. Im Keller lagern 30.000 Weinflaschen, die Weinkarte umfasst 1.200 Positionen. Hier tobt der Jetset. Die 300 Meter zwischen Parkplatz und Bar muss niemand zu Fuß gehen, da pendelt ein schwar-zer Mercedes-Bus. Ein Outlet-Verkauf befindet sich in der Hafenstraße, die zum Rantumer Hafen führt.

112 Campingplatz Rantum – sechs modern ausgestattete Mobilheime für zwei Personen mit Schlaf- und Wohn-zimmer sowie Bad stehen in erster Reihe mit Blick auf das Rantumbecken, vier größere weiter hinten (Hörnumer Str. 3, 25980 Sylt). Sie sind neu, prak-tisch eingerichtet und bieten Komfort auf kleinem Raum. Das wird Glamping genannt, das ist Campen im Luxus. Der Campingplatz selbst bietet höchste Qualität, vor allem im Sanitärbereich. Das zieht auch die an, die nicht immer knapp bei Kasse sind. Warum sonst stehen hier Porsche-Autos? Nebenan ist der Spa des Dorfhotels vergünstigt zu betreten.

113 Das Möwennest nördlich von Hörnum liegt an einem verträumten Platz hinter den Dünen an der Ostküste (Osterende 10, 25997 Hörnum/Sylt). Dort treffen sich Wattläufer, Kitesurfer und Ornithologen gern.

11. K.O. IN DER WUNDERBAR

Party-Insel Sylt: Feiern bis zum Umfallen

Als Henry Hansen diesen Morgen in sein Brieffach schaut, findet er eine Einladungskarte:

Liebe Freunde, Familie und Kollegen,
*   ich bin so knallvergnügt erwacht. Ich klatsche meine Hüften. Das Wasser lockt. Die Seife lacht. Es dürstet mich nach Lüften (das habe ich bei Joachim Ringelnatz abgeschrieben: Morgenwonne). Ich werde 50 Jahre jung und kann mir kein besseres Alter vorstellen. Deshalb lade ich ganz herzlich ein, diesen Tag mit mir zu feiern.*
*   Am Freitag, 4. Dezember, freue ich mich, Euch um 18.00 Uhr zwischen den beiden Meeren zu einem Umtrunk und ausgiebigem Menü begrüßen zu können. Das ist nicht irgendwo zwischen Kiel und Westerland, das ist diesmal nicht zwischen Ost- und Nordsee, sondern zwischen Sandstrand und Wattenmeer – im Seepferdchen Samoa **114** in den Rantumer Dünen. Und weiter Ringelnatz: Aus meiner tiefsten Seele zieht. Mit Nasenflügelbeben. Ein ungeheurer Appetit. Nach Frühstück und nach Leben.*

Ihr/Euer Doktor Roman Sattler

Übrigens: Ich bin so wunschlos glücklich wie nie zuvor in meinem Leben. Wer mir dennoch etwas schenken möchte, macht mir eine große Freude mit einer Spende an die Sofort-

hilfe Nepal, den Weißen Ring – Opferhilfe in Deutschland
oder die Stiftung Polizeiseelsorge.

»Was ist denn mit der Flitzpiepe vom Festland los?«, staunt Hansen über seinen Vorgesetzten Doktor Sattler, den er nicht gerade schätzt. Sie kennen sich seit der gemeinsamen Polizeiausbildung. Das ist zwar lange her, aber der Sattler war immer so ein Besserwisser und Einschmeichler, wie Hansen findet. Und solche Zeilen hatte er von seinem eher steif wirkenden Kollegen noch nie gelesen. Der beherrscht unfallfrei das Plusquamperfekt und kann Konjunktive richtig einsetzen, neuerdings soll er sogar fünf Minuten Kopfstand können. Das ist die Spätfolge des Seminars »Yoga im Polizeialltag«, das er mit Wienke besuchte. »Merle, hast du auch diese Einladung?«, fragt Hansen seine junge Kollegin.

»Ja, Chef«, antwortet sie, »aber unser Sattler hat sich wahrscheinlich einen Sprachkellner bestellt, der ihm solche lockeren Sätze serviert. Wir müssen unser Persönlichkeitsprofil von ihm wohl erweitern. Aber, Chef, was schenken wir ihm denn? Der möchte zwar nur Spenden für Nepal und kranke Polizisten, aber ich finde, wir finden was Passendes.«

»Wie wäre es mit einer Sahnetorte für den Schaumschläger aus Kiel oder eine Taschenlampe für mehr Durchblick?«, positioniert sich Hansen.

Merle fällt ein: »Kopfkissen für besseren Büroschlaf oder ein Mensch-ärger-dich-nicht-Spiel.«

Wienke, die jetzt in Hansens Büro kommt und den Rest der Unterhaltung mitgehört hat, schlägt dagegen andere Töne an: »Jetzt seid mal nicht so unfair. So schlecht ist der Roman doch gar nicht als Chef. Immerhin lässt er uns in der Regel doch komplett zufrieden. Mir sagt er immer, wir seien seine liebste Dienststelle, deshalb wollte er auch auf Sylt feiern. Ich wäre für ein Meditationskissen. Wenn die Presse ihn mal wieder nervt, kann er da erst einmal in sich gehen, bevor er seinen Frust rauslässt.«

»Stimmt, Wienke. Eigentlich ist der ganz okay. Aber manchmal …«, bricht Hansen den Satz ab. »Das mit dem Kissen ist eine gute Idee. Also das zur Meditation, nicht zum Schlafen.« Die zwei Wochen bis zur Feier vergehen schnell. Mordfälle sind in der Zeit nicht zu beklagen, allerdings gibt den Westerländer Ermittlern eine Reihe von Anzeigen Rätsel auf. Immer sonnabends melden sich Frauen bei der Polizei, die am Abend zuvor in Diskotheken und Bars auf Sylt unterwegs waren und denen plötzlich übel und schwindelig wurde. Und das, obwohl sie wenig Alkohol getrunken hatten, wie sie angaben. »Es war wie ein Filmriss, ich wachte verkatert auf, völlig matt«, erzählt eine von ihnen. Ihr macht die Ungewissheit, was geschehen ist, zu schaffen, denn sie hat Verletzungen an den Oberschenkeln, die sie sich nicht erklären kann. Eine andere Frau klagte auch über Schmerzen im Genitalbereich.

Die veranlassten Blut- und Urinproben ergaben bei allen Frauen, die sich gemeldet hatten, dasselbe Bild: Es wurden ihnen unbemerkt K.-o.-Tropfen ins Getränk gekippt. Diese »Partydroge« kann aus ganz verschiedenen Wirkstoffen bestehen, wird aber nur für ein Ziel eingesetzt: potenzielle Opfer von Sexualstraftaten oder Diebstahl bewusstlos oder handlungsunfähig zu machen. Diese viel zu einfach zu beschaffende Lösung wirkt in geringer Dosis enthemmend und entspannend. Ein paar Tropfen mehr lösen Euphorie und sexuelle Lust aus, Willenlosigkeit und totaler Erinnerungsverlust folgen.

Vermutlich hat jemand den Opfern kleinste Mengen dieser Flüssigkeit unauffällig ins Getränk gekippt. »Die Wirkung setzt nach 15 bis 30 Minuten ein«, sagt Wienke Sondermann, die den Fall bearbeitet. Sie glaubt an eine hohe Dunkelziffer. »Frauen, die nicht wissen, was mit ihnen geschah, sich an nichts erinnern, geben das nicht gern zu und melden das auch nicht der Polizei. Die Scham ist zu groß«, stellt sie fest. Und es wurden bei den Frauen Spermaspuren gefunden, die alle von demselben Mann stammen.

Zur Aufklärung der hinterhältigen Fälle hat Wienke in den vergangenen Wochen freitags ein paar Abendstunden in diversen Bars verbracht. »Klasse, Wienke, da kannst du ja bezahlt auf Männersuche gehen«, hatte Merle noch geunkt, was Wienke zu einem stillen, vielsagenden Grinsen veranlasste.

Einmal gehen auch Hansen und Merle »mit auf Piste« und schauen, wie sich Wienke als Lockvogel so macht. In der Wunderbar 115 wundern sie sich doch sehr, wie ernst ihre Kollegin den Job nimmt. Sie tanzt, was die Lieder so hergeben. Während der Tanzmuffel Hansen als scheinbar stiller Genießer alles beobachtet, hat Merle in kleinen Gedankenspielen die Beziehungen der tanzenden Paare analysiert. Aus dem Abstand, in dem sie miteinander tanzen, schließt sie auf die Länge ihres Zusammenseins, auch die Dicke der Make-up-Schichten und nachgemalten Augenbrauen sowie die Lidschattenfarbe gehen in die Berechnungen ein. Leider entsteht am Ende kein brauchbarer K.-o.-Tropfen-Index. Hansen schüttelt nur den Kopf über derlei Unfug. Der Abend verläuft erkenntnislos, lustig ist es dennoch.

»Diesen Freitag tanzen wir ja im Seepferdchen«, lenkt Merle ihren Blick auf die Feier zum 50. Geburtstag ihres Chefs aus Kiel.

Hansen bemerkt nur knapp: »Sind wir denn da vor K.-o.-Tropfen sicher?«

Wienke lacht: »Auch wenn Sie das immer meinen, ich glaube, Roman nimmt keine.«

Es entsteht einer der wenigen Momente, in denen alle drei gleichzeitig lachen.

Die Feier am Freitag um 19.00 Uhr beginnt schwungvoll. Im Vorfeld wurde noch gerätselt, wer wen als Partner mitbringt. Bei Merle, die als Single lebt, ist es ihr Jugendfreund Hein, Betreiber des ersten Sylter Burgermobils. Bei Hansen ist allen klar: Er bringt die neue Bürgermeisterin Swantje Brackwedel mit. Dass die beiden etwas miteinander haben, wird schon lange gemunkelt. Wienke kommt allein, bringt aber ihre beiden Töchter mit.

Die drei Ermittler überreichen das Meditationskissen an den 50-Jährigen mit ein paar entspannten Worten. Doktor Sattler bedankt sich artig, doch nach dem Begrüßungsschluck gibt es eine handfeste Überraschung. Der Jubilar erzählt von einem neuen Lebensabschnitt, von den vergangenen 50 Jahren und den Aussichten auf die nächsten. Die beschwingte Runde aus etwa 20 Gästen stößt mehrfach auf ihn an. Dann hakt der Kieler Polizeioberrat Wienke Sondermann ein, gibt ihr einen Kuss auf den Mund und steigt mit ihr auf ein kleines Podium. »Liebe Freunde«, setzt er mit fröhlichem Gesicht fort, »liebe Freunde, ich habe noch etwas mitzuteilen, was meinen neuen Lebensabschnitt betrifft: Wienke und ich haben heute Morgen im Standesamt hier geheiratet.«

Stille. Raunen. Dann ist es Merle, die als Erste ein paar Worte findet: »Mensch, Herr Doktor Sattler, liebe Wienke, das finde ich super prima, super klasse, super toll, ich bin nur total, ja total überrascht, ich habe nichts geahnt. Mein Freund Hein, der mit den großen Ohren, der hätte es wissen können, klar, Standesamt. Hein! Hein, warum hat das keiner von unseren Bekannten gelesen? Na, dann euch alles Gute, wir sehen uns jetzt bestimmt öfter, ich meine Euch gemeinsam hier auf der Insel.« Sie umarmt Wienke und schüttelt dem neuen Mann kräftig die Hand. Er setzt zu einer unsicheren Umarmung an, die aber in einem Hand-auf-die-Schulter-Legen endet.

»Danke!«, ruft Doktor Sattler. Seine Wangen haben sich vor Aufregung stark rosa gefärbt. Hansen, der nun ein paar Minuten Zeit hatte, sich zu sammeln, bringt es sogar zu einer kleinen Stegreifrede: »Sie können mich immer wieder überraschen, lieber Doktor Sattler, ich gelte ja als Spürnase, aber die hat diesmal versagt. Wienkes Postkarte aus Bad Pyrmont hätte ich genauer lesen sollen. Da stand ja etwas von Kurschatten und einem Ausflug mit diesem zum Palmengarten. Und dann waren Sie auch zum Kurzurlaub unter Palmen. Na, da habe ich schon gestutzt, aber klick gemacht hat es nicht. Ich bin wie Merle – und sicher die meisten anderen hier – überrascht und natürlich hocherfreut, lieber Kollege. Prost nochmals! Sie beide haben doch zusammen diesen Kursus ›Yoga im Polizeialltag‹ absolviert, und wenn ich das richtig sehe, haben Sie danach sicher heimlich weitergeübt. Wie ich hörte, bringen Sie es auf fünf Minuten Kopfstand, Herr Doktor Sattler. Kompliment. Bei Wienke sind mir da keine Werte überliefert worden. Ich vermute, das liegt aber ähnlich.«

Wienke ruft dazwischen: »Null, ich kann dafür aber fünf Minuten Standwaage.«

Hansen versteht es absichtlich falsch und erzählt weiter: »Strandwagen, noch besser, bei unserem Job und Ihrer neuen Patchwork-Situation, so von null zu Ehefrau und zwei Stiefkindern, da sind unsere 40 Kilometer Sandstrand 116 ja ideal, um zurück ins Gleichgewicht zu kommen. So, nun aber: Alles Gute zur Töhopliien, zur Zusammenlegung, up ewig ungedeelt, auf ewig ungeteilt, wie die Sylter auf Sölring sagen. Meine kleine Leidenschaft, der ich leider nur viel zu wenig Zeit widmen kann. Und zu den Flitterwochen empfehle ich Brirfiarhooger – die zwei Brautfahrt- oder Hochzeitszughügel. Die lagen einst zwischen Westerland und Keitum. Das Gedicht von Christian Peter Hansen dazu reiche ich gerne nach …«

Nach dem ausladenden Menü wird tatsächlich kräftig getanzt. Zu »Dancing Queen«, »Staying alive« und »Supergirl« geht die Post ab. Die lustige Runde feiert und lacht. Irgendwann nehmen aber die Fragen in der Runde zu, wann denn nun auch Hansen und die neue Bürgermeisterin heiraten würden. Da sieht er sich genötigt, etwas zu erklären. »Also«, sagt der 49-Jährige und bittet kurz um Ruhe, »ich muss jetzt einmal etwas klarstellen. Swantje und ich, wir verbringen ja gerne unsere Zeit miteinander. Und ja, wir sind ein Herz und eine Seele. Doch Vorsicht. Wir sind kein Paar, auch wenn das vielen so scheinen mag. Wir haben die Gerüchte bisher immer so laufen lassen, haben uns sogar einen Spaß daraus gemacht. Aber: Wir sind einfach beste Freunde. Für alle, die sagen, das geht nicht: Doch, das geht sogar prima und sogar besonders gut, wenn man sich seit Kindertagen kennt und die Eltern miteinander befreundet sind. Swantje und ich, wir sind eher wie Geschwister. Schule, Tennisverein, Pfadfinder, wir teilten fast alles, auch unseren Liebeskummer. Und so ist es bis heute. Meine Mutter ist ja vor Kurzem in Büsum in das Seniorenheim gezogen. An dem Wochenende war Swantje auch gerade auf dem Festland, zur Konferenz der Bürgermeister Schleswig-Holsteins, und sie hat anschließend natürlich auch kurz in Büsum bei ihren Eltern und bei mir vorbeigeschaut. Ich bin sehr froh, dass Swantje vor einiger Zeit diese herausfordernde Stelle als Bürgermeisterin der Gemeinde Sylt angenommen hat und mit ihrer bezaubernden Tochter Sarah auf die Insel gekommen ist. Tausend Mal berührt, tausend Mal ist nix passiert. Und auch in der tausendundeinen Nacht hat es nicht Zoom gemacht.« Er umarmt Swantje. Sie küsst ihn auf die Wange. Im lauten Klatschen überhört Hansen fast sein Diensttelefon.

»Moin, ich muss Sie leider beim Feiern stören«, sagt ein Kollege von der Schutzpolizei in Westerland in ernstem Ton. »Es gibt einen Toten ganz in der Nähe der Wunderbar. Wen soll ich schicken? Sie sind doch bestimmt alle unabkömmlich!«

Hansen holt tief Luft, zieht seinen Mund zu einem gequälten Lächeln in die Breite und antwortet: »Schicken Sie die Spurensicherung schon los. Ich bin in 20 Minuten da.«

Hansen überlegt kurz, winkt Merle und Swantje zu sich. Sie verschwinden in der kalten Abendluft vor der Tür. »Wir lassen alle feiern, Merle und ich machen das, Swantje, geh du zurück und sag, wir würden noch eine Überraschung vorbereiten«, stimmt Hansen die beiden ein.

»Wir versuchen, in einer Stunde zurück zu sein.«

Der Tote liegt vor seinem Auto unweit der Wunderbar in Westerland. Passanten hatten ihn entdeckt und die 110 angerufen. Anhand der Papiere lässt sich der Mann schnell als Sirk Lornsen identifizieren. Der 38-Jährige war Fitnesstrainer im Syltness-Center **117** in Westerland. Der Alleinlebende, gebürtiger Sylter, wohnte in Tinnum neben der Alten Landvogtei **118**. Dort führte einer seiner Vorfahren, Uwe Jens Lornsen, als Landvogt einst seinen Freiheitskampf gegen Dänemark. Dieser Lornsen starb, wie sich am nächsten Tag anhand der Laborergebnisse von Blut, Urin und Haaren herausstellt, an K.-o.-Tropfen. Schon allein die Hälfte der gefundenen Menge wäre tödlich gewesen, meinten die Rechtsmediziner.

»Ist das der Frauenflachleger, den es jetzt selbst erwischt hat?«, fragt Hansen.

»Könnte sein, der Lornsen war als Frauenheld bekannt. Ich habe keine Ahnung warum, aber der hat fast jede um den Finger gewickelt. Nur dazu brauchte er keine K.-o.-Tropfen. Warten wir mal den nächsten Freitag oder Sonnabend ab«, empfiehlt Merle.

Am Tatort war nichts mehr zu tun, die Routineschritte konnten die Kollegen übernehmen, und so fuhren Hansen und Merle kurz zur Hochzeitsfeier zurück. Trotz aller Widrigkeiten fiel ihnen eine Slapstick-Nummer ein, die sie spontan zum Besten gaben: Mann kommt auf die Wache, kann nicht sprechen und beschreibt den Mord, den er beobachtet hat, mit allen ihm zur Verfügung stehenden Gesten. Die Kommissarin Merle stellt ebenso gekonnt lautlos mimische Fragen. Ein Riesenlacher. Anschließend verabschieden sich die frisch Vermählten für zwei tierische Flitterwochen in die Sonne Namibias.

Am nächsten Sonnabend gibt es tatsächlich keine neuen Meldungen von Frauen zum Thema K.-o.-Tropfen.

Merle richtet dennoch eine Internetseite ein über die katastrophale Wirkung von K.-o.-Tropfen und wie Frauen sich davor schützen können. Auf der Seite wird auch über aktuelle Vergewaltigungsfälle und den Fortgang der Ermittlungen informiert. Hansen ist davon erst wenig begeistert.

»Reicht doch, wenn wir Pressemeldungen rausgeben«, versucht er genervt, Merle davon abzubringen. Doch die ist Feuer und Flamme.

»In meinem letzten Seminar habe ich genau dazu etwas gelernt. So wie viele Täter zum Tatort zurückkommen, tun sie das heute virtuell, sie berauschen sich an den öffentlichen Meldungen zu ihrer Tat. Vielleicht klickt unser Täter ja übermäßig oft auf die Seite, und wir brauchen nur noch die IP-Adresse zu ermitteln, um ihn zu finden.«

Tatsächlich werden Merle und Hansen nach einigen Tagen auf eine IP-Adresse eines Computers aufmerksam, der in einem Zweifamilienhaus in Tinnum nahe der ehemaligen Tinnum-Burg **119** steht und von dem die Seite zwischen fünf und fünfzehn Mal aufgerufen wurde – pro Tag. Auch die Verweildauer ist mit zehn Minuten jeweils recht lang. Die beiden Ermittler statten der dort lebenden Familie einen Besuch ab.

Inken Scholz öffnet die Tür. Sie ist überrascht, als sie erfährt, worum es geht.

»Nein, den Computer nutzt meist mein Mann Sascha, der ist gerade zur Arbeit«, sagt sie wahrheitsgemäß. »Manchmal schaue ich E-Mails an, gucke mit ihm nach Urlauben.

Außerdem spielt meine Tochter darauf auch ihre Spiele«, fügt sie noch hinzu.

Hansen fragt, ob er sich den Computer einmal ansehen dürfe. Die 36-Jährige willigt arglos ein und schaltet ihn sogar ein. Während Merle vor allem nach Bildern sucht und sich den Verlauf der aufgerufenen Internetseiten ansieht, befragt Hansen Inken genauer.

Sie wohnt hier mit ihrem 40-jährigen Mann Sascha, ihrer vierjährigen Tochter Sirke sowie ihren stark gehbehinderten Eltern.

»Wir sind vor fünf Jahren von Dortmund hierhergezogen. Ich bin die einzige Tochter und meine Eltern brauchten langsam Hilfe im Haushalt. Ich bin total glücklich, wieder in meiner Heimat zu sein, wo ich aufwuchs. Diese Dünen sehen, diese frische Meeresluft schmecken, diese Heckenrosen riechen, das ist für mich Leben«, erzählt sie freimütig. »Und mein Mann hat problemlos einen neuen Job bekommen. Bei dem Fachkräftemangel hier auf der Insel konnte er sich die Firma sogar aussuchen.«

»Und wie kommt Ihr Mann so als Ruhrpottler auf der Insel klar?«, wird Hansen etwas direkter.

»Der hat sich jetzt auch super eingelebt. Anfangs war es für ihn schwierig, aber mittlerweile geht er mit seinen Arbeitskollegen oft noch nach der Arbeit Tennisspielen **120** oder ein paar Feierabendbiere trinken.«

Zu Hansen fasst sie sogar so viel Vertrauen, dass sie nach einer halben Stunde und zwei Tees, die sie serviert, auch vom gestörten Verhältnis ihres Mannes zu ihren Eltern berichtet.

»Die hätten gerne einen Sylter als Schwiegersohn gehabt. Dass ich damals wegzog, haben sie meinem Mann Sascha übelgenommen. Und dass ich arbeite, gefällt ihnen auch nicht. Sie hätten lieber noch viel mehr Enkelkinder. Dabei liebe ich meine Arbeit. Ich konnte hier sogar in dem Immobilienbüro in Tinnum wieder anfangen, in dem ich vor 20 Jahren gelernt habe.«

Merle taucht wieder auf, ist recht schweigsam und erkundigt sich, wann Sascha von der Arbeit zurück sei. »So gegen sechs Uhr«, meint Inken.

»Okay, dann kommen wir auf den nächsten Tee vorbei«, kündigt Merle gleich an und nickt ihrem Chef zu.

Auf dem Weg zum Bütenkantoor, wie die Kriminalpolizei-außenstelle in Westerland auf Sölring heißt, berichtet Merle: »Chef, wir brauchen einen offiziellen Durchsuchungsbefehl. In den vergangenen zwei Monaten wurden unzählige pornografische Seiten aufgerufen, unglaublich, was da im Netz alles frei zugänglich ist, keine Ahnung, was davon verboten ist oder nicht, das müssen sich Experten ansehen. Dazu noch unglaublich viele einschlägige Bilder, die auf dem Rechner gespeichert sind, und die vielen Klicks auf unsere K.-o-Tropfen-Seite, das macht doch nur, wer einen gestörten Umgang mit Sexualität und mehr als ein normales Interesse an den Vorfällen hat. Mit dem Mord an Lornsen mag der nichts zu tun zu haben, aber als K.-o-Tropfen-Mann ist er mehr als verdächtig. Seine Frau konnte das auf dem Rechner übrigens nicht mitkriegen. Das hat der gut verschlüsselt auf einer separaten Festplatte abgelegt.«

Hansen erzählt dagegen weitere Details aus dem Leben der Familie: »Was mich besonders berührte, war die Geschichte mit ihrem schwerstbehinderten Sohn, der rund um die Uhr beatmet werden musste. Mit fünf Jahren ist er gestorben, das ist jetzt zehn Jahre her. Die Tochter ist inzwischen vier, total gesund und verständlicherweise der große Schatz ihrer Mutter.«

Um 18.00 Uhr stehen die beiden wieder vor dem Zweifamilienhaus in Tinnum. Niemand öffnet. Sie klingeln bei den Eltern. Inkens Mutter lässt Hansen und Merle herein. Es gibt wieder Tee und Bürgermeister, diese leckeren Süßteile. Eine Anspielung auf »eine Bürgermeisterin, nach der sich Hansen alle Finger leckt«, wie früher, unterbleibt diesmal. Seit Hansen seine Verbindung zu Swantje Brackwedel bei der Feier klarlegte, ist das auch gar nicht mehr witzig. Inkens Mutter erzählt dann viel über ihre Tochter, den toten Enkel, die quicklebendige Sirke und den »etwas wortkargen Sascha«, ihren Schwiegersohn. »Wir hatten immer gedacht, unsere Inken würde einmal Sirk heiraten, diesen netten, fitten, gutaussehenden Sirk Lornsen, schade, und nun ist er tot, wissen Sie da was von?«, fragt Inkens Mutter.

»Nicht viel«, weicht Hansen aus, »aber hatte denn Ihre Tochter noch Kontakt zu ihm?«

»Als Inken endlich nach Sylt und zu uns zurückkam, da traf sie ihn hin und wieder wohl mal. Aber wahrscheinlich haben die beiden zu unterschiedliche Interessen heute. Ich glaube, die telefonieren noch nicht einmal zu den Geburtstagen miteinander«, plaudert Inkens Mutter munter drauflos.

In dem Moment kommt Inken nach Hause und sieht durchs Fenster Hansen und Merle bei ihren Eltern. »Ach, Sie wollten ja meinen Mann sprechen. Aber der musste schnell zu seinen Eltern nach Dortmund.«

»So plötzlich?«, erkundigt sich Merle.

»Ja, da war er lange nicht und der Mutter geht es nicht so gut.«

»Wann kommt er denn zurück?«

»Er hat sich zwei Tage Urlaub genommen und wollte am Freitag wieder hier sein«, antwortet Inken.

»Frau Scholz, wir haben einen Durchsuchungsbefehl. Würden Sie uns in Ihre Wohnung lassen?«

»Bitte, was? Das ist doch wohl ein schlechter Scherz. Was soll das denn? Da kann ich doch bestimmt erst einmal einen Anwalt bestellen, oder?«, empört sich Inken.

»Ja, den können Sie gerne anrufen, aber die Durchsuchung startet trotzdem sofort. Hier, sehen Sie.« Hansen übergibt ihr das Schreiben vom Amtsgericht. »Tut mir leid, Frau Scholz.«

Inken liest laut vor: »… weil anzunehmen ist, dass die Durchsuchung zum Auffinden von Beweismitteln führen wird.« Wortlos und den Tränen nahe schließt sie den Polizeibeamten die Wohnungstür auf.

Der Computer und die externe Festplatte von Sascha Scholz werden beschlagnahmt. Weitere Beweismittel sind nicht zu finden.

»Frau Scholz, wir haben Grund zu der Annahme, dass Ihr Mann etwas mit den Übergriffen auf die Frauen in der letzten Zeit zu tun hat. Antworten Sie bitte wahrheitsgemäß. Was macht Ihr Mann normalerweise freitagabends?«, bohrt Hansen.

Schluchzend und mit leiser Stimme antwortet sie: »Freitags ist sein freier Abend, familienfrei. Früher ging er dann oft ins Kino, aber seit ein paar Monaten, seit dieser neue Arbeitskollege da ist, der kommt auch aus dem Pott, deshalb verstehen die sich wohl so gut, zieht er mit dem durch die Kneipen und Bars. Aber meistens ist er vor Mitternacht zurück. Ich gönne ihm das, seitdem ist er viel entspannter und redet auch nicht mehr davon, dass er zurück nach Dortmund will.«

»Immer freitags?«, fragt Hansen nach.

Inken nickt. »Bitte gehen Sie jetzt. Ich möchte alleine sein. Sirke ist Gott sei Dank bis morgen beim Bibel- und Schlaffest in der dänischen Kirche **121**. Ich brauche Zeit zum Nachdenken.«

Das rote Backsteinhaus von 1904, in dem Hansen und sein Team arbeiten, strahlt Würde und Freundlichkeit aus. Die beiden Ermittler tragen darin nun ihre Ergebnisse zusammen:

Sirk Lornsen, der Fitnesstrainer, war bei Frauen sehr beliebt. Er nutzte das für häufige Kurzzeit-Beziehungen. Viele von ihnen nahmen auch an der Trauerfeier in der riesigen St. Nicolai-Kirche **122** teil, zumindest waren auffallend viele Frauen ohne männliche Begleitung dort.

Zwei davon waren Heike (42) und Jorine (22). Zu beiden hatte Sirk Lornsen eine Beziehung – gleichzeitig. Heike gibt in der Vernehmung zu, dass Sirk ihr kurz vor seinem Tod von der Beziehung zu Jorine erzählte.

»Das war mir zu viel«, schluchzt Heike, »dass der was mit dieser jungen, blöden Kuh hat, nein, ich fasse es nicht.« Heike fängt an zu schluchzen. »Ja, ich war an dem Freitagabend in der Wunderbar und habe ihn zur Rede gestellt. ›Vergiss diese Jorine‹, sagte ich zu ihm. Ich wollte ihn nicht verlieren. Er aber rannte hinaus, er schwankte, als hätte er zu viel getrunken, dabei trank der eigentlich fast nichts. Das kam mir komisch vor, ich wollte ihm erst noch hinterhergehen, aber dann … ach, ich blieb drinnen. Doch er kam nicht wieder. Er kam einfach nicht wieder.«

»Und haben Sie mitbekommen, ob ihm etwas ins Glas geschüttet wurde?«, fragt Hansen. Dann setzt er hinzu: »Oder haben Sie ihm gar ein paar Tropfen verabreicht?«

»Nein, weder noch! Als ich hörte, dass er mich betrogen hat, hätte ich ihn erwürgen können. Aber mir war schnell klar, dass ich ihn zurückerobern wollte.«

Hansen legt eine Pause ein. Er berät sich mit Merle. Sie beenden die Vernehmung. Heike darf nach Hause fahren.

Als Sascha Scholz Freitagmittag von Dortmund am Westerländer Bahnhof eintrifft, geht er sofort zum keine 150 Meter entfernten Polizeirevier.

»Ich will sofort den verantwortlichen Mann hier sprechen!«, brüllt er schon am Eingang.

»Mein Name ist Hansen, ich bin wohl der, den Sie sprechen möchten. Und wer sind Sie?«

»Ich bin Sascha Scholz. Wie ich von meiner Frau hören musste, haben Sie unsere Wohnung auf den Kopf gestellt und meinen Computer mitgenommen. Was soll das? Ich habe nichts verbrochen. Geben Sie ihn sofort zurück, sofort!«

»Herr Scholz, setzen Sie sich doch bitte erst einmal. ›Nichts verbrochen‹ ist wohl deutlich untertrieben. Wir fanden auf Ihrem PC Videos und Bilder mit teils verbotenen pornografischen Inhalten. In Ihrem Spind in der Firma fanden wir einen USB-Stick mit ähnlichen Inhalten.«

»Dass da was Verbotenes bei ist, das wusste ich nicht. Ja, ein paar Pornos, mein Gott, das sieht sich doch jeder Mann mal an.«

»Nein, nicht zwangsläufig, und erst recht nicht diese harten Sachen. Aber, Herr Scholz, Sie stehen außerdem im Verdacht, sich freitagabends mehrmals Frauen mit K.-

o-Tropfen gefügig gemacht und diese dann vergewaltigt zu haben.«

»Das ist doch lächerlich! Wie wollen Sie denn das beweisen?«

»Indem wir Ihnen jetzt eine DNA-Probe entnehmen und diese mit den Spuren vergleichen, die wir bei den Frauen fanden und die zweifelsfrei vom Täter stammen. Bei einem negativen Ergebnis wird Ihre DNA-Probe vernichtet. Sind Sie einverstanden?«

Hämisch grinsend antwortet Scholz: »Ja, kein Problem, dann entnehmen Sie mal fleißig und produzieren unnötige Kosten. Ich bin völlig unschuldig. Kann ich dann gehen? Heute ist Freitag, mein freier Abend, und ich bin zum Feiern verabredet.«

»Ja, selbstverständlich. Die Strafanzeige wegen unerlaubten Pornobesitzes flattert Ihnen dann nächste Woche ins Haus.«

»Mist, der Scholz ist tatsächlich nicht unser K.-o.-Tropfen-Mann. Jetzt stehen wir wieder am Anfang«, leitet Hansen die Besprechung mit Merle am übernächsten Morgen ein.

Etwas ratlos schaut Hansen aus dem Fenster, als er von einem Aufschrei Merles aus seinen Gedanken gerissen wird.

»Wir haben ihn, wir haben ihn!«, jubelt sie und führt ein Freudentänzchen auf. Als Hansen seinen weit geöffneten Mund geschlossen und seine grün-blonde Brille aufgesetzt hat, beginnt Merle zu erzählen: »Als wir an Scholzens Arbeitsplatz den USB-Stick fanden, da habe ich später seine Frau noch mal gefragt, mit wem ihr Mann da freitags immer durch die Bars zieht. Der Arbeitskollege heißt Tobias Gremmel, ist 30 Jahre alt und kommt auch aus Dortmund. Und, Treffer, gerade kommt die Auskunft, dass der schon wegen Sexualdelikten einschlägig vorbestraft ist. Wir müssen nur noch auf den DNA-Abgleich warten, dann können wir losfahren und ihn beim Sonntagmorgenfrühstück überraschen. Auf dem Weg liegt übrigens die Sylter Schokoladenmanufaktur 123, da könnten wir noch Nervennahrung tanken.«

»Merle, klasse, das ist eins A«, erteilt er seiner jungen Kollegin ein Lob. »Kann der auch eine Verbindung zu dem toten Sirk haben, denn da wurden ja identische Tropfen verwendet, nur leider in tödlicher Dosis?«

»Na, schau'n mer mal, und zwar sehr genau.« Merle kann ihr strahlendes Lächeln noch gar nicht wieder ablegen.

Als die Schutzpolizisten mit dem festgenommenen Tobias Gremmel im Polizeirevier eintreffen, starten Merle und Hansen die Vernehmung.

»Ja, ich kenne meine Rechte. Mein Anwalt sitzt in Dortmund. Bis dahin sage ich erst einmal gar nichts.«

»Aber Ihr Schweigen kann auch alles noch viel schlimmer machen. Wir verdächtigen Sie auch des Mordes an Sirk Lornsen. Verstehen Sie. Mord. Sich an wehrlosen Frauen zu vergehen, ist ja schon schlimm genug. Wir haben Beweise, Ihre DNA-Spur ist eindeutig. Aber Mord? Herr Gremmel, was sagen Sie dazu?«, beginnt Hansen offensiv.

»Nein, mit Mord habe ich nichts zu tun, ehrlich. Ich kenne den Typen ja noch nicht einmal.«

»Aber wie erklären Sie sich dann, dass dieser an einer tödlichen Dosis derselben Tropfen starb?«

»Ich weiß es nicht. Ich habe die Tropfen in meinem Schrank in der Firma gelagert. Aber seit ungefähr einer Woche sind die verschwunden. Mein Spind war aufgebrochen. Fragen Sie meinen Chef, dem habe ich das gemeldet. Wir wissen nicht, wer das war. Mein Chef hat das aber auch nicht weiterverfolgt. Es fehlte nichts außer den Tropfen, aber das habe ich natürlich niemandem erzählt.«

Nach weiteren zwei Tagen erhält Hansen den Anruf einer Versicherung. Es geht um den toten Sirk Lornsen, der dort eine Lebensversicherung zugunsten eines Kindes abgeschlossen hatte, das weder seinen Namen trägt noch bei ihm wohnt. Es ist die vierjährige Sirke Scholz. Hansen lässt sich den Versicherungsschein übermitteln und fährt mit Merle zum Haus der Familie Scholz.

»Sie schon wieder? Was wollen Sie meinem Mann denn noch alles unterstellen?«, regt sich Inken Scholz auf.

»Frau Scholz, wir haben heute erst einmal ein paar Fragen an Sie. Sind Sie allein zu Hause, können wir reinkommen?«

»Ja, mein Mann ist mit Sirke im Aquarium in Westerland. Was wollen Sie denn vor mir?«

»Frau Scholz, kann es sein, dass Sirkes Vater nicht Ihr Mann Sascha ist, sondern Ihre Jugendliebe Sirk?«

Inkens Gesicht rötet sich leicht. Ihr Blick geht nach unten. Sie zieht ihren Mund in die Breite. »Warum soll ich lügen? Ja, aber das wusste niemand außer ihm und mir«, sagt sie und blickt die beiden flehend an. »Das darf niemand wissen, verstehen Sie, niemand. Wir hatten eine kurze Affäre, als ich auf die Insel zurückkam. Mehr nicht. Er wollte weder eine feste Bindung noch ein Kind. Ich hatte so lange gewartet, wieder schwanger zu werden. Es wollte einfach nicht klappen. Ich war so froh damals. Und Sirke ist mein Ein und Alles.«

»Also wusste das auch Ihr Mann nicht?«, fragt Hansen.

Inken antwortet: »Nein, da bin ich mir sicher. Er ist ein vorbildlicher Vater. Schon um unseren verstorbenen Sohn hatte er sich mit mir zusammen liebevoll gekümmert. Aber er hatte Angst, dass ein weiteres Kind auch schwerbehindert sein würde. Die Krankheit war ja genetisch bedingt. Deshalb wollte er es nicht noch einmal versuchen. Aber es ist ja alles gut gegangen und Sirke ist sein ganzer Stolz.«

»Wir müssen Ihren Mann aber dazu befragen, Frau Scholz. Wussten Sie eigentlich, dass Sirk Lornsen eine Lebensversicherung zugunsten Ihrer Tochter abgeschlossen hat?«

»Ja, er sagte mir das damals, denn irgendwie hatte er doch ein schlechtes Gewissen, wollte sich damit wohl freikaufen. Ich habe aber keine Ahnung, wie viel das ist. Bevor Sie mit meinem Mann sprechen, kann ich erst mit ihm reden?«

»Tut uns leid, wir müssen ihn zuerst befragen. Aber ich kann verstehen, dass das für Sie eine schwierige Situation ist. Können Sie uns bitte die Handynummer Ihres Mannes geben? Sie können dann mit uns mitkommen und sich um Sirke kümmern«, versucht Merle, die Gefühle der Frau zu beruhigen.

Sie finden Sascha Scholz und die vierjährige Tochter auf der Strandpromenade **124**. Als Sirke ihre Mutter sieht, rennt sie ihr entgegen. »Mama, Mama«, ruft sie aufgeregt, »ich habe mit Papa im Aquarium gegessen und dann ist ein Hai an mir vorbeigeschwommen. Das war toll!«

»Moin, Herr Scholz, würden Sie uns bitte aufs Revier folgen. Wir haben ein paar Fragen an Sie. Es geht um Ihren Arbeitskollegen und seine K.-o.-Tropfen.«

»Kommen Sie schon wieder damit? Sie wissen doch, dass ich damit nichts zu tun habe.«

»Ja, aber es geht uns heute um den Mord an Sirk Lornsen.«

»Auch damit habe ich nichts zu tun. Ich kenne den doch kaum.«

»Lassen Sie uns im Kommissariat weiterreden, sonst müssen wir Sie hier mitten auf der Strandpromenade festnehmen. Das wollen Sie doch sicher auch nicht, oder?«, legt Hansen nun mehr Gewicht in seine Worte.

»Herr Scholz, woher wussten Sie, dass Sirke nicht Ihre, sondern die Tochter von Sirk Lornsen ist?«, schießt Hansen einen Pfeil ab, der seine Wirkung nicht verfehlt.

Sascha Scholz ist sprachlos. »Das kann nicht sein.«

»Doch, das stimmt, und Sie wissen es auch. War es der Name, den Ihre Frau der Tochter gab und der so sehr nach Sirk klingt, oder wussten Sie gar von der Affäre Ihrer Frau mit Sirk Lornsen, ihrer Jugendliebe?«

»Nein, ich wusste davon nichts. Aber ich konnte auch nicht der Vater sein, das war mir natürlich klar. Ich habe mich nach der Geburt unseres behinderten Sohnes sterilisieren lassen. Ich dachte damals, es hätte allein an meinem Erbgut gelegen. ›Edwards-Syndrom‹ meinten die Mediziner. Noch ein behindertes Kind, das wir dann auch wieder verlieren, nein, das wollte ich nicht. Meiner Frau habe ich das nie erzählt. Sie wünschte sich so sehr ein zweites Kind. Dass Sirk der Vater sein könnte, habe ich damals vermutet, sicher war ich mir nicht. Aber je älter Sirke wurde, desto ähnlicher wurde sie ihm. Und manchmal trafen wir ihn auf der Straße, und er schaute sie so verzückt an. Irgendwann war ich mir sicher.«

»Und warum musste er dann sterben?«, schießt Hansen einen weiteren Pfeil ab, der Sascha mitten ins Herz trifft.

»Seit ein paar Monaten ziehe ich freitags mit einem Arbeitskollegen ein wenig durch die Bars. Ich bin schüchtern, niemals würde ich eine Frau ansprechen, geschweige denn irgendetwas anderes mit ihr machen. Ich genieße es einfach, an der Bar zu stehen und zu beobachten. Mein Kumpel ist da anders. Ich habe mitbekommen, wie er ab und zu einer Frau was ins Glas schüttete. Er sagte immer nur, die wollen das dann auch. Deshalb habe ich auch die Seite mit den Infos zu den Vorfällen immer wieder aufgerufen. Hat mich halt interessiert, ob die Polizei meinem Kollegen Tobias auf die Spur kommt. Wenn er ging, blieb ich immer noch und sah dann auch immer, wie der Sirk, der ständig da war, jeden Freitag die Frauen abgeschleppt hat, das war abartig. Ich dachte immer, wie viele uneheliche Kinder der wohl schon haben mag, wie viele Ehen der schon zerstört hat. Irgendwann habe ich mich da so reingesteigert, dass ich dem ein Ende setzen wollte. Ich wusste, dass mein Kollege die Tropfen bei sich im Schrank der Firma aufbewahrte, brach den auf und nahm die Flasche mit den Tropfen mit. Ich wusste nicht genau, wie die wirken, und schüttete einfach den ganzen Inhalt in Sirks ›Sex on the beach‹-Drink. Den sollte er nie wieder haben.«

Am nächsten Morgen findet Hansen in seinem Computer eine Sprachnachricht. Er klickt auf Anhören und vernimmt die Stimme Doktor Sattlers. Hansen hatte schon an Wienke und ihren neuen Mann, seinen alten Kollegen, gedacht, wie es ihnen wohl im fernen Afrika bei den wilden Tieren gefallen würde. Immerhin war Doktor Sattler eher ein Urlaubsmuffel als ein Fernreisender. Die Prinzessinnen hatte Wienke in die Obhut ihrer Mutter gegeben, die sie in deren Haus in List betreute. Nun vernahm er einen wechselnden Sprechgesang auf Sölring von Wienke und Sattler: »Dit gurs – bi't lai-luntin: – Om weet ek, – wan om diarme – tö Jen es.« Hansen hörte es sich erneut an und enträtselte den ersten Teil schnell: »Das Gute am Faulenzen:« Dann aktivierte er online seinen Sölring-Übersetzer für den zweiten Teil: »Man weiß nie, wann man fertig ist.«

»Merle, die kommen so schnell nicht wieder«, jauchzt er. »Die haben das Faulenzen entdeckt.«

Merle lacht. »Nee, Chef, das glaube ich bei denen nicht, vielleicht haben die die Löwen in der Etoscha-Pfanne in der Sonne liegen sehen und sie beim Faulenzen bewundert«, meint sie, »aber schön, dass wir jetzt fertig sind. Zeit also für den Weihnachtsmarkt **125**.«

»Und wie feiert wohl unser Kollegenpaar in Namibia übermorgen den Heiligen Abend unter der sengenden Sonne?«, meint Hansen grinsend.

Merle: »Leise rieselt der Sand. Ich stelle mir vor, die Tiere tragen rote Mützen, die Menschen holen die Kerzen kurz vor dem Anzünden aus der Tiefkühltruhe, weil die bei 40 Grad sonst nicht lange in Form bleiben – und dann: ›Oh du Fröhliche‹.«

Hansen: »Wünsche ich dir auch!«

Westerland im Winter

Zu dieser Jahreszeit ist der Ort etwas für Kenner und Spezialisten. Es geht um Spaziergänge am Meer, die Kälte mit anschließendem Aufwärmen am Kamin oder in der warmen Stube. Der Ort liefert um Weihnachten und zu Silvester kulturelle und kulinarische Höhepunkte. Sonst haben zwar in den Wintermonaten viele Lokale geschlossen, doch bleibt noch genug übrig, das Aktivitäten und Anregung ermöglicht.

114 Seepferdchen Samoa (Hörnumer Str. 70, 25980 Sylt/ Rantum) ist eine ganzjährig geöffnete Bar mit Restaurant in den Dünen nahe am Sandstrand. Im Sommer lockt die Sonnenterrasse, im Winter das urige Innenleben. Auf Feierrunden versteht man sich hier. Selbst im Winter halten die Linienbusse im Halbstunden-Rhythmus an der Haltestelle Samoa. Von dort ist es nur ein kurzer Fußweg.

115 Wunderbar – ein Tipp für alle, die gern tanzen, Stimmung lieben und manchmal gern Oldies hören. Die Dekoration scheint einem Filmstudio entnommen. Die Bar liegt in der Flaniermeile für Nachtschwärmer (Paulstr. 6, 25980 Sylt).

116 40 Kilometer Sandstrand – damit ist Sylt eine der wenigen Inseln in Europa, die so viel Strand am Stück zu bieten haben. Liebhaber langer Spaziergänge oder vom Baden in hohen Wellen sind angetan von den weitreichenden Möglichkeiten an der Westküste der Insel. In Frühjahr und Herbst malträtieren allerdings Sturmfluten den Abschnitt und ziehen große Mengen Sand ins Meer. Daher wird vor der Sommersaison regelmäßig Sand vorgespült, also in Rohren wieder aus dem Meer an den Strand geleitet.

117 Das Syltness-Center (Dr.-Nicolas-Str. 3, 25980 Sylt) bietet auf mehreren Etagen Fitness, Kosmetik, Massagen, Wellness und Sportkurse in allen Varianten – meist mit Blick zur Nordsee.

118 In der Alten Landvogtei in Tinnum übernachtete 1825 sogar einmal der dänische König, als er sich auf der Insel umsah, die zu der Zeit zu seinem Königreich gehörte. Ansonsten war das Haus bis 1866 Sitz der Landvögte, die Sylt regierten. Der berühmteste war Uwe Jens Lornsen (1793-1838). Er war Vorkämpfer für ein von Dänemark unabhängiges Schleswig-Holstein. Nach ihm ist die höchste Erhebung auf Sylt, die Uwe-Düne in Kampen, benannt.

119 Die Tinnum-Burg ist eine acht Meter hohe kreisförmige Wallanlage mit etwa 120 Metern Durchmesser aus der Zeit um Christi Geburt. Sie liegt in den Tinnumer Marschwiesen westlich des Ortes und ist jederzeit frei zugänglich. Es war auch eine germanische Kultstätte sowie geschützter Wohnort der Wikinger.

120 Tennisspielen ist auch für Anfänger möglich im Tennis-Club Westerland e.V. (Am Seedeich 38, 25980 Sylt).

121 Die dänische Kirche (Rosenweg 5, 25980 Sylt) ist ein kleines Backsteingebäude mit Reetdach. Es erinnert zum einen an die Zeit, als die Insel dänisch war, zum anderen aber lebt es die Gegenwart in Form von deutsch-dänischen Gottesdiensten.

122 Die St. Nicolai-Kirche in Westerland (St.-Nicolai-Str., 25980 Sylt) stand 1908, als sie gebaut wurde, noch auf freiem Feld. Das Seebad brauchte damals wegen des Ansturms der Urlauber dringend eine größere Kirche, weshalb der dreischiffige Backsteinbau durch zahlreiche Spenden errichtet werden konnte. Sie hat rund 600 Plätze und ist auch heute noch die größte Kirche der Insel. Von Weitem sichtbar ist der massive hohe Turm. Beliebt sind die Musik zum Advent sowie Mittwochskonzerte.

123 Die Sylter Schokoladenmanufaktur, mit 300 Sorten das Ziel vieler Urlauber, befindet sich in einem roten Holzhaus im Industriegebiet (Zum Fliegerhorst 15, 25880 Tinnum). Wer sich selbst eine Sorte anrühren möchte, besucht am besten eines der Seminare. Aber die sind lange im Voraus ausgebucht.

124 Die Strandpromenade in Westerland zwischen dem Ende der Friedrich- und der Strandstraße ist mit der Musikmuschel ideal zum Flanieren und Entspannen, zum Schauen in die Brandung und zum Treiben am Strand. Hier sind oft Veranstaltungen und Feste, hier gibt es kleine Lokale und Cafés.

125 Beim Weihnachtsmarkt (Süderstr., 25980 Sylt) ist der friesische »Jöölboom« die Attraktion. Das ist ein Holzgestell, das auf einem Sockel befestigt wird und mit Figuren aus Salzteig verziert wird. Die vier Puppen (Poppen) des Sylter Jöölbooms sind: Adam und Eva unter dem Baum der Erkenntnis, ein Pferd für die Ausdauer, ein Hund symbolisiert Treue, ein Hahn Wachsamkeit.

CHRISTIANE MARTINI
Tote Oma mit Schuss
. . . .
978-3-8392-1845-7 (Paperback)

»Ein unterhaltsamer Nordsee-Krimi mit viel Wortwitz und Humor«

Auf der Halbinsel Eiderstedt hinterm Deich geht alles seinen Gang, aber für den Dorfpolizisten Hinercks herrscht gähnende Langeweile. Als vier Bayern auf der Insel ankommen, ist es mit der Langeweile jäh vorbei. Von einem auf den anderen Tag sterben plötzlich drei Menschen und irgendwie sind die Bayern immer in der Nähe. Frau Hauptkommissarin Denkewitz, die zufällig Urlaub an der Nordsee macht und in der Pension »Zur goldenen Möwe« wohnt, übernimmt zusammen mit Hinercks die Aufklärung der mysteriösen Todesfälle.

GMEINER SPANNUNG

WWW.GMEINER-VERLAG.DE
Wir machen's spannend

SANDRA DÜNSCHEDE
Friesenmilch
. . . .
978-3-8392-1834-1 (Paperback)
978-3-8392-4925-3 (pdf)
978-3-8392-4924-6 (epub)

»Wie das Land, so die Morde – Kommissar Thamsen und seine Freunde ermitteln erneut in einem brisanten Fall an der rauen Nordseeküste.«

Eine Putzfrau findet Dr. Scholz tot in seiner Praxis. Schnell ist die Todesursache geklärt: ein vergifteter Joghurt der ortsansässigen Meierei in Niebüll. Bei seinen Ermittlungen erfährt Kommissar Thamsen, dass die Molkerei erpresst wird. Doch wer steckt hinter den Drohungen und dem Giftanschlag? Der Sohn des Meiereibesitzers und einige Mitglieder einer Aktivistengruppe geraten ins Visier der Polizei. Doch keiner der Ermittlungsansätze führt zur Lösung des Falls und der Druck wächst rasant, als es ein weiteres Opfer gibt.

REINHARD PELTE
Inselgötter
....
978-3-8392-1840-2 (Paperback)
978-3-8392-4937-6 (pdf)
978-3-8392-4936-9 (epub)

»Tomas Jung und Charlotte Bakkens ermitteln in einem weiteren Nordfriesland-Krimi.«

Vier Menschen sind spurlos verschwunden. Alle wollten sie nach Sylt, auf die Insel der Schönen und Reichen. Alle telefonierten von Niebüll aus das letzte Mal mit ihren Angehörigen. Kriminalrat Tomas Jung und Charlotte Bakkens machen sich auf die Suche. Von Anfang an wird ihre Arbeit von höchster Stelle aufmerksam verfolgt. Sie fühlen sich kontrolliert. Wer hat ein gesteigertes Interesse an der Aufklärung der verworrenen Geschehnisse? Bis zum Schluss werden die Fragen immer drängender und die Antworten scheinen in immer weitere Ferne zu rücken.

GMEINER SPANNUNG

WWW.GMEINER-VERLAG.DE
Wir machen's spannend

MAREN GRAF
Todschreiber
. . . .
978-3-8392-1823-5 (Paperback)
978-3-8392-4903-1 (pdf)
978-3-8392-4902-4 (epub)

»Wenn aus blauer Tinte rotes Blut wird …«

Eine Reihe von Selbstmorden bereitet Kriminalkommissarin Lena Baumann Kopfzerbrechen. Eigentlich scheinen die Fälle eindeutig zu sein, doch die mysteriösen Briefe ohne Absender, die bei den Toten gefunden wurden, geben Lena Rätsel auf. War es wirklich Selbstmord? Je tiefer Lena in die Ermittlungen eintaucht, desto mehr überkommt sie das Gefühl, dass sich jemand in die Köpfe der Opfer eingeschlichen hat.

META FRIEDRICH
Radieschenheim
....
978-3-8392-1847-1 (Paperback)
978-3-8392-4951-2 (pdf)
978-3-8392-4950-5 (epub)

»Gegen die Ermittlungsmethoden von Margreta Mai ist kein Kraut gewachsen: Meta Friedrichs erster Garten-Krimi ist luftig leicht und raffiniert wie ein Kräutersoufflé.«

Margreta Mai, stolze Besitzerin des Gartenlokals Radieschenheim im Lübecker Umland, ist entsetzt: Der zweite Vorsitzende des gleichnamigen Kleingartenvereins liegt tot in ihrem Kräuterbeet! Als ihr der knurrige Kommissar Jan Knutsen, der zukünftige Schwiegervater ihrer Tochter Marjolein, dann auch noch den Zutritt zu ihrem eigenen Garten verwehrt, reicht es Margreta. Sie beschließt, auf eigene Faust zu ermitteln und bringt damit nicht nur ihr Radieschenheim in Aufruhr.

GMEINER SPANNUNG

WWW.GMEINER-VERLAG.DE
Wir machen's spannend

HEIKE MECKELMANN
Küstenschrei
. . . .
978-3-8392-1851-8 (Paperback)
978-3-8392-4959-8 (pdf)
978-3-8392-4958-1 (epub)

»Brodelnd und spannend wie die Herbststürme auf der Insel Fehmarn!«

Die beschauliche Herbstidylle Fehmarns wird jäh unterbrochen, als Angler am Strand von Katharinenhof eine Leiche entdecken. Ein paar Kilometer weiter wird Charlotte Hagedorn, eine ältere Dame, auf ihrer Terrasse am Fehmarnsund fast zu Tode geprügelt. Die Nichte der verletzten Charlotte hat auf ihrem Weg nach Fehmarn einen Autounfall – alles nur Zufall? Kommissar Westermann und Hauptmeister Hartwig suchen nach Zusammenhängen, tappen aber völlig im Dunkeln. Niemand ahnt, welches Ziel der Täter tatsächlich verfolgt.

KAY JACOBS
Kieler Dämmerung
. . . .
978-3-8392-1889-1 (Paperback)
978-3-8392-5033-4 (pdf)
978-3-8392-5032-7 (epub)

»Der zweite Fall für Kriminalobersekretär Josef Rosenbaum«

1911, Kiels größter Stolz ist das neu erbaute Rathaus. Zur Einweihung hält sogar Kaiser Wilhelm II. Einzug. Durch einen Polizeispitzel erfahren Kriminalobersekretär Josef Rosenbaum und seine Kollegen, dass während der Einweihung ein Attentat auf den Kaiser verübt werden soll. Die Ermittler finden nur wenige Spuren und die neuen Hinweise scheinen den bisherigen Erkenntnissen zu wiedersprechen. Attentäter, Hintermänner und vor allem der Anschlagsplan bleiben weitgehend im Dunkeln. Eine Katastrophe bahnt sich an.

GMEINER SPANNUNG

WWW.GMEINER-VERLAG.DE
Wir machen's spannend

Das Neueste aus der Gmeiner-Bibliothek

Unser Lesermagazin

Bestellen Sie das
kostenlose Krimi-
Journal in Ihrer
Buchhandlung
oder unter
www.gmeiner-verlag.de

Informieren Sie sich ...

www ... auf unserer Homepage:
www.gmeiner-verlag.de

@ ... über unseren Newsletter:
Melden Sie sich für unseren Newsletter an
unter www.gmeiner-verlag.de/newsletter

f ... werden Sie Fan auf Facebook:
www.facebook.com/gmeiner.verlag

Mitmachen und gewinnen!

Schicken Sie uns Ihre Meinung zu unseren Büchern
per Mail an gewinnspiel@gmeiner-verlag.de
und nehmen Sie automatisch an unserem
Jahresgewinnspiel mit »mörderisch guten« Preisen teil!

GMEINER SPANNUNG